臺灣歷史與文化 研究輯刊

初 編

第 7 冊

清代濁水溪中游的開發

張永楨 著

花木蘭文化出版社

國家圖書館出版品預行編目資料

清代濁水溪中游的開發／張永楨 著 — 初版 — 新北市：花
木蘭文化出版社，2013〔民 102〕
目 2+250 面：19×26 公分
（臺灣歷史與文化研究輯刊 初編；第 7 冊）
ISBN：978-986-322-260-6（精裝）
1. 臺灣開發史
733.08   102002944

臺灣歷史與文化研究輯刊
初 編 第 七 冊   ISBN：978-986-322-260-6

清代濁水溪中游的開發

作 者 張永楨
總 編 輯 杜潔祥
出 版 花木蘭文化出版社
發 行 所 花木蘭文化出版社
發 行 人 高小娟
聯絡地址 235 新北市中和區中安街七二號十三樓
電話：02-2923-1455／傳真：02-2923-1452
網 址 http://www.huamulan.tw 信箱 sut81518@gmail.com
印 刷 普羅文化出版廣告事業
初 版 2013 年 3 月
定 價 初編 30 冊（精裝）新臺幣 60,000 元

清代濁水溪中游的開發

張永楨　著

作者簡介

張永楨，出生於南投縣國姓鄉，現居草屯鎮。國姓國小、國中，臺中一中畢業。東吳大學歷史學士、東海大學歷史碩士、成功大學歷史博士。現職為南開科技大學文化創意與設計系專任教授。曾撰寫《彰化縣志》、《新竹市志》、《集集鎮志》、《二林鎮志》、《竹山鎮志》、《南投縣志》、《續修草屯鎮志》、《南投農田水利會志》、《中國現代史》、《臺灣史》及《南投縣古物調查》、《屯鎮歷史資源調查研究》、《清代臺灣後山開發之研究》等書，另外撰有學術論文十餘篇。

提　　要

　　漢人在濁水溪中游之拓墾萌芽於鄭氏時期；奠基於清初康熙、雍正之際；極盛於乾隆、嘉慶年間；道光以後，則大致只剩山坡地及邊際土地可供開墾；清末臺灣改隸日本前夕，拓墾接近完成。其拓墾路線：除支流清水溪上游之拓墾，有少數墾民是由今雲林之古坑順流由南而北，進入今竹山鎮之桶頭、內寮等地拓墾外；其他地區之拓墾，大抵都循濁水溪幹流及其支溯溪而上，由西向東推進。濁水溪及其支流因河谷較寬廣，視野較開闊，成為漢人入墾的天然路徑；沿岸又有沖積平原和丘陵地及臺地，不但交通較方便，而且適合拓墾定居。就拓墾時間先後而言：先是竹山和名間最早，在明末清初開始被拓墾；其次是集集、鹿谷地區，在乾隆年間已被拓墾；最後是水里和日月潭地區，在嘉慶、道光年間以後逐漸被拓墾；至清末光緒年間整個濁水溪中游地區已經被漢人拓墾殆盡。

　　拓墾過程中，彰化及嘉義地區之豪強勢力介入甚深，或直接投資拓墾；或強佔他人產業從事拓殖；甚至勾結社丁首及官府進行違法偷墾，取得各族群之土地。其拓墾方式以民招民之墾首制及自墾自耕制為主；少數為官莊或番屯制，此乃因此處山多平地少，可耕地零散分佈，適合小規模之拓墾，故大多由小墾首及自耕農拓墾。由於其拓墾較臺灣西部平原稍晚，又因平地較少，土地所有權分化較不嚴重，故其土地所有型態以一田二主之墾首制為主；其次為官府及自耕農所有；亦有少數屬於寺廟、留養局、義渡或各族群所有之土地，一田三主之情形甚少。

　　濁水溪中游之拓墾過程中，清政府曾經四次劃界立碑禁止漢人進入番界拓墾，但漢人卻不斷偷墾界外之各族群土地，被官府查出後，官方卻因治安之考量，將其就地合法化，故濁水溪中游之拓墾過程中，漢人是侵略者，但為生計所迫；各族群雖為被侵略者，但其不夠勤奮及貪得漢人財貨，想不勞而獲、坐收地租，亦需自負土地流失之相當責任；至於官府及各族群頭目、通事、社丁首等人，則扮演暗中協助之角色。整個濁水溪中游之拓墾，除清末光緒年間實施開山撫番以後屬合法拓墾外；其餘大多在違法偷墾下進行開發。

　　濁水溪中游地區經過鄭氏及清代漢人二百餘年的拓墾，在乾隆年間已經是一個漢人經濟、人口佔優勢之社會，各族群失去土地後，不斷地往山區退去。漢人村莊總數達一百餘莊，人口總數約二～三萬人左右，其居民大多為來自臺灣西部彰化、嘉義兩縣地區之二次移民，祖籍以漳州籍為最多，佔居民80%以上，其次則為泉州籍和客家籍，追念祖籍之意識較為淡泊，故宗族組織不盛。未見分類械鬥發生，除了因為宗族領導者自制外，宗族規模較小，且大多同為漳州人，又面臨各族群之威脅，漢人必須團結互助，無暇分類械鬥；另外，可墾荒地較多，經濟競爭較不嚴重，亦為其因。

　　濁水溪中游地區至清末臺灣改隸日本統治前夕，可耕地已被拓墾殆盡，不但街莊繁榮，交通四通八達，而且宗教蓬勃發展，寺廟如雨後春筍先後設立。書院、書房、社學及文社等紛紛出現，考中秀才、舉人者數十人，文風日益興盛，聖蹟亭之興建相當普遍，顯示出讀書人受社會之敬重，成為社會領導階級，整個社會型態已由早期之移墾豪強社會，逐漸轉變成文治士紳社會。

謝　辭

▲感謝南開科技大學給我在職進修的機會，讓我能在教學與進修同時兼顧下完成學業。

▲感謝業師石萬壽教授，七年來不辭勞苦的指導我研究的方法與做人的道理。

▲感謝石萬壽教授、張勝彥教授、陳哲三教授、鄭瑞明教授、吳學明教授等五位口試委員為我進行口試，並提供許多寶貴的意見。

▲謝謝黃秀政教授在百忙中為我審閱論文，並提供許多寶貴的意見，讓我感銘肺腑。

▲感謝教育部及全台灣的納稅人提供我三年的學雜費補助，減輕我經濟上的負擔。

▲最後要感謝我的內人毓芳，七年來盡心盡力地料理家務，使我能無後顧之憂的完成學業。

目

次

第一章 緒 論

第一節 研究緣起

　　本研究之區域範圍：西起外觸口山，東至水里鄉之龍神橋地峽之間，亦即濁水溪流域之今水里鄉龍神橋以下至二水鄉鼻子頭隘路之間，包括濁水溪主流和其支流清水溪、街仔尾溪、東埔蚋溪、清水溝溪、水里溪、陳有蘭溪流域內之地區為範圍。行政區域以南投縣境內之濁水溪中游為範圍，包括今竹山鎮、鹿谷鄉、集集鎮、水里鄉四鄉鎮之全部地區，以及名間鄉之東南部和魚池鄉之西南部區域；不包括其下游地區之彰化縣及雲林縣。因濁水溪自古以來流至觸口臺地以後，因進入台灣西部平原，水流趨緩，溪水所攜帶之泥沙開始大量沉澱，而濁水溪之含沙量極高，因此常常造成下游氾濫成災，北起鹿港，南迄北港，均曾為濁水溪氾濫之入海口，因其下游河道常氾濫而南北移動不定，研究極為困難，至於濁水溪上游地區，在行政區域上屬今信義鄉及仁愛鄉，自古以來為各族群居住之地，向來被鄭氏與清政府劃為界外「番地」，禁止漢人隨意進入，因此至日治時期才有少數漢人進入拓墾。而且濁水溪上游地區在地形上大部分屬於台灣中央山脈之脊樑山脈、玉山山塊、阿里山山脈等台灣最高之高山地區。不但不適合開發，也不適合人類居住，故至今大部分仍屬於少有人煙之高山草原或原始林地。只有少數之河谷臺地或平緩之山坡地有人居住，而且以各族民為主要居民，漢人很少，不但研究困難，而且較缺乏研究價值，因此本文主要以其中游為研究範圍。

　　本文研究之對象以漢人為主體，不包括各族群。因台灣早期為各族群之

居住地，早期台灣各族群過著刀耕火種及捕魚、打獵之原始自然經濟生活。鄭氏治台末期，由唐山移民來台之漢人開始進入此區域內拓墾定居，使得濁水溪中游地區逐漸被開發，區域內之社會經濟型態，也由各族群之原始社會經濟逐漸轉變成漢人之社會經濟。至於早期進入此地區拓墾定居之漢人，主要是中國明末及清代由廣東、福建兩省移民來台之客家人和河洛人為主。又本論文中除引文外，凡涉及前人所謂「生番」、「熟番」、「番人」等稱呼，概以「平埔族」、「高山族」或各族群稱之。惟有時為行文方便起見，亦偶爾沿用「生番」、「熟番」、「番社」等語，但並非對各族群有貶抑之意味，特此聲明。

濁水溪中游漢人之開發始於鄭氏時期，極盛於清代，至台灣改隸日本前夕，此區域內之土地已大致被漢人拓墾完成。水利設施亦頗具規模，街莊相繼形成，鄉保、縣治、營汛等官治組織先後設立，道路、津渡、橋樑等交通設施不斷開闢，寺廟及教育設施次第興建，宗族組織亦紛紛出現，區域內之社會經濟型態，亦由各族群之原始社會經濟型態逐漸轉變成漢人之社會經濟型態。因此本文研究之時間斷限為清代，始自清初康熙年間，迄於日本統治台灣前夕為止。至於「開發」是指漢人向各族群取得土地，然後逐次拓墾、興築水利、聚落街莊逐漸形成、官制組織隨之建立、交通日趨發達、宗教與社會組織出現、文教與產業興起等各方面之發展與變遷。

南投縣全境之水文分屬二大河川流域，西北部屬大肚溪支流烏溪流域；東半部及南部則屬濁水溪流域。其中烏溪流域面積約 1,423 平方公里；濁水溪流域約 3,155 平方公里。此兩條流域不但提供豐富之天然資源，亦對南投縣之開發有重大影響。而本人世居南投，對家鄉有一份難以割捨之情感，加上人親土親，在調查研究方面，佔地利人和之便，備感親切又較易深入，此亦為本人選擇濁水溪流域為研究對象之原因。

南投縣為全台灣唯一不濱海之縣份，清代的交通完全靠陸路或河運，境內因多高山，陸路交通不便，公路大多沿河谷而行。因此，烏溪及濁水溪兩條河流不但是南投縣經濟及交通之大動脈，亦為早期先民入墾之主要路線，先民沿此兩大河流溯溪入墾，使南投縣由蠻荒之地逐建開發。但是烏溪中游因沿岸山高谷深，水流湍急，加上其上游泰雅族民出草頻繁，移民望之卻步，因此開發較為緩慢。甚至烏溪上游之埔里盆地及魚池鄉之拓墾，早期先民大多溯濁水溪進入拓墾，而非由烏溪進入拓墾。故南投縣之拓墾，濁水溪不僅

扮演主要角色，而且拓墾也較烏溪流域早。本文即擬對濁水溪中游之開發與拓墾做一深入之研究，除可以瞭解南投縣漢人拓墾之過程外，亦可瞭解自然環境及人文背景對拓墾之影響，提供當前政府國土開發之參考。尤其近年來，南投縣部分河川上游地區，因山坡地過度的開發，嚴重破壞自然生態，也帶來大自然強烈反撲，從民國八十八年（1999）九二一大地震以後，風災、水災及土石流，常帶給南投縣民重大之災難，也造成生命財產難以估計之損失。〔註1〕因此，透過本文之研究，也希望能提共南投縣未來發展之參考。

　　台灣近年來本土意識高漲，學界對台灣歷史之研究蔚為風氣，因此連帶有關台灣之區域研究正方興未艾。學者們往往透過歷史學、社會學、人類學、建築學、地理學等各種研究方法來進行區域研究。然有關台灣歷史學之區域研究向來大多以行政區域為研究範圍，或以地理區域為範圍。但以地理區為範圍之區域研究中，以河川流域為研究範圍者不多。因此，本文嘗試以濁水溪流域為範圍，希望能瞭解濁水溪中游地區的開發過程，並深入研究濁水溪對該流域人文及環境生態之影響。

　　漢人在濁水溪中游之拓墾，始於鄭氏時期林圯率部眾之拓墾；但有關林圯拓墾之完整文獻紀錄始於日治時期，其拓墾事蹟以及林圯之身分向來頗多爭議，本文擬深入探究。又濁水溪中游為南投縣漢人最早拓墾之地區，至清末已大部分被拓墾完成；而鄰近之烏溪流域之拓墾則落後許多，清代漢人前往烏溪上游之埔里、日月潭大多由路程較遠之濁水溪進入；卻不循路程較近之烏溪進入。漢人進入濁水溪中游拓墾時，濁水溪及其支流對漢人的拓墾之影響，漢人拓墾之誘因，移民來源，拓墾之方式，官府所扮演之角色，漢人與各族群間之互動等，均為本文研究之對象。又嘉慶年間，郭百年事件是清代台灣最大規模之漢番衝突，此一事件之發生及其影響，事後清廷採取驅逐漢人、劃界立石之措施的成效，亦為值得研究之問題。清光緒年間，清廷採取「開山撫番」的政策，由濁水溪中游開闢道路通往東部的花蓮，開放漢人進入山區拓墾，並設撫墾局以綏撫當地各族群，其動機、目的及對濁水溪中游之影響，又漢人進入濁水溪中游拓墾後對當地經濟、社會、宗教、文化、政治、交通之變化和影響等，皆為本文研究的重點。

　　中國流域開發史之研究，最早可推至漢代之《水經》〔註2〕一書，北魏時

〔註1〕　可參考黃秀政總主持，《九二一震災災後重建紀錄》，（台灣南投：行政院九二一清理小組、台灣省政府，2006）一書有關南投縣災害部份。
〔註2〕　《水經》一書的作者不詳；或說為東漢之桑欽或晉之郭璞所作，成書於東漢

酈道元曾爲之作注，纂成《水經注》〔註3〕一書，可算是中國第一部較專業之流域史研究；但該書大多只是文字之敘述，並無實地之訪查。其後中國歷代正史中之有〈河渠書〉，對中國境內之河川有相當之記載，但亦大多是根據資料之敘述，並非實際之調查研究。

台灣地區流域開發史之研究，最早或始於民國六十一年（1972）六月起，由中央研究院與國立臺灣大學合作，進行「台灣省濁水、大肚兩流域自然與文化史科技研究計劃」，於濁水溪及大肚溪流域進行三年之考古、地形、植物、動物等分組之研究（簡稱濁大計畫）；並於民國六十六年（1977）出版《台灣省濁水溪與大肚溪流域考古調查報告》〔註4〕一書。但此一研究著重在考古、人類學和自然環境之研究，對社會、經濟及歷史之研究付之闕如。民國七十四年（1985）又有業師石萬壽所進行二層行溪流域之一系列研究，先後發表〈二層行溪下游溪道變遷〉〔註5〕、〈二層行溪流域的軍防〉〔註6〕、〈二層行溪上游的開發與族譜〉〔註7〕、〈二層行溪流域的先住民〉〔註8〕、〈明清台灣中路交通的變遷〉〔註9〕、〈二層行溪流域行政區化的變遷〉〔註10〕、〈明鄭以前二層行溪流域中下游的漢移民與系譜〉〔註11〕等一系列該流域之論文。本論文之撰寫即蒙業師石萬壽之啓發與指導，師法其研究方法與研究取徑。民國七十八年（1989）則有洪慶峰總編纂之《台中縣大甲溪流域開發史》〔註12〕一書問世，該書對於大甲溪流域之自然環境、史前及各族群生活、清代漢人之拓墾建庄、農業、交通、礦產等分篇介紹，爲流域開發史中較完整之著作。其中關於漢人之進入拓墾及建庄爲全書精華之所在，但其餘各篇則大多沿襲《台中縣志》相關篇章之內容或官方年度報告或研究計畫。民國八十七年

　　　　至魏晉期間，凡三卷。內容簡要敘述中國古代 137 條河流之發源、歸向及流經地區。
〔註3〕　北魏酈道元爲《水經》作注。內容四十餘卷，所記之河流達 1252 條。連細小支流均加以記錄，並參考四百三十多種書籍，加上自己實際調查所得。
〔註4〕　張光直，《台灣省濁水溪與大肚溪流域考古調查報告》。
〔註5〕　石萬壽，〈二層行溪下游溪道的變遷〉，頁 47～54。
〔註6〕　石萬壽，〈二層行溪流域的軍防〉，頁 231～271。
〔註7〕　石萬壽，〈二層行溪上游的開發與族譜〉，頁 509～542。
〔註8〕　石萬壽，〈二層行溪域的先住民〉，頁 1～38。
〔註9〕　石萬壽，〈明清台灣中路交通的變遷〉，頁 41～54。
〔註10〕　石萬壽，〈二層行溪流域行政區劃的變遷〉，頁 19～46。
〔註11〕　石萬壽，〈明鄭以前二層行溪流域中下游的漢移民與系譜〉，頁 156～542。
〔註12〕　洪慶峰主編，《台中縣大甲溪流域開發史》。

（1998），中央研究院出版王世慶所撰寫之《淡水河流域河港水運史》一書，該書針對十七世紀至二十世紀中葉淡水河流域河港水運做廣泛之考察；並探討淡水河主支流名稱、河道變遷、移民拓墾、產業與市街發展、水運與貿易興衰等，頗值得參考。

　　關於濁水溪中游地區開發史之研究，國內之著作和學者之研究成果不少，首先是民國四十七年（1958）劉枝萬纂成《南投縣沿革志開發篇稿》一書，為有關濁水溪中游地區深入研究之先驅，該書對南投縣境內之各族群之文化與遷移、漢人之入墾、漢番衝突、文教之發展、街莊之繁榮，以及清朝政府之政策等，均有相當廣泛之探討，並且引用不少古文書及文獻來研究，在當時來說是相當難能之著作。但其探討範圍是以行政區為範圍，並不是以流域之地理區為範圍，而且成書較早，受限於時空環境，不少新發現之史料未能運用，故仍有許多值得探討之空間。民國六十一年（1972）六月起，中央研究院與國立臺灣大學合作，進行「濁大計畫」，但此一研究計畫著重在考古、人類學和自然環境之研究，對社會、經濟及歷史之研究較為缺乏。同年，陳哲三出版《竹山鹿谷發達史》一書，對竹山及鹿谷地區之歷史、風土、民情有深入之探討，可惜只限於竹山、鹿谷地區之研究。民國六十六年（1977），莊英章所著之《林圯埔——一個臺灣市鎮的社會經濟發展史》為一部學術性之論著，該書以社會學之方法，對濁水溪中游之竹山、鹿谷地區，從清代至戰後之社會經濟變遷做一深入之研究；但並非以整個濁水溪流域為研究範圍，而且因涵蓋之時間較長，因此對於土地之拓墾、漢「番」關係及政治組織的演變等均未深入論述。民國七十二年（1983），業師張勝彥撰寫《南投開拓史》一書，對南投縣自史前時代至戰後之政治、社會、經濟、文化之發展，均有所論述，內容頗為嚴謹；但亦屬以行政區為範圍之通論性著作。民國八十五年（1996）及九十一年（2002），陳哲三主編之《集集鎮志》和《竹山鎮志》，對竹山和集集兩地之自然環境、史前文化、各族群、土地拓墾、經濟、教育、文化、政治、建設等均有所及深入論述與田野調查，並且運用不少古文書、族譜及口述等新史料，但是屬於通論性之地方誌書性質，並非研究性之論文。民國八十七年（1998）林文龍出版之《社寮三百年開發史》、《台灣中部的開發》、《台灣中部的人文》等書，對竹山地區漢人之拓墾、風土、人物等有相當深入之論述，但範圍只限於竹山地區。學位論文方面則有：民國八十六年（1997），黃素真著之〈沿山鄉街的「存在空間」——以林圯埔街為

例〉碩士論文，以地理學及社會學、建築學之角度，研究濁水溪中游之竹山、鹿谷地區之發展，其研究重點在於日治時期以後竹山地區生活空間之改變，並非流域研究，歷史學亦非其研究重點。

其他與濁水溪中游有關之著作，尚有：林瑞棋著《悲情前山第一城——林圮埔》，台灣省特有生物保育中心編著之《南投縣生物資源調查成果彙編》，陳建昌等著《南投縣竹山鎮社寮地區社區文化資源調查期末報告》，林漢良編《竹山林業史志》；另外，南投縣文獻委員會出版之劉枝萬所編著《南投縣風俗志宗教篇稿》，南投縣政府出版之《南投縣鄉土大系——南投地理》等書。學位論文方面則有：徐火權之《竹山地區竹林之經營分析》，吳淑慈撰《清代臺灣的義渡——以永濟義渡為例》等。另外散見於期刊雜誌之論文數十篇。但上述之著作大多為史料；或者是某一鄉鎮之研究；或只針對某一主題進行研究；或以全南投縣為研究範圍；並無專門針對濁水溪流域之研究，因為濁水溪流域為獨立之自然區域，構成一個完整之生活空間，應該以流域進行區域研究，瞭解其區域發展歷史，以探究其區域特性，因此本文擬針對濁水溪流域中游地區之漢人之拓墾過程及政治、社會、經濟的變遷，做一廣泛又深入之區域性研究。近三十餘年來，區域研究頗受台灣學界之重視，而以河川流域為範圍之區域研究更是方興未艾，例如前述業師石萬壽即曾以台南縣與高雄縣間之二層行溪為對象進行多元的區域研究，本論文即參考石萬壽師之研究方法，以歷史學方法為主，兼取其他社會科學及地理學、人類學之研究成果為輔，來從事濁水溪中游之區域研究，希望能對濁水溪中游之歷史發展，做一較深入之探討。

清代濁水溪中游地區為本文研究之重點。由於史料之運用必須注意到時間性及區域性之問題，有關清代與濁水溪中游開發有關之任何文字資料、實物史料，對本研究均有其價值。這些文字和非文字之史料，包括與濁水溪中游地區有關之地方誌書、官方檔案資料、契約文書、碑匾銘文、統計調查資料、族譜、地圖、口述訪問等。

本研究在參考清代地方誌書方面，以各種版本之《台灣府志》、《續修台灣府志》、《重修台灣府志》及《諸羅縣志》、《彰化縣志》、《雲林縣采訪冊》等與濁水溪流域有關之志書為主，上列各志書為各地區資料之綜合記錄，內容包括山川、街莊、人口、物產、賦役、職官、武備、風俗、藝文、列傳、災異等，但大都未實地訪查，部分內容不甚確實，甚至有互相抄襲之情形，

使用時必須相當謹慎，但其中仍有不少珍貴史料值得參考運用。日治時期，官方文獻則有：南投廳編輯之《南投廳管內行政事務及管內概況報告書》、竹山郡役所編輯之《竹山郡管內概況》、新高郡役所編輯之《新高郡管內概況》、能高郡役所編輯之《能高郡管內概況》等書，但均爲地方風土民情之簡介，並未對整個濁水溪流域做深入研究，雖然對本研究之助益不大，但仍有部份資料可供參考。二次大戰後，南投縣政府和南投縣各鄉鎮公所出版的《集集鎮志》、《竹山鎮志》、《南投縣沿革志開發篇稿》、《南投縣風俗志宗教篇稿》、《南投開拓史》、《南投縣鄉土大系 —— 南投經建、南投史話、南投住民、南投地理、南投文教》等書，均爲本研究之參考資料。

　　清代與濁水溪流域有關之官方史料，除地方志書外，尚有各地方官員向上級奏報之地方狀況及上級將重大政策轉達給下級官員之文書。這些史料包括《宮中檔》、《軍機檔》、《劉銘傳撫台前後檔案》等檔案，均有部份資料可供運用。此外，日治時期之《台灣總督府檔案》內有不少台灣各地農田水利灌溉組織成立經過，並附有不少清代之古文書契約，對於土地之拓墾及水利的開發，均有參考價值。

　　私人著作方面，大多爲當時人所見、所聞或經歷之記錄或遊記等史料。例如清代之《宦海日記》、《台海使槎錄》、《東槎紀略》、《平臺紀略》。日治時期則有：陳鳳儀所撰之《竹山郡管內概況》、不著撰人之《集集古誌》、《集集堡紀略》等書。戰後之作品更多，如：《竹山鹿谷文物名人風情錄》、《下崁采風錄》、《竹山鎮福興社區鄉土志》、《竹山風情錄》、《竹山鹿谷發達史》、《博古通今講故事 —— 社寮好地方》等書，均爲某一社區或鄉鎮之風俗民情介紹，雖非學術性論著，亦有部份資料可供參考。

　　本研究利用大量官方及民間之古文書契約資料，也是本研究最重要的基礎史料。因爲清代台灣土地之拓墾、取得、買賣、分割、鬮分、質典等大多會訂立契約文書，或由官方發給墾照、諭示等。但清代台灣民間之隱田甚多，登錄於官方文獻上陞科之田園遠比實際情形相去甚遠，因此一般民眾在土地權利轉讓時，往往會要求連上手契約一起轉移，以免土地來路不明，確保自己之權益。而最原始之上手契通常是該土地開墾之初各墾號之股東所簽之契約和官方所發下之墾照、諭示、墾批等資料，這些原始的上手契往往能提供一些官方檔案、方志、文獻所無法提供之史料，例如開墾者的身分、籍貫、資金來源、開墾動機、開墾組織結構等。古文書亦能顯示出開墾後土地之分

割、買賣、典賣、鬮分之狀況，有時古文書也能反映當時之物價、天災、人禍、水利設施、交通狀況，所以古文書是研究地方開發、土地制度、社會經濟、財稅金融、法律制度、祭祀公業、民族學等的重要史料。

由於古文書蘊藏豐富的史料價值，為研究區域開發之重要史料。因此本人利用不少古文書來從事濁水溪中游開發之研究，其中有部分古文書係日治時期日本人調查所得。例如：日治時期臨時台灣土地調查局於明治三十七年所出版之《大租取調書》與次年刊行之《台灣土地慣行一斑》，其中《大租取調書》的附錄參考書於戰後經台灣銀行經濟研究室改題為《清代台灣大租調查書》，編為台灣文獻叢刊152種出版，收錄清代台灣各地之古契約文書九百餘份。至於伊能嘉矩所編的《台灣土地慣行一斑》一書，則收錄清代台灣古文書契約三百三十餘份，該書並對各地區之開發沿革做詳細之敘述。另外，日治時期，台灣舊慣調查會所出版之《台灣私法暨附錄參考書》，蒐集台灣各地古文書契約千餘件，戰後台灣銀行經濟研究室將其分別編為台灣私法物權篇、債權篇、人事篇、商事篇四本書出版，其中《台灣私法物權篇》為本研究之重要參考資料。

戰後初期台灣對古文書之搜集並未受到重視，一直到民國六十年代才有美國亞洲學會台灣研究小組開始來台灣進行蒐集古文書契之計畫，該計畫由王世慶主持，前後共花七年之時間，收集約五千六百餘份古文書，影印後編成十輯，共120大冊，稱為《台灣公私藏古文書影本》。另外中央研究院民族研究所圖書館藏有《台灣古文書彙集》；民國九十三年（2004），國史館台灣文獻館出版《台灣總督府檔案平埔族關係文書選集續篇》，都有不少古文書可供我參考。又國立台灣博物館、中央研究院台灣史研究所、國立中央圖書館台灣分館、國史館台灣文獻館、台灣大學、南投縣文化局等各公家機構均藏有古文書契約，都是本人收集參考之史料。私人收藏方面，本研究引用不少中部地區民俗文物收藏家和地方人士所收藏之古文書，例如集集之永濟義渡古文書及黃文賢、陳文學、茆庸正、陳嵩山等人之收藏。

除古文書契之外，碑碣、匾額和地圖也是本研究重要之參考資料。碑碣方面，劉枝萬所編之《台灣中部碑文集成》以及何培夫所編之《台灣地區現存碑碣圖誌》二書是本研究必須參考的資料，另外，透過田野調查少數未被登錄之碑文；甚至墓碑亦是研究本流域居民祖籍之重要參考資料。匾額方面，鄭喜夫、莊世宗集錄之《光復以前臺灣匾額輯錄》是最主要的參考資料。地

圖方面，除了清乾隆中葉所繪之《台灣地圖》和《台灣番界圖》外，還必須
參考清代各相關方志所附地圖，甚至日治初期所繪之《台灣堡圖》都有參考
價值。

在台灣開發史上，早期移民由中國閩粵地區移居台灣拓墾時，由於移民
要在新之土地上發展並不容易，因此常常必需尋求宗族力量之支持，甚至有
舉族遷移或聚族而居之現象。因此，在研究開發史之過程中，家譜、族譜也
是重要之參考資料。它不但可以看出地區之拓墾與家族之關係；也可以看出
當地居民之祖籍結構、開發之時間、家族的興衰、族群關係等；但族譜資料
亦有其盲點，例如記載之不實、隱惡揚善、重男輕女、缺乏時間概念等情形，
因此在運用時必須格外小心。本論文之撰寫過程中，除展開田野調查蒐集研
究範圍內之相關族譜資料外，亦利用南投縣縣史館內所收集之大批族譜資料
進行研究。

本文研究過程中，大量運用古文書、族譜、碑碣及田野調查，作爲研究
資料；在社會結構方面之研究，甚至運用墓碑、族譜、祖先牌位與口述訪問，
相互印證，期能透過原始史料之運用與文獻資料之配合、印證，期能讓歷史
眞相更爲彰顯；亦說明文獻與田野調查實不可偏廢。

本論文之研究，除運用國家圖書館台灣分館、中央研究院、故宮博物院、
台中圖書館、台灣省政府圖書館、南投縣縣史館等政府機關典藏或出版之史
料進行研究外；更大量利用公家及民間收藏之古契約文書、古文獻、碑碣，
乃至墓碑、族譜或祖先牌位進行研究；並透過田野調查及耆老訪問之方式廣
泛蒐集史料。在研究方法上除運用歷史學方法外，並配合社會學、考古學、
統計學等方法進行比較研究。本論文之撰寫順序先由自然環境及人文背景談
起，然後依時間之先後論及土地及水利開發之過程；同時，以流域爲範圍，
分濁水溪南岸和北岸地區分別論述，其次則論述漢「番」關係、開墾組織、
土地所有型態、農作經營等，接著則是討論開發後的濁水溪中游之官治組織、
社會結構、交通建設及宗教、文化之發展與變遷之情形。希望能重建濁水溪
中游漢人拓墾之歷史眞貌外，更希望能釐清前述一些問題，也希望藉由此一
區域研究，能對清代台灣之地方行政、經濟、社會等層面之瞭解有所助益，
提供國家發展及建設之參考。

濁水溪中游之開發，肇始於鄭氏末期，大盛於清代。但當時之官方文獻
紀錄及相關著作不多，必需大量蒐集民間史料，然民間史料，東鱗西爪，搜

羅匪易，郭公夏五，眞假難辨，此誠爲本研究之困難所在。因此，本論文資料之蒐集長達十二年之時間，以期史料能盡量完備。

第二節　自然環境

濁水溪流經南投、彰化和雲林縣境內，全長 186.4 公里，是全台灣最長的河川。北鄰烏溪，東以中央山脈和花蓮水系爲界，南鄰高屏溪、曾文溪及新虎尾溪。流域面積約 3,155 平方公里，僅次於高屏溪，流域面積居全台灣第二。

濁水溪主要發源於合歡山（3416m）與東峰之間之佐久間鞍部，先匯集合歡山及奇萊山之水至盧山附近與塔羅灣溪及馬海僕溪匯流後，合稱霧社溪，西南流約十二公里納萬大溪；在蜿蜒西南行約三十公里納卡社溪，穿過峽谷，南會丹大溪及其支流郡大溪，河床標高爲 620 公尺。河流續折向西流，約十五公里，納陳有蘭溪。由此往上均屬其上游地區，由於山高谷深、坡度陡急，大部份不適合人類開發和居住。自此以下，河谷逐漸開闊，坡度逐漸減緩，網流逐漸開始出現。自水里至觸口之間，先後又匯入水里溪、清水溝溪、東埔蚋溪及清水溪等河川。並以觸口爲頂點，自西形成沖積扇平原（即彰化、雲林平原）。濁水溪自二水以下之溪流流路，自有記錄以來二百多年間，改道頻繁，北起鹿港溪，南迄北港溪之間，均曾爲其入海口，今之鹿港溪（曾爲濁水溪之入海支流）、舊濁水溪（又稱爲北斗溪或東螺溪，昔曾爲入海主流，今爲入海支流）、西螺溪（即今在雲林縣麥寮鄉施厝寮之入海主流）、新虎尾溪（今麥寮與台西鄉界）、舊虎尾溪（在今台西出海）、虎尾溪（下游爲今北港溪）均曾爲其出海河道。由於濁水溪之含沙量高，由山區流入平原後，水流趨緩，所含沙土沉積，久而久之，河道日高，甚至超過兩岸平原，一遇洪水即溢流改道，甚至侵奪其他河道入海。故其下游河道之南北移動不定，研究困難，故本文之研究範圍以其中游爲對象。（參看附圖 1-1、圖 1-2）

濁水溪中游之地形，自上游而下大致可分爲：埔里板岩山、鳳凰山脈、集集山脈、南投丘陵、竹山丘陵、濁水溪河谷平原、清水溪河谷平原、平頂埔臺地、觸口山臺地等地形。

圖 1-1　清乾隆中葉台灣地圖（濁水溪中游地區）

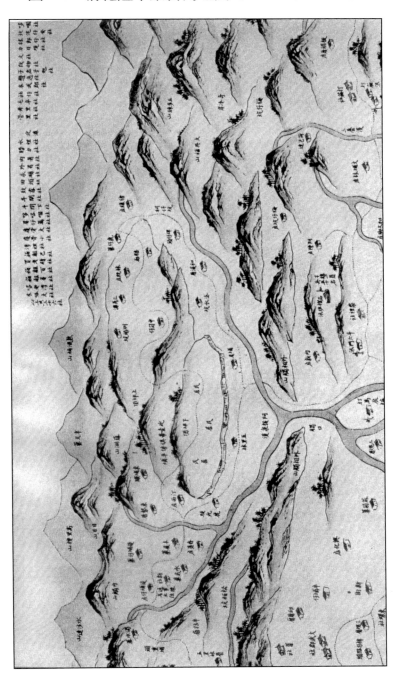

（資料來源：台北國立故宮博物院藏）

圖1-2　濁水溪中游略圖

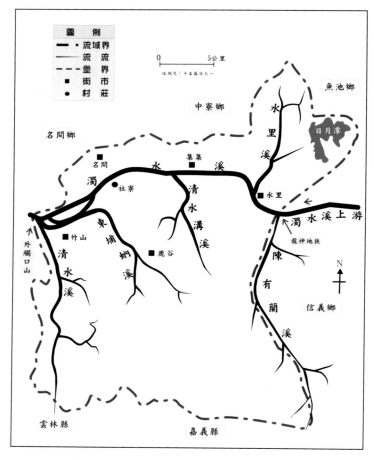

▲埔里板岩山地

　　位於脊樑山脈西側，北連雪山山脈之白狗山支脈，南接玉山山塊，西邊與西部衝上斷層相接。其中屬濁水溪流域者為埔里陷落區南側之日月潭盆地、頭社盆地、銃櫃盆地、蓮華池盆地等各小盆地群。以及上述盆地與盆地之間的丘陵地。其高度約在海拔 500 公尺至 900 公尺之間。在行政區域上屬魚池鄉的西南半部，流域上屬濁水溪支流水里溪之流域範圍，流域面積約 65 平方公里。即古稱「水沙連地區」大致上形成北北東至南南西的排列方向。

　　上述之丘陵與盆地雜錯之盆地群，其形成乃因昔日地殼之變動而形成一連串之湖泊，其後由於地層的相對上升，這些處於上升地面邊緣之湖泊，受到山區溪流之侵蝕，湖水被襲奪而乾涸形成盆地，其中日月潭即為殘存之湖

泊。此地理區因地勢不高，盆地與丘陵起伏，又有河川流貫其間，適合居住與農耕。

▲鳳凰山山脈

北起濁水溪中游南岸，向南延伸至南投縣與嘉義縣交界處，南北長約 38 公里，東邊則以內茅埔斷層（水長流斷層之延長）線與陳有蘭溪與玉山山塊為界。西側則以鳳凰山斷層線與竹山丘陵為鄰，東西寬約 5.5 公里。行政區域上包括信義鄉西南部、鹿谷鄉東半部及竹山鎮之東南角。

在地形上，鳳凰山脈主要由貫穿南北的兩條覆瓦排列的主要稜線組成，呈向斜構造的山脈。東縣北起水里鄉玉峰村之龜仔頭，南迄鹿谷鄉永隆村之苦苓腳，長約 9 公里。西線則北起鹿谷鄉的麒麟潭東邊，經鳳凰山，金柑樹山，五叉輪山至南投、嘉義兩縣交界之烏松坑山，長約 15 公里。其最南方則有 2000m 至 2850m 左右之東埔大山及鹿林山東西橫亙。整個山脈地形為北低南高，高度在海拔 1000m 至 2850m 左右之山地地形。境域內有清水溝溪，加走寮溪及陳有蘭溪流域之內茅埔溪、羅納溪、神木溪等流貫。其地質主要由中新世之桂竹林層構成，以硬質砂岩為主要岩石，河谷地區則呈狹小但下切甚深之 V 字型峽谷，谷床上常出現巨大岩塊及瀑布。其中海拔 1,000 公尺以下之平緩山坡均適合農耕。

▲集集山脈

集集山脈介於烏溪與濁水溪之間，東界為水長流斷層，西界為雙冬斷層；山脈呈南北走向，南北長約 17.5 公里，東西寬約 5.9 公里。以中心山（1256m）、九份二山（1172m）、集集大山（1392m）為主峰，為一顯著之向斜山稜，但其中東側上有數條向斜軸及背斜軸，故整個山脈地形為一複雜之皺褶構造被兩、三條南北向之斷層所截斷。

集集山脈之東坡河谷短小而呈許多平行之橫谷。各河谷上有許多巨礫塊、遇到硬質砂岩處形成瀑布。山脈西坡主要由貓羅溪支流樟平溪與平林溪深入形成橫谷。山脈東西坡之溪谷，在乾季時呈乾谷，但夏季驟雨或颱風雨後常山洪暴發阻礙山區交通。

集集山脈屬濁水溪流域者僅南段之集集大山南麓，行政區域上屬集集鎮東半部與水里鄉交界地帶之山地。其中部分平緩之山坡，適合農耕及造林。

▲南投丘陵

　　位於台中盆地東南緣，北起草屯鎮雙冬里烏溪南岸。經過中寮，南至集集鎮田寮里之濁水溪北岸。東與集集山脈為界，西緣則為南投平原。本丘陵為一單斜構造，地層大致成南北走向而向東緩傾。其高度大部份均在海拔400公尺以下。其地層以堅硬之砂岩和軟弱之頁岩互層構造，地表曾被赭土緩起伏面所覆蓋，但大部分均被侵蝕而削剝殆盡。

　　此丘陵被貓羅溪之支流樟平溪與平林溪橫貫切割成北、中、南三段。其中南段之南坡屬濁水溪流域，即集集鎮之田寮里及雞籠山、獅仔頭一帶。大部分土地為平緩之山坡地，適合農耕及定居。

▲竹山丘陵

　　位於鳳凰山脈西側，北起竹山鎮濁水溪南岸，南至竹山與古坑交界之桶頭里。西以濁水溪支流清水溪與觸口山臺地接壤。竹山丘陵南北長約23公里，東西寬約15公里，行政區域為竹山鎮東半部及鹿谷鄉西半部地區。

　　竹山丘陵之地形為東側比西側高，南部又較北部高。東北部有大水堀臺地及樟雅臺地二個小型臺地，標高在750公尺左右。兩臺地之間為麒麟潭。境內分別有清水溝溪，東埔蚋溪、田子溪、加走寮溪及清水溪流貫，形成各種U形寬谷或V形峽谷。地質主要為砂岩或砂頁岩互層，亦有少數屬礫石層或磚紅壤。大部分之土地均為適合農耕及居住。

▲濁水溪河谷平原

　　濁水溪因上由流經高山地區，河水侵蝕嚴重，山高谷深，因此缺乏平地，只有少數河階分佈。但濁水溪流至水里鄉與支流陳有蘭溪會合後，沿水里街區東南方之龍神橋地峽後，因河谷變寬，水流趨緩，開始出現沖積平原。濁水溪自水里街區東南方4公里之龍神橋地狹以下至二水鄉之鼻子頭隘路間，出現寬大之沖積平原；在水里之寬度為1.5公里，集集地區寬3公里，但集集西南方2公里處之草嶺地峽較窄，寬僅400公尺，隘寮里寬約1.5公里，名間鄉之濁水寬約2.5公里，竹山之香員腳寬3.5公里。此沖積平原為濁水溪中游農耕之精華區，由於地勢寬廣平坦，也提供漢人進入拓墾之交通孔道。

▲清水溪河谷平原

　　位於濁水溪支流清水溪福興里之沿岸，位於竹山鎮西方，介於觸口臺地與竹山丘陵之間，主要為一河階群地形，又稱為「畫互河階」。階崖高度15

公尺至 20 公尺，呈南北走向分佈，其最高點偏於階面西緣，其海拔高度約 170 公尺，即竹山之砲磘地區。整個河階平地均適合農耕及居住。

▲平頂埔臺地

位於濁水溪下游之竹山鎮北部，即清水溪與濁水溪會流處附近。此臺地之形狀大致呈南北向延長之倒梯形。南北長約二公里，東西寬在南端爲 1.5 公里，北端爲 2 公里。此臺地原爲八卦臺地的南方延長，因被水溪截斷而分離成孤立臺地。因此地形上與八卦臺地類似，臺地面向東緩傾，西坡爲斷層崖。

此臺地之地面可分爲上下兩面，上面最高爲 249.5 公尺，下面標高爲 199 公尺。上面表土爲紅土，下面土質爲黃褐色，適合農耕。坪頂埔臺地不僅是八卦臺地之南方延長，同時也是觸口臺地東坡下段之殘片。大肚臺地、八卦臺地、平頂埔臺地與觸口臺地原爲一相連之沖積扇，形成於中部台灣之山麓地帶，後來因斷層作用而傾動，傾動時又受濁水溪先行谷之掘鑿作用，而將截斷分離，其截斷之地點即濁水溪之鼻子頭隘路。此台地上地勢平緩，適合開闢爲梯田或種植旱作。

▲觸口臺地

位於濁水溪中游末端之竹山鎮與雲林縣交界處，清水溪之西側、斗六丘陵之北端，爲一刀尖形之臺地。其南北長約 14 公里，東西寬約 4 至 5 公里，分水嶺偏東，爲 500 公尺以下之低平丘陵。觸口臺地屬於一切割臺地，係八卦臺地之南方延伸，因受濁水溪之截斷而分離。地質屬礫石層及砂頁岩互層所構成，爲一標準之背斜山脊。

觸口臺地中屬於濁水溪中游者僅其東坡之中段及南段而已。地層由火炎山之礫石層組成，因此屬於火炎山型惡地形，大部分不適合農耕；只有部分較平緩之山坡地適合旱作。在竹山西南桶頭附近有大尖山衝上斷層，上衝觸口臺地背斜構造之上，其上衝之岩塊爲堅硬之砂岩構成，主要分佈於觸口臺地之東南方，〔註13〕大部分土地不適合農耕。

總之，濁水溪中游之地形因濁水溪沿岸有寬達 1.5 公里至 3.5 公里左右之河谷沖積平原，不但適合農耕；更是漢人進入此區域拓墾之天然交通孔道；加上河谷兩側爲臺地、丘陵或和緩山坡適合農業拓墾；不像烏溪流域自國姓

<hr>

〔註13〕以上地形資料參考林朝棨，《南投縣地理志地形篇稿》，（南投：南投縣文獻會，1954）。

鄉之福龜以上之溪谷大多是高山深谷，不但水流湍急，兩岸峽谷亦攀越困難，漢人入墾困難。因此，在地形上濁水溪中游較烏溪上游地交通方便，而且土地較平緩又適合開發。此乃濁水溪中游地區較烏溪上游地區拓墾開發較早的原因之一；甚至早期漢人前往烏溪上源之埔里或魚池地區，都經由濁水溪中游地區進入，而不走烏溪河谷進入，亦與地形平坦開闊有關。【濁水溪中游地形請參看附圖 1-3】

濁水溪中游之氣候一般包括氣溫與雨量，而氣候的狀況不但影響濁水溪流域水利蘊藏量的多寡，而且對濁水溪中游之開發及農業的發展息息相關。

氣溫對農業的發展及人類之活動有巨大的影響。濁水溪中游位於臺灣中部，氣候屬副熱帶季風氣候。但因流域範圍內地形複雜，有高達二千多公尺之高山；也有海拔 100 公尺之平原，因此因地形之不同，氣溫的差異性頗大。最低溫在一月份，月均溫在 22℃ 以下，10℃ 以上。最高溫在七月份，但因地形之不同，差異甚大，阿里山區月均溫在 14℃ 左右；平地（竹山）則月均溫大約攝氏 26℃ 左右。年均溫則平地在 20℃〜23℃ 之間，山地在 20℃〜10℃ 之間〔註14〕。就氣溫而言，濁水溪中游是一個極適合農業發展之區域。

濁水溪中游之雨量，因位處台灣內陸中央位置，四面未瀕海，臺灣每年10 月至翌年 3 月盛行東北季風，因受中央山脈之阻擋，雨量較少。5 至 9 月盛行西南季風及颱風雷雨，帶來豐沛雨量，濁水溪流域年平均雨量約 2,422 公釐。濁水溪中游一帶之水里、集集、竹山之平地年雨量約 2,200 公釐；支流清水溪流域年雨量由 2,600 公釐至 4,200 公釐。

濁水溪中游之雨量主要集中在每年 4 月至 9 月期間，為流域之豐水期，10 月至翌年 3 月為流域之枯水期。雨季之雨量約為旱季雨量之 4 倍，故濁水溪流域雨期集中於夏季，而且旱季與雨季之雨量差別甚鉅。每年四月至十一月，常有颱風侵襲台灣。颱風常引進旺盛氣流帶來豪雨，在迎風之山地，往往創出極高的雨量紀錄，成為洪水災害之主因，例如：民國七十五年（1986）韋恩颱風從濁水溪流域河口逆向侵襲，造成本流域區重大災害，至今仍讓地方民眾難以釋懷。尤其近年來濁水溪流域上游之信義、仁愛等鄉鎮過度開發，大量種植高山蔬菜、水果、茶葉等，或開發為觀光區，林木被大量砍伐，山坡地之水土保持能力喪失，又加上民國八十八年（1999）九二一大地震之震

〔註14〕南投縣政府教育局編，《南投鄉土大系》，〈地理篇〉，（南投，南投縣政府，1994）。

央在此區域造成土質之鬆動，因此每逢豪大雨即發生山洪爆發及土石流。例如：民國八十五年（1996）的賀伯颱風、九十年（2001）的桃芝颱風，均在信義鄉、仁愛鄉及竹山鎮造成嚴重之災情。

　　往昔土地之開發，主要用於農業之生產，而氣候對農業之發展影響甚鉅，也影響土地之開發。濁水溪中游之氣候具有二大特性，一爲過渡性，一爲複雜性。因此流域內之農林種類複雜，由於氣候介於臺灣南北之間，固其農作兼具臺灣南北各種作物，如北部之稻、茶、水果，南部之蔗稻、水果均能出產。更由於氣候之複雜性，具有熱帶、暖溫帶以及冷溫帶各種溫度帶，故本流域內不只生產熱帶之作物，甚至蘋果、梨、水蜜桃等溫帶水果亦能種植。在林相方面，亦闊葉常綠林、溫帶落葉林及寒帶針葉林兼而有之，故本流域具有此二大氣候特性，對農林業發展甚爲有利。

　　除了上述氣候二大特性對流域內農林發展有利外，亦有其他氣候因素對流域內農業之發展有其優缺點。其中較著之優點是：具有各種不同溫度帶、雨量充足、且無霆雨之害；風速不大、溫度適中、日照較多，皆對農業有利。至於氣候之缺點則爲：多乾旱之害，寒害也較爲嚴重；並有暴雨之災，爲農業發展之缺點。

土壤方面

　　土壤爲自然環境之重要組成成分，土壤層是覆蓋在岩石圈表面之疏鬆薄層，乃岩石長期受氣候、生物、地形，水文及人爲因素共同作用下之產物。它是植物生長之要素，也是農作之母，對土地開發有決定性的因素，良好的土壤是土地開墾之誘因。

　　濁水溪中游因地形複雜，氣候差異大，河川縱橫，因此土壤也較多樣化，據國立中興大學及台灣省政府山地農牧局所做之調查，依美國農業部 1949 年（民國三十八年）之分類系統，濁水溪中游之土壤可分爲崩積土、石質土與灰化土、沖積土、黃壤、紅壤等。

▲崩積土

　　係凡陡峭之地形，母岩容易崩落，土壤位積現象顯著，因此常有發育較久之土壤物質與發育較晚者混合之現象，是爲崩積土。其顏色呈黃棕色，而且剖面內含未成土之碎石或岩塊。若有機質較多，或暗色母質形成之崩積土，

則顏色成暗棕色。此類土壤滲透性佳，植物根系易於發展。又可分為灰黃色崩積土與暗色崩積土兩大類，在南投縣濁水溪流域此二類均有分佈，主要分佈在丘陵地及較陡之山坡下面。

黃灰色崩積土主要由砂岩、頁岩、泥等風化物崩積化育而成，土色因較有發育，而成較黃或灰黃色，土壤剖面內多含石礫。其主要分佈地區為竹山丘陵、集集山脈、鳳凰山脈北段、銃櫃盆地等地。至於暗色崩積土，因形成年代較新，顏色較新，此類土壤主要散佈於濁水溪中游之水里鄉郡坑附近、另外鹿谷鄉亦有零星分佈，此土壤適合農耕及作物生長。

▲石質土與灰化土

多為滾落石塊之碎片及細粒所組成。目前一般暫定含石量大於 80%，且化育極為弱者，歸為石質土類。或土壤風化後，因沖蝕或耕作而失去剖面之大部分，存留一部分母質與風化母岩所組成。若為滾落崩積物，則剖面混有相當量之有機質，土壤相當肥沃，適於各種植物生長，但因崩積坡每欠安定，尤以陡坡為然；坡度緩和者可為良好果園。

一般而言，凡海拔高度 500 公尺以上之丘陵山區，即見石質土混雜於其他土類之間，而海拔 1000 公尺以上之山區土壤則以石質土為主，而且此區氣候濕潤溫和，蒸發量小，為土壤灰化作用區，在溫濕氣候森林及矮灌木叢植被下，經灰化作用過程而化育成灰化土。此類土壤成酸性反應，依其灰化程度之深淺，又可分為灰壤、灰棕壤及棕色灰化土等類型，濁水溪中游之石質土及灰化土分佈地區，主要在竹山、鹿谷地區。

▲沖積土

係由水流攜帶物沉積而成，為台灣海拔 100 公尺以下低平地區最常見之土壤型，其分布面積而言，僅次於山區之石質土。台灣地區由於山勢高聳，且南北貫穿全島中部，河流均源於中央山脈區，均短促而湍急，不斷自上游挾帶新的風化侵蝕物質沖積於較低平地區。故由其化育而成之沖積土，一般而言均屬成土不久之幼年土，但也正因為不斷有直接源於山地區新鮮且含矽質多的碎石塊等，其沃力卻因此較高。為台灣重要且可以完全利用之農業土壤。部分沖積土經由長期灌溉利用可轉變成黏土類之水稻田。濁水溪中游之沖積土，主要分佈在濁水溪中游之鼻子頭隘路與龍神橋地狹間的濁水溪沖積平原，也是往昔濁水溪中游最重要的水稻栽培區。

圖 1-3 濁水溪中游地形圖

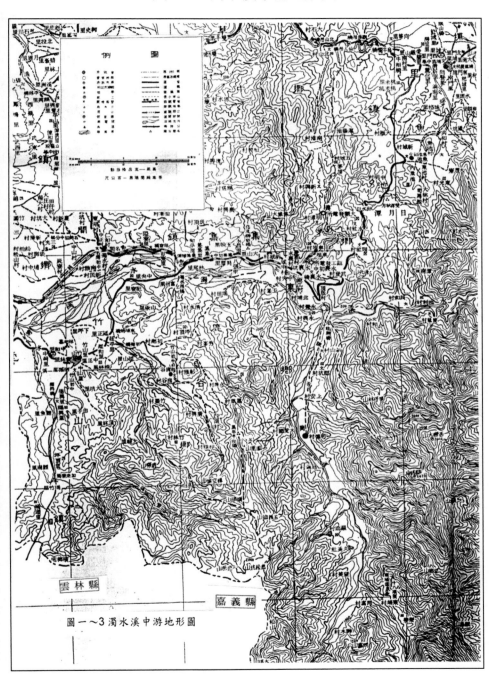

圖一～3濁水溪中游地形圖

▲黃　壤

為在高溫多雨下，土壤化育至相當程度，土色呈黃色或黃棕色，甚至黃紅色；但一有因受特殊母岩之顏色影響而成紅棕色者，故又可分為紅棕色至紅黃色黃壤和黃棕色黃壤。紅棕色至黃紅色黃壤分佈於緩丘陵地形安定處及河階地形，其母質來源複雜，除了少數為頁岩、黏板岩及集塊岩等。其餘大部分源於第四紀更新世含紅土之臺地礫石和河階堆積物。由於紅棕壤成土地點多屬平坦臺地地形，土壤剖面發育較為完整，其土壤一般而言，平均在 2 公尺左右，其土色由北而南由紅逐漸轉但為紅棕色，土壤反應亦由酸性逐漸轉為弱酸性至中性。此種土壤沃力較低，但施肥後仍適合農作栽培。其在濁水溪中游主要分佈在鹿谷鄉的鳳凰村附近山坡地、竹山鎮之清水溪上游山坡地及日月潭旁邊的山坡地。

黃棕色黃壤為磚紅化土壤之一。其主要分佈於海拔高度 100 公尺至 500 公尺之低丘小山坡地。其母岩以砂岩及頁岩為主，且有硬質軟質之分，由軟砂岩化育成黃棕壤，岩質脆弱，侵蝕抵抗力較小，故受片蝕及侵蝕現象明顯，土層淺薄。土色一般而言，與母岩顏色相關，成鮮黃棕色，或係黃鐵礦化作用而成黃色。其土壤反應成強酸性至中度酸性。雖適合農耕，但沃度低、需施肥。其在濁水溪中游只零星分佈於鹿谷鄉之麒麟潭附近及魚池鄉日月潭南側之頭社盆地。

▲紅　壤

為由沉積母質演變而成，為熱帶紅壤化所形成構造良好之土壤。一般呈紅色，為化育良久之土壤，曾受極強度之淋洗作用，其鹽基含量甚低，土壤中細沙及矽粒所含易風化礦物質小於 10%。濁水溪中游之紅壤特性為化育度甚高。因形成之年代久遠，一般養分均已淋溶失去，土壤中所剩養分不多，PH 值一般均甚低；但土壤構造良好，土層深厚且質地細緻。紅壤可能因形成之地位不同，有紅色及黃紅色之差別，故又可分為紅棕色紅壤和黃紅色紅壤。

紅棕色紅壤主要分佈於鹿谷鄉初鄉村至內樹皮間之延溪公路西側地帶。其特性為土壤反應呈酸性至強酸性，土壤質地細緻黏重，肥力低，底土底下為卵石層。黃紅色紅壤分佈於竹山鎮清水溪兩側之山坡地及觸口臺地。其土壤特性與紅棕色紅壤相同，其顯著不同者，為呈黃紅色且所在位置較低，有時表土較厚，但肥力低〔註15〕，只要施以灌溉及施肥，仍可種植水稻及旱作物。

〔註15〕台灣省政府農林廳山地農牧局，《山坡地土壤調查報告 —— 南投縣、彰化

大致而言，濁水溪中游地區之土壤大部份適合農作物之生長，只是土壤沃度較低，只要有足夠的水份和施肥以補充養分，即可種植農作物，故能吸引漢人前來之拓墾。

水文方面

濁水溪中游除濁水溪全長 186.4 公里，是全台灣最長的河川。濁水溪中游之最大支流爲清水溪，清水溪流域面積約 421 平方公里，發源於阿里山北麓。上游分爲兩大支流，一爲清水溪，一爲阿里山溪，至社後坪（嘉義縣梅山鄉豐山村）附近兩溪匯合，向西流約八公里處，又有生毛樹溪自南方來會。故其上游部分流域範圍屬嘉義縣及雲林縣境。然後才由雲林縣古坑鄉流進南投縣竹山鎮桶頭里。至桶頭後河床變寬，繼續北流至瑞竹附近匯加走寮溪，最後於林內縱貫鐵橋附近流入濁水溪，全流長 47.5 公里，其河谷兩岸之河階平原及山坡地或臺地適合農耕。

濁水溪中游的湖泊與池潭甚多，有全臺最大的湖泊～日月潭，也有人工築成之湖泊，如：鹿谷鄉的麒麟潭等，因此蘊育不少臺灣特有生物。其中人工湖泊則大多爲了治山防洪、觀光休憩、水力發電而築壩欄水，除了帶來民生便利外，也蓄水灌溉，提供農業發展之條件。（濁水溪中游目前行政區劃請參看附圖 1-4）。

生態環境方面

生態系之組成，包括棲地及生活其間之所有生物，亦即一特定區域內所有生命之個體及無生命之物質，再加上其間相互的關係，即構成一生態系。生態系可大可小，大如浩翰的海洋、無涯之沙漠及廣大的森林等都是生態系。然而小如水池，甚至養有魚蝦、水蘊草及小生物的水族箱亦可視爲一生態系。

濁水溪發源於 3,000 公尺以上的合歡山、奇萊山等高峰，下游流貫西部平原，注入台灣海峽，流域地形複雜、垂直變化極大。其雖位處亞熱帶之低緯度區，卻具有寒帶溫帶、冷溫帶、亞熱帶、熱帶等不同氣候型態，因此其生物群落亦呈現豐富之多樣性。在臺灣被中國清朝統治以前，濁水溪中游之林木樹冠，高山與平原的各種草類，以及溪流、湖泊中之藻類，形成吸收陽光

縣》，（南投，台灣省政府農林廳山地農牧局，1984）。

的自養成帶。土壤與水中生物、形成累積與分解有積物的異養成帶。其中孳生著食草動物、食肉動物及各種微生物，構成一豐富多樣之生態網及食物鏈。

圖 1-4　濁水溪中游行政區劃略圖（西元 2006 年）

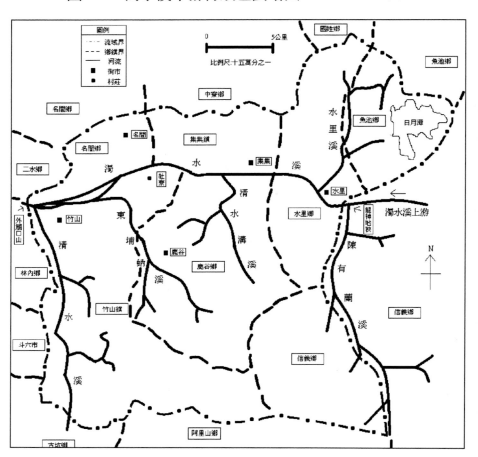

鄭氏治台時期，漢人開始進入濁水溪中游之今竹山地區拓墾，濁水溪之原始自然生態開始受到干擾。自清康熙至乾隆年間，漢人大量入墾，森林、草原被砍除，成群之野生動物逐漸消失，使得濁水溪中游地區之今竹山、鹿谷、集集、水里、魚池等鄉鎮之原始生態遭到破壞。尤其近四十年來，山坡地之過度開發、化學肥料及農藥之大量使用，不但造成河川及空氣之污染，也帶來土石流的災害。位於濁水溪上游之信義、仁愛兩鄉鎮，由於境內多高山深谷、缺乏平地，交通不便，因此至日治末期仍處於封閉之社會，人口稀少，除少數河階地開闢爲水田外，大多仍停留在原始之自然經濟階段。清末

以後，各族群雖然引進槍枝打獵，使野獸逐漸減少，但生態景觀破壞不大。日治時期，政府大量採伐今水里、信義、仁愛等地之原始林，使林相及生態受到影響，戰後國民政府又大量採伐今丹大、郡大、巒大等流域之原始林，生態環境遭到嚴重之破壞，民國五十年（1961）以後，由於中部橫貫公路霧社支線台 14 甲線之開闢及民國八十年新中橫公路（台 21 線）的先後通車，雖然帶來人潮及觀光事業之興起，卻也使公路沿線之生態景觀遭到嚴重之破壞。尤其是民國六十年代後，高山茶業及高冷蔬果之種值，使得信義、仁愛、鹿谷、竹山等鄉鎮之山坡地被濫墾濫伐，加上農藥、化學肥料的過量使用，不僅植被消失、土壤變質、溪水污染，導致生物群落間的能量失調、食物鏈脫節。原來棲息於濁水溪中、上游之動植物群落發生變化。

民國七十四年（1985），政府設立玉山國家公園，將信義鄉陳有蘭溪上游地區劃入國家公園加以保育。民國八十一年（1992）七月，又成立臺灣省特有生物保育研究中心於集集鎮。致力於生態環境及生物之保育及研究，以喚醒國人環保意識，雖然獲得部分之成果，但成效仍極有限；土地之超限使用及濫墾濫伐之現象仍極嚴重，水土保持受到破壞，因此近年來每逢豪雨即釀成嚴重的土石流災害，即是大自然反撲之寫照，所以生態保育及經濟發展兩者取得平衡是當前最重要的課題。

總之，濁水溪中游地區的生態極為豐富。根據臺灣省特有生物保育中心於民國八十一年（1992）至民國八十三年（1994）之調查〔註 16〕；南投縣境內之哺乳類動物有 8 目 18 科 47 種。兩棲類動物共 2 目 6 科 26 種。爬蟲類有 2 目 11 科 52 種。鳥類有 14 目 45 科 195 種。蝶類共 9 科 181 種。魚類共 6 目 12 科 27 種；維管束植物有 182 科 1,969 種。此調查雖然以南投縣為範圍，但南投縣境有一半以上屬濁水溪流域，由此可見南投縣濁水溪流域生態及物種之豐富，說明濁水溪中游之環境，不但適合人類居住，也適合各種動物和植物生存。

第三節　人文背景

現在台灣主要居民為漢人，漢人係由唐山移入。漢人來台以前，台灣是一各族群共處之社會。在十七世紀荷蘭人統治台灣以前，各族群雖有語言卻

〔註 16〕台灣省特有生物保育中心，《南投縣生物資源調查成果彙編》，頁 5～頁 250。

無文字。因此，在漢人來台及荷蘭統治台灣以前，台灣早期的歷史，主要靠考古及傳說來瞭解史前台灣各族群的社會與文化。

台灣考古學之發展始於日治時期，日明治二十九年（1896）日人栗野傳之丞於臺北發現「芝山岩遺址」，爲台灣考古學之肇始。學者不斷地在台灣各地發現史前遺址，並進行考古挖掘，奠定台灣考古學深厚之基礎。民國三十四年（1945）十月，日本戰敗，台灣改由中國政府統治。戰後初期，日本考古學者尚留在台灣繼續考古工作。民國三十八年（1949），國分直一、金關丈夫等日本考古學者紛紛返回日本。是年六月，台灣大學成立人類考古學系，該系接管前土俗人種學研究室遺產，開始有系統地進行考古調查、發掘及研究。不久，隨著中華民國政府遷台，不少中國大陸考古學者如李濟之、董作賓、石璋如等人紛紛來臺，剛好塡補日本學者離去之空缺，使台灣的考古繼續發揚光大。

濁水溪中游地區之考古始於明治三十年（1897）左右，初期之主要工作者爲鳥居龍藏及森丑之助兩位學者，迨大正至昭和初期，經森丑之助及鹿野忠雄之努力考古調查及遺物的搜尋，並未進行大規模的科學性考古發掘。早在日軍佔領台灣之初，有關濁水溪中游地區的考古資料即出現。明治二十九年（1896），日軍參謀本部之陸軍步兵中尉長野義虎曾由花蓮之璞石閣（今玉里鎮）橫越八通關古道抵達集集。同年十月，長野義虎又自集集沿濁水溪、丹大溪進入花蓮之拔子莊（今花蓮瑞穗鄉）。事後，長野義虎即在演講會中發表〈生番地探險談〉〔註17〕一文。文中提到其在此次旅行中看到布農族人仍以石鋤爲耕作器具之情形。此一觀察不但發現了臺灣史前文化與高山各族群之關係，也爲石器時代存續於臺灣至何時才結束提供註解。不過長野氏只是對各族群生活情形之報導，並非眞正的考古或調查。

明治三十二年（1900）東京理科大學之鳥居龍藏與森丑之助二人，於三月二十日由嘉義的阿里山啓程，四月十日登玉山峰頂後，經今信義之東埔、楠仔腳萬（今信義鄉望美村）等地，最後抵林圯埔（今竹山）。鳥居龍藏經此考察後致書東京理科大學之坪井正伍郎教授，信中除了敘述其所見史前遺物之發現及分佈外，並述各族群與石器文化之關係。其文中提到：「我在第四次旅行中，常於高山發現石器時代遺址。其遺物散佈區域，可以說起自番薯寮

〔註17〕長野義虎，〈生番地探險談〉，明治 30 年。劉枝萬譯，載於《南投文獻叢輯1》，（南投，南投縣政府，1954）。

管內（治今高雄旗山鎮）之荖濃溪山上，以迄於此地（按：即今竹山）。嘉義
管內阿里山之最高石器分佈爲 1,255 公尺；而於林圯埔管內濁水溪上游，則爲
1,251 公尺。我此次攀登玉山的目的，在於確認此一事實，進而考察玉山與番
社址之互相關係。……玉山不但曾爲過去人類之遺址遺物所環繞至於現在的
人類，也是如此。……迄今我對石器時代的認識有下列數點：（1）臺灣山地
石器時代遺址，以玉山爲中心，而分佈其山腹周圍。（2）據我的研究，其分
佈的最高處爲 1545 公尺。（3）史前遺址的埋藏深度，在荖濃溪畔平均 30 公
分，在濁水溪畔 15 公分。（4）人類最初定居於台灣山地，非始於近代、而在
遙遠的石器時代。（5）這些製造及使用石器陶器的人類是布農族或阿里山番。
（6）石器時代遺址分佈之高度，與現在的阿里山和布農族番生活的地理環境
高度相同。（7）布農族傳說曾使用石器。我以前認爲生番並不是自古即住在
山地，如今實地勘察，才知道以前的錯誤。他們其實從古代即深入山中，打
獵維生。他們屬於阿里山番或布農族。據這兩族的傳說，都說他們的祖先曾
住在玉山上，後因不和而下山，經屢次遷徙而形成現在的分佈。尤其布農族
以玉山爲中心，分佈極廣。關於石器，濁水溪畔的布農族謂『往昔我們祖先
住在玉山頂上，因旱田在濁水溪，故常下坡到此地種栗，並且收穫以後返回
故地。現在出土的石器（按：即石斧），係往昔農具，即現在吾人所用的農具，
也是由此演變而來的。』吾乃將石斧交給布農族人，令其照傳說的方法將其
安裝手把。他們便以劈開的細藤，將石斧緊縛於自然之樹枝，由此可以窺見，
台灣山地石器時代人類及其使用石器的方法。」〔註 18〕由鳥居龍藏上述之調
查報告可知，濁水流域之史前文化遺址分佈極爲廣闊，由玉山周圍 1,500 公尺
左右以下至濁水溪沿岸均有分佈；同時也確定這些史前石器爲當時居於玉山
及濁水溪沿岸的布農族或阿里山鄒族祖先所遺留下來；也表示早在石器時
代，布農族或阿里山鄒族之祖先即定居於玉山周圍及濁水溪流域。

　　日治初期，除鳥居龍藏曾在濁水溪流域進行史前文化短期調查外。另外
森丑之助長期定居臺灣做廣泛調查，發現更多遺址及遺物。但其所調查範圍
主要以山地爲主，大多爲高山各族群之史前文化遺址及遺物。森丑之助曾於
明治三十五年（1902）及四十四年（1911）先後兩次發表其所調查之臺灣史前
遺址合計共 169 處，其中位於今南投縣濁水溪流域者共有 38 處。森丑之助所

〔註 18〕鳥居龍藏，〈玉山地方之過去及現在住民〉，（東京人類學雜誌第 15 卷 170 號），
　　　　1900。

調查之遺址雖然不少，可惜缺乏詳盡報告，亦未做深度之挖掘。

繼森丑之助之後進入濁水溪流域做考古調查者有明治三十八年（1905）之尾崎秀眞與鳥犍生。尾崎秀眞在其所著之〈新高山紀行〉一文中云：「由乾坑傍山開行凡四公里，抵一突出於濁水溪中而形成半島之小村，號稱龜仔頭，漢人十餘戶，七八十年爲土番所據之地也。村中有一叢林，老木參天。疑是往昔獵首祭之遺址，休息少頃，欲尋枯骨，左顧右盼，忽見類似雷斧之石片，檢而視之，無疑是石器，喜出望外搜尋甚力。將起程，無奈苦力已先行，乃以手巾包裹，各自忍重攜行。此石器與臺北發現者，石質不同，形狀亦別具一格，爲細長之柳葉形，斧痕歷歷，多未加磨（部分加磨者，僅一件）。我曾往訪鳥居龍藏君於理科大學時，他拿給我看的台灣石器，即此類也。去年偕同梅蔭兄（伊能嘉矩）前往阿里山時，於達邦社發現數件之石器，亦與此同類也。」〔註 19〕

另外，與尾崎同行之鳥犍生亦云：「十一月六日早晨起程林杞埔，徒涉濁水溪三次後，午餉於乾坑，再行四公里許，抵達龜仔頭時，尋得數件雷斧。」證明他們發現石器之眞實，而鳥犍生文中所提之龜仔頭，即今日水里鄉之玉峰村，可見今日水里鄉境內早期有先民居住之事實。自尾崎秀貞以後，濁水溪流域之考古工作沉寂一段時間。

昭和三年（1928）臺北帝國大學創設土俗人種學研究室以後，由於移川子之藏、宮本延人、馬淵東一等諸位考古學家於台灣各地蒐集史前遺物不遺餘力，使得土俗人種研究室收藏之遺物數量數增加。根據戰後考古學者劉枝萬氏之研究，其中有關濁水溪中游之藏品甚多，包括笹尾宗晴、尾崎秀眞、宮本延人、吉見左吉、移川子之藏、馬淵東一、岡田謙等人收集之文物。其中以馬淵東一採集於今信義、仁愛兩鄉之山地文物二百餘件爲最豐富。

昭和四年（1929）日人甲野勇前往日月潭附近遺址進行考察，除對於前人之考調查加以確認外，並提出補充心得云：「新高郡之石器出土遺址，爲鳥居博士記錄者七處，多位於集集街經水社抵埔里街路線。尤其日月潭畔不乏出土打製石斧之遺址。吾於前年考察水社化番之際，曾於湖西丘陵發現數件打製石斧。又由水社至埔里街中途，於大林莊附近採集之。此批石斧極其粗笨，爲頁岩或砂岩，長方形及橢圓形者居多。因均散佈於地面，故無從推知

〔註 19〕尾崎秀眞，〈新高山紀行〉，（載台灣日日新報，1905.11.）。

其出土情形。」〔註 20〕另外，昭和十一年（1936）十一月，日本人於竹山建造神社時，發現石斧三件（長均 21 公分、寬均 9 公分）及陶罐一件，證明瞭石器時代竹山市區附近已有人類居住之事實。

　　昭和年間在濁水溪中游之考古調查與發掘，貢獻最大者主要是青木三次氏。青木氏曾於昭和十五年（1940）七月將其採自濁水溪流域山地及平地（原藏於南投糖廠）之文物贈與臺北帝國大學土俗人類學研究室，含石器及陶片共 111 件。此批文物除少數山地各族群之文物外，包括集集、名間、南投、草屯等地之文物。其中採集濁水溪中游者有：名間鄉之濁水遺址（2 件）；水里鄉之平林（1 件）；集集之隘寮遺址（53 件）及柴橋頭（4 件）。其文物內容以石器及陶片為主。石器有石斧、石簇、石網墜等。顯示濁水溪流域不論山地或平地，在史前石代均有人類居住，並使用石器及陶器。

　　昭和十四年（1939）日本考古學者宮本延人發表〈台灣先史時代概說〉一文以後，至昭和二十年（1945）第二次世界大戰為止，是日治時期台灣考古學最熱門時期。宮本延人之〈台灣先史時代概說〉一文，可以算是當時台灣考古做一總結論。文中提到南投縣埔里附近石器及石棺之出土顯示台灣東部與西部文物相之不同外，文中並再提到濁水溪流域 Uvaxo（在信義鄉）高山族將打製石斧緊縛於自然樹枝製成鋤頭為例，證明布農族曾以石斧充作農具之傳說。

　　昭和十五年（1940）六月，馬淵東一氏於頭社坪（今信義鄉羅娜村之茅埔與蘆竹之間）採集打製石器二件，同年七月又於集集之隘寮採集打製石器一件。另外，鹿野忠雄在日治末期，又撰寫《東南亞細亞民族學先史學研究》兩卷。此書除有提到濁水溪流域頭社坪及隘寮出土石斧，並介紹其勘查玉山附近鄒族、布農族居住地後，推斷該地出土的偏鋒石斧為各族群往昔的獸皮剝皮器。

　　綜觀日治時期近五十年之考古，在濁水溪流域雖沒有進行大面積的深入發掘考古，但在鹿野忠雄、國分直一、馬淵東一、鳥居龍藏、森丑之助、青木三次、移川子之藏等考古學家的努力調查發掘之下，發現不少遺址及遺物，證明濁水溪流域不論山地或平地，在史前時代均有人類居住，並使用石器及陶器；同時也確定其中部分史前石器為當時居於玉山及濁水溪沿岸之布農族

_____

〔註 20〕甲野勇，〈台灣台中州新高郡發現之打製石斧〉，（載史前雜誌第 1 卷第 1 號，
　　　　1929）。

或阿里山鄒族祖先所遺留下來。使得濁水溪流域內之史前歷史向前推進一大步，只可惜未做深廣之挖掘及年代之斷定。

民國三十四年（1945）十月，日本戰敗，台灣改由中國政府統治。戰後初期，日本考古學者尚留在台灣繼續考古工作，其中與濁水溪中游有關的考古工作，則是竹山埔心子遺址石棺之發掘。該遺址位於今竹山國小南側之公路旁。遠在日治昭和五年（1930）開闢該汽車公路時，挖獲一具石棺，惟鄉民不知其重要性，將其閒置於路旁。至昭和二十年（1945）七月始被日本考古學者杉山直明所發現。民國三十五年（1946）二月，金關丈夫、國分直一、杉山直明等人乃一起發掘此地，除挖掘此具灰褐色砂岩石板棺外，並出土紅陶、黑陶及橄欖石玄武岩。由其遺物特徵顯示，該文化遺址，可能與台灣南部及西南部平原之文化有所關連，也與埔里之大馬璘遺址及竹山神社遺址有關。

民國三十八年（1949），國分直一、金關丈夫等日本考古學者紛紛返回日本。是年六月，台灣大學成立人類考古學系，該系接管前土俗人種學研究室一切遺產（該研究室曾於日治末期日本戰敗前夕被盟軍轟炸及被日軍充當臨時營房而遺失不少蒐藏之史前文物），開始有系統地進行考古調查、發掘及研究。不久，隨著政府遷台，不少中國考古學者如李濟之、董作賓、石璋如等人紛紛來臺，剛好填補日本學者離去之空缺，使得台灣的考古工作得以持續發展。另外，民國四十一年（1952），南投縣政府為配合臺灣省各縣市之全面修志，而成立文獻委員會後，對於遺址、遺物之調查、研究、整理與保存等工作多所努力，亦致力於史前遺址之發掘與保存，使得濁水溪流域之史前文化的研究不斷地向前邁進。

民國四十三年（1954）一月，劉斌雄與劉枝萬二人勘查南投縣境內之濁水溪沿岸，先後在集集鎮和水里鄉境內發現隘寮埔、田寮園、竹圍底、苗圃等遺址，並確認水裡坑、社子、牛轀轆三遺址。南投縣文獻委員會認為其中田寮遺址頗有發掘價值，乃聘請劉斌雄氏積極籌備。剛好有集集鎮民將其在同年春天於該鎮洞角之旱田空地時所得石器一批送至南投縣文獻會，經劉枝萬氏之鑑定確為史前遺物，乃改變初衷，於勘查遺址後，由文獻會全體職員，於民國四十三年（1954）四月二十三日前往集集洞角遺址進行發掘工作。洞角遺址位於集集鎮正東三公里，距濁水溪北岸約一公里，位於集集大山西南麓太平山之山坡臺地上，土地被闢為旱梯田，經近一個月之發掘，發現此一

遺址之史前文化，可分為黑陶文化和紅陶文化兩系統，共出土陶質標本二千餘件，石質標本一千餘件外，並未發現人骨、獸骨、蚌殼及金屬器等遺物，亦無爐址、居住址或墓葬等遺構之發現。同年八月至九月、劉枝萬氏又於竹山鎮發現竹山神社遺址及重慶寺遺址。

　　另外，在民國四十三年（1954）五月至次年三月，日月潭因久旱未雨，致潭面不斷下降，因此，南投縣文獻會在此期間先後三次於日月潭畔進行遺物之調查，採集大批的石器及陶器。民國四十四年（1955）六月，石璋如、宋文薰及劉枝萬三人曾抵集集之田寮園遺址採集石器及陶器一批，次年又至洞角遺址採集石器及陶片。民國四十五年（1956）四月，劉枝萬前往勘查濁水溪南岸時，於竹山鎮社寮附近臺地上，發現後溝坑與頂埔二處遺址，採獲標本百餘件，包括石器及陶片〔註21〕。

　　民國五十七年（1968），有當時任教於美國 Cornell 大學的 Judith M. Treistman 曾在洞角遺址做進一步之發掘，但未提出報告。同年，Treistman 又到信義鄉之東埔附近做小規模之調查，並自文化層裡採到一個炭素標本，分析結果為 785＋－110A.D，Treistman 據此主張台灣各族群之所以定居山地，並非漢人拓墾平地而將其趕入山區，而是其自古已有之自然環境適應方式。

　　民國六十一年（1972）六月起，中央研究院與國立臺灣大學合作，進行「台灣省濁水、大肚兩流域自然與文化史科技研究計劃」〔註22〕（簡稱濁大計劃），於濁水溪及大肚溪流域進行三年之考古、地形、植物、動物等分組之研究。其中南投縣濁水溪流域之考古調查，魚池鄉部份由孫寶綱負責；濁水溪中游北岸之名間、集集、水里則由黃士強擔任，竹山地區則由羅世長負責，做一全面性之考古調查。魚池鄉境內分別在銃櫃盆地、頭社盆地及日月潭調查，拾獲不少陶片石器和石板棺殘片。至於濁水溪中游北岸，則先後調查集集鎮之洞角（小坪）遺址、大山遺址、大坪頂遺址（昔稱隘寮遺址）、大邱園遺址，長山頂遺址，隧道口遺址，田寮園遺址，鵝田（隘寮里）遺址，公館遺址，大坪遺址、屯田遺址，在上述遺址發現許多石器和陶片。

　　至於竹山地區之考古調查，則發現水車頂遺址，板寮頂遺址，後溝坑遺

〔註21〕以上係參考劉枝萬，〈南投縣考古誌要〉及〈南投縣濁水溪南岸社寮臺地史前遺址〉，收錄於《南投文獻叢輯4》，（南投，南投縣政府，1956），頁7～113。
〔註22〕張光直，《台灣省濁水溪與大肚溪流域考古調查報告》，（臺北，中央研究院歷史與語言研究所，1977）。

址，山腳遺址，桃子園遺址，他里溫遺址，厝地尾遺址，牛湖遺址，三塊厝遺址，豬頭棕遺址，坪頂埔遺址，照鏡山遺址，神社遺址，筍子林遺址，整個區域所拾獲遺物，按其質地可分為石質標本和陶質標本兩大類。出現石質標本的地點，共有 20 處，635 件。出現陶質標本的地點，共 17 處，共拾獲 1,544 件。但遺物大多只是由地表拾獲，並未做深層挖掘。

總之，濁水溪中游地區散佈許多史前遺址及遺物，其中位於集集鎮之洞角遺址，出土大量的繩紋紅陶、素面紅陶、灰黑陶、陶環、打製石斧、網墜、箭頭、石刀、石錛、磨製石斧等，經過學者之碳十四鑑定，其年代距今約三千八百年前，是目前被發掘及鑑定年代最早之遺址。可見濁水溪中游雖然位處內山地區，但至少在三、四千年前即有人類定居，過著漁獵、農耕的生活，並且使用石器和陶器等工具。

濁水溪中游地區之史前遺址除了洞角遺址外，境內尚有大坪頂、水車頂、後溝坑、鵝田、田寮園、大邱園等多處重要的史前遺址，經過學者專家之評估，其年代約距今 1,000～3,000 年之間。

▲大坪頂遺址

位於集集鎮隘寮里濁水溪北岸大坪頂臺地上。日治時期由青木三次調查發現，戰後由宋文薰及黃士強調查並試堀。出土遺物有打製石斧、長條形石器、打製石刀、網墜、石片器、錛鑿形器、磨石、石錘、夾砂黑灰陶及房屋基座遺跡。其年代距今約三千年前。

▲水車頂遺址

位於竹山鎮中央里濁水溪中游南岸中州國小東南方 400 公尺處，範圍約 300×800 公尺。民國六十一年（1972）由羅世長調查發現。出土遺物有黑陶、紅陶、打製石斧、石錛、石簇、樹皮布打棒、陶塤。其年代距今約三千年前。文化類型屬營埔文化。

▲後溝坑遺址

位於竹山鎮社寮里八分仔，即社寮國中與社寮國小南方約 400 公尺處。範圍約 300 公尺×400 公尺。民國四十五年（1956）由劉枝萬發現報導，民國六十一年（1972）由羅世長調查搜集。出土遺物有：夾砂紅陶、夾砂黑灰陶、打製成磨製石斧、石片器、石錛。其年代距今約 2,000~3,000 年前。屬大邱園文化和營埔文化混合型。

▲鵝田遺址

位於集集鎮隘寮里大邱園部落內，濁水溪中游北岸台 16 線公路東行過樂園橋之公路兩側，範圍 400 公尺×750 公尺。民國六十一年（1872）由黃士強調查發現。出土遺物有：粗砂紅陶、黑灰陶、打製石斧、錛鑿石器、石刀、網墜、打製石球。其年代距今約 2,000 年至 3,000 年前。文化類型屬大邱園文化與營埔文化混合型。

▲田寮園遺址

位於南投縣集集鎮田寮里龍泉宮旁小路內，龍泉車站西南 500 公尺處。民國四十三年（1954）由劉枝萬及劉斌雄首先發現。民國四十四年（1955）石璋如、宋文薰於此採集標本，民國六十一年（1972）黃士強在此地調查，民國六十五年（1976）臧振華進行試掘。出土遺物有：素面紅陶、磨光黑陶、打製石斧、石錛、石刀、磨製石器、帶孔石器、玻璃管珠。其年代距今約 2,000 年至 1,500 年前。屬素面紅陶文化。

▲大邱園遺址

位於集集鎮原巒大林區管理處（今特有生物保育研究中心）南北兩側、濁水溪中游北岸。範圍約 250 公尺×1,000 公尺。民國六十一年（1972）由黃士強調查發現，次年，由小山修三試掘。出土遺物有：粗砂紅陶、打製石斧、石片器、錛鑿形石器、石刀等。其年代距今約 1,000 至 2,000 年前，為大邱園文化代表遺址〔註23〕。

總計日治時期和戰後以來之考古及調查，濁水溪中游地區大約發現約五十處之史前遺址，表列如下：

表 1-1　濁水溪中游史前遺址分佈表

號碼	遺　址　名	鄉鎮名	發現者	發現時間	遺　　物
1	卜吉（日月潭）	魚池鄉	森丑之助	明治 35 年（1902）	石鑿、石斧、石錛、石鏃、石刀
2	卜吉至 Puri 間（日月潭）	魚池鄉	劉枝萬	民國 44 年（1955）	打製石斧
3	Puri（日月潭）	魚池鄉	劉枝萬	民國 44 年（1955）	石鑿、石斧、石刀、灰黑色粗陶、方格紋陶

〔註23〕以上各遺址資料主要參考宋文薰等編《台灣地區重要考古遺址初步評估第一階段研究報告》，（臺北，中國民族學會，1992），頁 71～96。

4	石印（日月潭）	魚池鄉	森丑之助	明治35年（1902）	石斧、灰褐色粗陶
5	光華島對岸凸角（日月潭）	魚池鄉	劉枝萬	民國44年（1955）	石斧、石錛、石鏃、灰黑色粗陶、石刀
6	Talienkoan（日月潭）	魚池鄉	劉枝萬	民國44年（1955）	石斧、石錛、石鏃、灰黑色粗陶、石刀、槌斧
7	沙吧嚂（日月潭）	魚池鄉	劉枝萬	民國44年（1955）	石斧、灰黑色粗陶、圓盤、方格紋陶罐
8	潭頭（日月潭）	魚池鄉	移川子之藏	昭和六年（1931）	石器
9	輪龍（日月潭）	魚池鄉	森丑之助	明治35年（1902）	石斧、石錛、石鏃、灰褐色粗陶、石刀、石錐
10	向山（日月潭）	魚池鄉	劉枝萬	民國44年（1955）	石斧、石錛、石鏃、灰黑色粗陶、石刀、槌斧、石鑿、磨製單孔石器
11	大邊田（日月潭）	魚池鄉	劉枝萬	民國44年（1955）	灰黑色粗陶、石斧、砥石
12	水社（日月潭）	魚池鄉	森丑之助	明治35年（1902）	打製石器、石網墜
13	水尾（日月潭）	魚池鄉	森丑之助	明治35年（1902）	打製石器
14	碼頭至文武廟間（日月潭）	魚池鄉	劉枝萬	民國44年（1955）	石斧、灰黑色粗陶、石鑿、石刀
15	文武廟至竹湖間（日月潭）	魚池鄉	劉枝萬	民國44年（1955）	石斧、灰黑色粗陶、石刀、石錛
16	水蛙頭（日月潭）	魚池鄉	劉枝萬	民國44年（1955）	打製石斧
17	光華島（日月潭）	魚池鄉	森丑之助	明治35年（1902）	石斧、石錛、石鏃、灰黑色陶、石刀、槌斧、石鏟、石網墜、石棒、紅褐色陶、方格紋陶
18	頭社	魚池鄉	森丑之助	明治35年（1902）	打製石器
19	銃櫃	魚池鄉	森丑之助	明治35年（1902）	打製石器
20	土地公鞍嶺	魚池鄉	森丑之助	明治35年（1902）	打製石器
21	拔社埔山	魚池鄉	森丑之助	明治35年（1902）	打製石器

22	水里至頭社舊路	水里鄉	移川子之藏	昭和6年（1931）	石器
23	水裡坑	水里鄉	臺中教育博物館	昭和2年（1927）	石斧、石網墜、石錛
24	社子	水里鄉	森丑之助	明治35年（1902）	石斧、石網墜、陶片（有施紋者）
25	竹圍底	水里鄉	劉斌雄劉枝萬	民國43年（1954）	打製石斧、磨製石器
26	頂崁	水里鄉	森丑之助	明治35年（1902）	打製石斧、石網墜、磨製石器
27	龜子頭	水里鄉	森丑之助	明治44年（1911）	打製石斧、部分磨製石器
28	牛輼轆	水里鄉	森丑之助	明治34年（1901）	冠頭形打製石器、石網墜
29	平林	水里鄉	青木三次	昭和15年（1940）	打製石斧、石鑿
30	苗圃	水里鄉	劉斌雄劉枝萬	民國43年（1954）	打製石斧
31	集集大山	集集鎮	森丑之助	明治35年（1902）	打製石器、磨製石器
32	柴橋頭	集集鎮	森丑之助	明治35年（1902）	打製石斧、磨製石斧
33	洞角	集集鎮	劉斌雄劉枝萬	民國43年（1954）	（黑陶文化）：石斧、石錛、石鑿、石鏃、黑色陶、石刀、石劍、石戈、石鏟、石網墜、圓石、石槍、圓盤、棒形器、砥石、石臼、捲瓣長方四孔石器、陶鐲。（紅陶文化）：石斧、石鏟、石錛、石鑿、石刀、石網墜、圓石、砥石、管珠、靴形石器、紅色陶。
34	柴橋頭	集集鎮	森丑之助	明治35年（1902）	打製石斧、磨製石斧
35	八張	集集鎮	森丑之助	明治35年（1902）	石劍、石網墜、打製石器、陶片（無紋）
36	集集	集集鎮	鳥居龍藏	明治33年（1900）	打製石器、磨製石器、陶片（無紋）

37	林尾	集集鎮	森丑之助	明治35年（1902）	打製石器、陶片（無紋）
38	田寮園	集集鎮	劉斌雄 劉枝萬	民國43年（1954）	打製石斧、石鏟、石錛、圓石、紅褐色陶（無紋）。
39	隘寮埔	集集鎮	劉斌雄 劉枝萬	民國43年（1954）	打製石斧、磨製邊刃器
40	隘寮	集集鎮	青木三次	昭和15年（1940）	石斧、石鑿、石鏃、石網墜、石匙、陶片
41	社寮	竹山鎮	森丑之助	明治35年（1902）	打製石器、磨製石器、陶片（無紋）
42	東埔蚋	竹山鎮	森丑之助	明治35年（1902）	打製石器、磨製石器、陶片（無紋）
43	後溝坑	竹山鎮	劉枝萬	民國45年（1956）	石鋤、石斧、石鏟、石鑿、石刀、圓形器、陶片（無紋）
44	頂埔	竹山鎮	劉枝萬	民國45年（1956）	石鋤、石斧、石刀、陶片（無紋）
45	埔心子	竹山鎮	杉山直明	民國34年（1945）	橄欖石玄武岩石器、石網墜、石鐲、石棺、紅褐色陶、紅色豆形器、小型黑色陶罐、繩蓆紋陶、黑色陶鐲。
46	竹山	竹山鎮	森丑之助	明治35年（1902）	打製石器、磨製石器、陶片（無紋）
47	重慶寺	竹山鎮	劉枝萬	民國43年（1954）	打製石斧、石鏟
48	竹山神社	竹山鎮	？	昭和11年（1936）	打製石斧、石鏟、石錛、陶罐、紅褐色陶、灰黑色陶
49	濁水	名間鄉	青木三次	昭和11年（1936）	石斧、石鑿、石鏃
50	名間	名間鄉	青木三次	昭和15年（1940）	打製石斧

資料來源：劉枝萬，《南投文獻叢輯（四）》，頁55-72。

　　根據日治時期和戰後以來之考古及調查，濁水溪中游地區發現數十處之史前遺址。由這些史前文化遺址所留下之遺物及文化特徵顯示，濁水溪中游地區在距今約 3,000～4,000 年前即有人類居住，這些人類有些是目前台灣各族群（布農族、邵族或鄒族）之祖先；有些則難以瞭解。彼等過著漁獵及農

耕的生活，早期以石器、陶器和木器做爲生活之工具，甚至於延續至日治時期。藉由過去考古之發現，證明濁水溪中游早在四千年前即爲一處適合人類居住之場所。

各族群及其文化部份

早期於濁水溪中游活動之各族群有泰雅族、布農族、鄒族、邵族及洪雅族等五大族群。其中泰雅、布農及鄒族屬高山族；洪雅族爲平埔族；而邵族到底屬高山族或平埔族？向來學者看法分歧。清代稱高山族爲「生番」，平埔族爲「熟番」，但邵族則稱爲「水沙連化番」。近百年來，學者或認爲是阿里山鄒族之一支。或認爲其爲一獨立之族群。但由其語言與西部平埔之洪雅、貓霧捒等族接近，而漢化程度甚深，幾乎都能操漢語，故應歸類於高山族中漢化最深的一族。

▲邵　族

邵族之起源有二種傳說，一是原爲住於阿里山上之北鄒族，因有一次族中獵人打獵時，發現一隻白鹿，追逐那隻白鹿而抵達日月潭，返回部落後告訴族人遷入此地定居。另一說法爲其祖先原本住在台灣西部平原地區，大概在今台南、嘉義或鹿港地區，亦因追逐白鹿而抵日月潭，後來族人乃由平地遷入日月潭定居〔註24〕，其定居年代不可考。但據日治時期森丑之助、伊川子之藏及戰後劉枝萬、劉斌雄等人之考古調查，日月潭畔之史前石器及陶器分佈極爲廣泛〔註25〕，證明史前即有人類定居於此，只是確定年代及族群難以詳知。

最早有關邵族記載之文獻是康熙二十四年（1685）左右由台灣知府蔣毓英所撰之《台灣府志》。該書卷十〈古蹟〉中有：「木排田在諸羅縣水沙連社，四面皆水，中一小洲，其番以木連排盛土，浮之水上，耕種其中，若遇他適，並田扯去。」〔註26〕此段文字中「水沙連社」，顯然乃指一番社之社名，此番社之社址所在的地理環境爲「四面皆水，中一小洲」，亦即今日之日月潭，而文中所述之「木排田」即清代方志及遊記中所常被提到之「浮田種稻」。故此文中所指之「水沙連社」即指邵族；乾隆三十一年（1766）閩浙總督奏疏獲

〔註24〕南投縣政府教育局編，《南投縣鄉土大系──南投住民》，頁147～153。
〔註25〕參見本章「史前文化」部分。
〔註26〕蔣毓英，《台灣府志》，卷十〈古蹟〉，頁127～128。

准，將全臺番地分爲南、北二路，而設置北路理番同知時，北路管轄有「水沙連二十四社」之稱，但此乃指廣義水沙連地區，包括泰雅族、邵族及布農族之番社，並非專指邵族。

乾隆五十三年（1788）設立屯番之制，以水沙連六社化番九十名爲屯丁，因此有「水沙連六社」之稱，如夏獻綸所纂之《台灣輿圖》中有「六社者何？曰埔里，曰眉社，曰頭社，曰水社，曰審鹿，曰貓蘭，而以埔里爲著。」另台灣改隸日本初期，水沙連六社總通事黃玉振所撰《頭水六社化番風俗資料》，亦以夏氏之六社爲水沙連六社化番。但六社化番中之眉社屬泰雅族。其他頭、水、審、埔五社雖爲邵族，亦無法涵蓋全部邵族。應該還包括決里社（又名決社，在日月潭南畔後併入頭社）；福骨社（在珠仔山上、清末遷走，又名剝骨社，又名卜吉社，今稱德化社）石印社（在德化社東南，日治時期沒入水中，而併入卜吉社）。另外還有在水沙連界外的社仔社（今水里鄉街區附近，後併入田頭社），至於集集社屬邵族，還是布農族，則難以斷言。

邵族之最大親屬單位是氏族，邵語稱爲 Sidoq，下有家族。由於邵族屬父系社會，故又稱「父系氏族」。例如魚池鄉日月村德化社（卜吉社）就有袁、石、毛、陳、高、筆、朱七個氏族。氏族的名稱與姓，是邵族宗族及部落組織的構成要素。邵族嚴格遵守同一氏族（或同姓）不婚的規定，是一恪守外婚制度的社會。但有親緣關係而非同姓者，可以結婚；雖無親緣，但屬同姓者，卻被視爲準親緣，不可結婚。

往昔邵族勢力強盛時期，氏族對部族的政治經濟及宗教祭儀上，具有職司分工之功能。例如袁、石二姓爲頭目階層，統領族社；毛姓專司祭曆、冶鍊及製作武器；陳、高二姓則掌理祭儀及社務活動之推展。近年來，這些職司分工因受外來文化影響及部落制度逐漸衰微而沒落，但其因精神及部落意識仍存。只是氏族之若干職司功能（如冶鍊、製造武器等）卻已喪失，其內在之強度有弱化之趨勢。

邵族最小之社會單位是家族。其家族大多數屬核心家族，由一對配偶與子女所組成，其次爲親子型伸展家族（又稱折衷家庭）及由二對或以上之配偶及子女所組成。邵族之部落組織常與氏族組織一致，同一氏族之成員多聚居一地，並有一、二小氏族依附其間構成一個部落，其氏族族長也就成爲地域領袖——頭人。下設有助手二人，傳令一、二人。後者由頭人家屬中年輕人擔任。由於邵族今日社會經濟生活已融入漢人之間，而且自日治時期以來，

其已逐漸被納入一般行政系統管理，使其原有部落組織逐漸瓦解。

　　邵族固有之主要經濟活動以「山田燒墾」爲主要之生產方式，捕魚爲次要的生產方式。清嘉慶、道光年間，漢人入墾水沙連，邵族人乃逐漸學習水田稻作之方法。日治昭和九年（1934）因日月潭發電工程之進行，邵族被遷於現今之卜吉社（又名德化社），又被迫放棄原有之耕地，僅接受日本政府少量之租田，因此邵族之經濟受到很大影響。晚近日月潭因觀光業之興起，商業及旅遊業成爲邵族重要之經濟活動，邵族以販售紀念品，及從事歌舞表演、開遊艇或餐飲服務，成爲重要的經濟來源，但也造成邵族經濟生活之重大變遷。

　　邵族之土地可分爲二種，一爲自墾田，一爲官方給予屯丁之屯田。清嘉慶、道光年間，漢人入墾者極多，道光元年至二十七年，邵族在自墾田及屯田以外的荒地有主權，雖然漢人可以開墾，但須納 5%租穀，即所謂「亢五租」。〔註 27〕日治以後，屯田取消，但大多數邵族人仍保有甚多的私有田地。昭和九年（1934）台灣電力株式會社爲發展日月潭水力發電，收買邵族在石印社附近大部分土地，並遷邵族於卜吉社現居地，從此以後，邵族人所耕種之土地，除若干山田外，大部分水田均須每年向台灣電力公司繳納租款，成爲半佃農之地位。

　　邵族之耕種係採刀耕火種之粗放耕作，山田因不施肥，故多採三年輪耕制，第一年播種小米或旱稻，間作玉米、芋、瓜類；第二年種花生、番薯；第三年種玉米或番薯；第四年休耕。其作物以小米或旱稻爲最主要，其次爲玉米、番薯、芋、花生等。但自清代與漢人接觸後，水稻種植已較旱稻爲多。日治時期甚至種過甘蔗賣給糖廠。戰後亦有種香茅、樹薯、香蕉、柑橘等，晚近則種檳榔者不少。由農作物之轉變，致邵族農業經濟逐漸由傳統走向市場取向。狩獵是往昔邵族重要的經濟活動，往昔邵族狩獵之獵物主要以鹿、山豬、山羌、及其他飛禽、走獸，其狩獵之方法有：設陷阱狩獵，焚燒林野再以刀槍弓箭射殺野獸或單獨以弓箭、刀槍配合獵狗狩獵。晚近隨著社會經濟的變遷及獵物之減少等，狩獵已式微。

　　邵族得天獨厚，有日月潭廣闊之水域提供豐富的水產資源。古以來即爲邵族重要之經濟活動，乾隆末年藍鼎元所寫的〈紀水沙連〉一文以其地：「水

〔註 27〕臨時台灣土地調查局，《清代台灣大租調查書》，頁 625～626。

深魚肥且繁多，番不用罾罟，駕蟒甲，挾弓矢射之，須臾盈筐，發家藏美酒，夫妻子女大嚼高歌，洵不知帝力於何有哉！」〔註28〕由此可見當時日月潭魚產之豐，提供邵族極重要之食物來源，使邵族祖先獨享此豐富之漁獲而安享無憂無慮之太平安樂生活。往昔邵族捕魚的方法，除上述以弓箭直接射魚之外，又有極特殊的浮嶼誘魚法，即清代文獻所謂「水沙浮嶼」之說。康熙年間的《諸羅縣志》記載：「水沙連四周大山，山外溪流包絡。自山口入為潭，廣可七、八里；曲屈如環團二十餘里。水深多魚。中突一嶼，番繞嶼以居，空其頂；頂為屋，則社有火災。岸草蔓延，繞岸架木浮水上，藉草承土以種稻，謂之浮田。」〔註29〕由文中可見早期日月潭「水深多魚」。而水中「浮田種稻」之說，至道光三年（1823）鄧傳安游水裡社時卻云：「鹿洲所云：番黎繞嶼為屋以居，架竹木水上藉草承土為浮田以耕者，府志亦載之，今皆不見；但見庋木水中，傍嶼結寮為倉，以方箱貯稻而已。其實番黎不解薔畬，既視膏腴如磽确，又安用此浮田哉？」鄧傳安又云：「水中浮田種稻今皆不見，只見庋木水中，倚傍珠仔山結寮為倉，以方箱貯稻而已」〔註30〕。鄧氏認為邵族不諳耕作，而懷疑浮田種稻之說。晚近不少學者亦對此一說法疑惑不已。但證之文獻，古照片及耆老口述，日月潭未築壩堵水發電以前，潭中浮嶼隨處可見，但他們都不是做為種植稻米，而是做為誘捕魚類之大型浮具。其做法是以竹木綁縛成長寬各約 3 至 5 公尺，上面覆少許土壤，再移植日月潭一種特殊之浮生性之蔓生植物，日久長成半永久性之浮嶼，甚少長出矮灌木叢，形成日月潭中極特殊景觀。浮嶼之功能在引誘魚蝦棲息而非種植禾稻。因為日月潭畔隨處有可供燒墾之山野，而邵族之作物以小米、陸稻及芋頭為主，實無必要大費周章以竹筏承土做小面積之耕作。邵族製作浮嶼之目的在引誘魚蝦棲息及產卵，部分魚蝦亦有捕食浮嶼上微生物及植物之習性。只要在浮嶼四周附近設置魚筌蝦筌，靜候魚蝦進入陷阱，然後早晚巡視魚筌，即有漁獲。日治時期，日本政府為興建日月潭發電廠，恐怕浮嶼隨水漲漂浮而堵住進水口而妨礙發電，乃將潭中浮嶼全部勾拉上岸，因此現在已難睹其原貌。

　　邵族捕魚除了射魚法，浮嶼誘捕法外，尚有以魚藤毒魚，以漁筌在岸邊

〔註28〕藍鼎元，《東征集》，頁 85～86。
〔註29〕周鍾瑄，《諸羅縣志》，頁 284～285。
〔註30〕周璽，《彰化縣志》，頁 467～469，鄭傳安撰，〈遊水裏社記〉。

捕魚、釣魚法、刺魚法、亦有以漁網捕魚之方法。其魚網網魚法除以小型手網於水淺處網魚外，卜吉社之邵族亦學漢人以竹筏於潭中網魚，其竹筏後端有拱形小船屋，竹筏上設有方形巨網，以長竿吊方形網入水中網魚，為極特殊景觀。目前日月潭仍設有漁會組織，是南投縣唯一之漁會。可見捕魚對邵族之重要。

邵族往昔飼養之家畜以豬、狗、雞為主，日治末期才有水牛、鴨、鵝、貓之飼養。另外邵族男女老幼於空閒時亦採集野菜、野果、蜂蜜、木耳等充當食物。

日月潭風景秀麗，邵族環日月潭而居，戰後由於臺灣觀光旅遊業興起，遊客日增，日月潭成為台灣最負盛名的旅遊聖地。各地漢人紛紛移入日月潭開設旅館、餐飲店、特產店或從事遊艇載客服務等行業。邵族因受此現代商業經濟之衝擊，不得不放棄其傳統生活方式與產業，紛紛投入與觀光旅遊業有關之商業活動，如歌舞表演、遊艇業、照相業及農特產及藝品之販售等行業。

往昔邵族之男女每天均過著忙碌之生活，主婦清晨起床後開始做飯；男子則盥洗後即挑水或劈柴。早飯後，男子便上山耕種或開墾，或至水中查看昨日放下的漁筌是否有收穫。若漁獲很多，便攜往魚池、水里、水社、頭社，甚至集集、埔里等地販賣，有時也順便帶些山產去販賣，回程再帶些日用品回來。晚近由於社會變遷，觀光業之興起，部分男人從事遊艇或開店，女人從事歌舞表演或協助男主人營商，部分男女則到城市謀生。年輕人大多外出就學或就業。

邵族之宗教信仰主要是祖靈和精靈崇拜，以及原始巫術。祭拜「祖靈籃」是邵族之特色，他們認為祖靈存在「祖靈籃」中。祖靈籃是一藤製籃子，裡面存放祖先的衣服，平時掛在正廳右側牆上，祭拜時由女巫師（稱為先生媽）主持。

邵族除了祭祀祖靈外，尚有各種歲時祭儀，其每年固定的大祭祀共有三個，即農曆三月之播種祭，七月之狩獵祭和八月的豐年祭。至於較次要之祭典則有除草祭、割祭，以及收藏與嘗新等祭儀。

▲布農族方面

布農族原來全都住在南投縣境內的，原有六個族群，分別是巒社群、郡社群、蘭社群、卡社群、丹社群和卓社群。根據布農族之傳說，他們最早居

住地在台灣西部平原。巒社群說他們祖居在 Lokaan（鹿港？）；郡社群傳說其祖居地在 Linpao（林埔）、Linkipo（林杞埔）、Taulak（斗六）、及 Lamtao（南投）等地方。因此，他們可能早期住在鹿港、斗六、林杞埔（今竹山）、斗六及南投等地，後來才遷往山地。至於遷入山地之時間，目前無法確知，但根據日治時期及戰後之考古調查，在信義鄉東埔村發現之史前遺址，其碳十四之年代最早者約西元 1,000 年左右，其有可能為布農族之祖先遺留。

布農族自平地進入山地後，最初在濁水溪及其支流卡社溪、郡大溪、丹大溪、巒大溪沿岸山地定居。但除卡社和卓社群外，其餘各社群並未長期固定在一個地區住下來，還是不斷地移動。他們之所以不斷地移動，理由是在探求新的獵場。但據推測可能尚有其他因素，例如耕地短缺，作物歉收，疫病流行，或漢人或其他族群之入侵等。根據系譜年代推斷，大約在十八世紀初葉布農族便越過中央山脈往東南方和南方殖民，稍後更轉向西南及南方移動。這種大移動之結果，使布農族佔有中央山脈兩側，北起南投、花蓮，南至台東、高雄之高山地區，成為名符其實之「高山族」。

清代布農族被歸類於「水沙連番」，例如雍正初年黃叔璥之《台海使槎錄》中提到水沙連云：「水沙連、集集、決里、毛碎、巒蠻、木靠、木武郡，又子黑社、佛字希社（亦木武郡轄）、挽鱗、倒咯、大基貓丹、蛤里爛等社，名為南港。」上文中事實上已提到布農族之巒社、郡社、丹社、卡社、卓社五大群（根據馬淵東一之調查，另外蘭社群因染天花而幾乎滅族，只剩少數人與鄒族混居），例如巒蠻社屬巒社群；木靠社屬卡社群；木武郡社（含子里社、佛子希社）屬郡社群；哆咯社屬卓社群；大基貓丹社屬丹社群。

布農族分部之區域位於清代「水沙連」地區之南側，即所謂「南港」地區。布農族因與漢人接觸較早及頻繁，與位於其北邊（清代稱北港）之泰雅族相較，與漢人之關係較和諧，故《台海使槎錄》云：「南港之番，居近漢人，尚知有法；而北港之番，與悠武乃等接壤，最為兇頑」。由於住在濁水溪上游之布農族「居近漢人，尚知有法」，因此漢人在濁水溪流域的拓墾，相較於泰雅族所居住的烏溪流域，較早而且順利。

日治時期布農族又被稱為「濁水溪番」。根據明治三十二年（1899）伊能嘉矩之《台灣番人事情》一書記載，明治三十年（1897）時全臺灣（含今花蓮、台東、高雄）之布農族有大小社一百三十九社，人口一萬六千餘人〔註31〕。

〔註31〕伊能嘉矩，《台灣蕃人事情》，頁 30。

至於位於南投縣濁水溪流域之布農族人口，據民國八十年（1991）信義鄉及八十五年（1996）仁愛鄉資料統計約一萬一千人左右（信義鄉約 8,800 人，仁愛鄉約 2,400 人）。〔註32〕

布農族之氏族組織可分成二類，一為聯族組織，另一為偶族組織。其中巒、丹、郡三社群為聯族組織；卡、卓等二社群則為偶族組織。聯族與偶族各包括若干氏族，氏族之下再分亞氏族。氏族、亞氏族有名字，但偶族、聯族沒有名字。雖然聯族和偶族在布農族裡沒有專有名詞來稱呼它，但確有實際之社會功能。其社會功能是同一偶（聯）族的人不能通婚，配偶必須求之於偶族之外；另外，共有粟祭及共同娛樂是其又一功能；至於氏族，因為是比偶（聯）族小的血緣團體，氏族之間的接觸較為頻繁，故其功能較多。共同獵場，共戴族長，氏族份子間，農忙或其他集體工作（如建屋）時互相幫忙，氏族份子有婚、喪、喜、慶、貧、病時要互相扶持救助。同氏族份子被外人所殺要為其復仇等責任。氏族之下則為家族。布農族實行氏族及偶（聯）族外婚之一夫一妻制婚姻。其屬父系社會，家長由父親擔任。家族財產由家長掌管，全家共同使用。家長死後，若兒子不分家，則家族財產由長子繼續掌管。

布農族之經濟大致可分為採集、狩獵、漁撈、農業及飼養等項。其中以農業最重要，因為農業是他們賴以維生的主要生產方式。他們農耕的方法，往昔皆以山田燒耕為主。晚近因受漢人影響而多採水田稻作，但並未完全放棄山田燒耕。其旱田中所種作物有小米、甘藷、青芋、花生、玉米、糯米、高粱及南瓜等。布農族從事經濟活動時，他們常是分工合作的，大致男人做較粗重危險之工作；女人則從事較輕易、瑣碎的工作。由於布農族居住在山地為主，其資源有所偏缺，因此從古至今，都得講求物資之交易。其交易之方法除以物易物外、已採貨物與勞役交易及貨物與貨幣交易。其交易除社內交易外、亦與社外或漢人交易。

布農族之宗教特徵為泛靈信仰及繁複的農業儀式和生命禮儀。他們對神、鬼、魂混淆不清。布農族人分宇宙為三界：即天界、塵界和陰界。除塵界為人類居住外，其餘二界均為神靈與鬼魂所居。布農族的宇宙觀是以自我

〔註32〕 羅啓宏，周國屏，黃炫興，《南投縣志》，〈卷二住民志各族群篇〉，頁 23，頁 106。

為中心，世界萬物都與人有關係，而且都予以人格化，他們長的樣子與人相同，具有五官四肢、有七情六慾、過著人的生活。布農族有很多的生命禮儀及農業祭儀，如射耳祭、開墾祭、播種祭、甘藷祭等。

▲鄒族（Tsou）方面

鄒族自稱「tsou」的本義是「我們」、「咱們」的意思，以表示自己與其他族群的不同。往昔鄒族常被稱做「曹族」，其實「鄒」是「tsou」之北京話發音，而「曹族」則是「tsou」的河洛語發音，字雖異而所指相同。

台灣鄒族可分為南、北二支，北鄒族以阿里山、玉山為中心屬阿里山亞族。南鄒族分為卡那布亞族及沙魯阿亞族，分別分佈在高雄縣三民鄉荖濃溪一帶之桃源鄉，《台灣省通志》則以卡拉布為大武壠社，沙魯阿為內優四社。〔註33〕濁水溪流域之鄒族屬北鄒族，分佈於今南投縣竹山、鹿谷及信義鄉南側。

荷蘭治臺時期之〈台灣番社戶口表〉中，已記載：特富野、伊姆諸、達邦等社資料。〔註34〕又鄭成功驅荷治台，少數荷蘭人遁入阿里山區，後入居樂野社。〔註35〕而《諸羅縣志》中記載著「鹿楮」（即魯富都）的社名，〔註36〕據此推測，早在荷蘭及清朝時期鄒族已經立社。

鄒族在清代總稱「阿里山番」。清雍正年間巡台御史黃叔璥所撰寫之《番俗六考》中提到鄒族時作如下的記載：「阿里山乃總社名，內有大龜佛山之大龜佛社，霧山之幹仔霧社社，羅婆山之啤囉婆社，束髻山之沙米箕社，八童關之鹿堵社，溜籐山之阿拔泉社，朝天山之踏枋社，豬母嘮社，共八社。」〔註37〕

清代方志中阿里山八社有上四社和下四社之說，阿里山上四社指的是鹿株大社、知母勞大社、達邦大社、全仔大社；至於勃仔大社、幹仔霧大社、牌剪大社、美壠大社，合稱阿里山下四社。其實上四社即屬阿里山亞群，日本學者鹿野忠雄稱為北鄒族；下四社即分部於高雄縣三民鄉的「卡那布」亞

〔註33〕李汝和，《台灣省通志》，卷八同胄志曹族篇（全十冊）第六冊，（台中：台灣省文獻會，1972），頁1。
〔註34〕中村孝志，〈荷蘭時代的蕃社戶口表〉，《南方土俗》1：1，（臺北：南方土俗學會，1936）。
〔註35〕蒲忠成，《台灣鄒族的風土與神話》，頁120。
〔註36〕周鍾瑄，《諸羅縣志》，卷一〈封域志〉，山川，頁8。
〔註37〕黃叔璥，《台海使槎錄》，頁122。

群和高雄縣桃源鄉的「沙魯阿」亞群，鹿野忠雄稱之爲南鄒族。其中屬於今南投縣濁水溪流域者有八童關之鹿楮社（今信義鄉境內）及溜籐山之阿拔泉社（今竹山鎮清水溪流域）均屬北鄒族。北鄒族即清代之「阿里山上四社」，原分知母勞大社、達邦大社、鹿株大社及全仔大社等四大群。根據戰後中央研究院民族研究所之調查研究，北鄒族的全仔大社，於日治時期大正初年只剩下一個大社，社民八戶；至昭和四年（1929）時只有二戶，併入知母勞大社群。故目前北鄒族只剩圖富雅大社群（舊稱知母勞大社群）、達邦大社群和魯夫都大社群（舊稱鹿株大社群）。而位於南投縣濁水溪流域之鄒族則屬魯夫都大社群。

　　清康熙六十年（1721），阿里山鄒族曾附朱一貴起事之機會殺通事響應抗清。但乾隆五十三年（1788），濁水溪流域之鄒族因協助清軍緝捕林爽文黨羽有功，朝廷命地方官帶鄒族頭目十人與邵族頭目共同至北京朝覲。道光、咸豐年間，布農族進佔鄒族所居之陳有蘭溪東岸及其水源地，逐漸侵入魯富都社；甚至越過八通關，蠶食鄒族獵場，彼此屢有戰爭。大致而言，清代鄒族（阿里山番）在濁水溪的勢力與布農族、邵族（水沙連番）時有消長，大抵在今竹山、鹿谷北半部之山區及信義鄉陳有蘭溪西岸屬鄒族勢力範圍。

　　光緒元年（1875），總兵吳光亮開闢由林杞埔（今竹山）越八通關通往花蓮之道路，通過鄒族之領域，並設學校於楠仔腳萬（今信義鄉望美村），以教育鄒族兒童。由於自清代以降，漢人不斷入墾濁水溪中游地區，使得鄒族生活圈縮小，而被迫不斷地往玉山及阿里山之內山退卻。

　　根據戰後中央研究院民族研究所之調查研究，位於南投縣濁水溪流域之鄒族屬北鄒族之魯夫都社群。魯夫都大社人口大部分原來出自圖富雅大社，大約在距今三百多年前，由圖富雅大社（知母勞大社）移民至陳有蘭溪東岸的和社（鄒語大社之意）附近，打敗當地族民後佔有該地建立了魯夫都大社，後來又建了楠仔腳萬小社（即今信義鄉望美村）。但大正十五年（1926）魯夫都大社遭疫病侵襲死亡三分之二人口，剩下四十六人後併入楠仔腳萬小社，昭和十年（1935）以後，日本政府又一次強迫楠仔腳萬社割其地給布農族居住，將布農族一千餘人移入鄒族地域，因而鄒族反而成爲布農族部落中少數民族〔註38〕，故目前在濁水溪流域之鄒族只剩信義鄉久美村之原楠仔腳萬社而已。據民國八十七年（1998）久美派出所之登記，久美村鄒族共 43 戶，219

〔註38〕衛惠林、丘其謙，《南投縣土著族》，頁 53～54。

人。但同一部落內，有布農族 109 戶，633 人。幾乎是鄒族之三倍。〔註39〕

鄒族之原始生活以狩獵為主。狩獵之對象為鹿、山豬和羌，但禁獵山羊。狩獵被視為聖潔的行為，決定出獵時需遵守禁忌，狩獵是男人的工作，婦女不得參與。鄒族的主要生產方式是焚墾輪耕的山田農業，其原始農具有手鍬與木耒，此外尚有漢式鐮刀、斧、及番刀等農具。農作物以粟與甘藷、芋為主，其次為旱稻、玉米、花生等。戰後已發展梯田水稻，農業原為婦女之工作，男子除參加開墾及協助收穫外，平時不參加耕作。另外，鄒族亦於山溪中捕魚充當副食，並且飼養雞、豬、狗等家畜。

鄒族是父系氏族社會。其氏族單位中，亞氏族是最小的單位，有一共同姓氏，原來居住於一個大房屋中，為財產共有共同生活群。若干同源的亞氏族和母氏族構成一氏族，同一氏族人互通有無，耕作與建築家屋時互相幫忙。婚姻採外婚制，婚姻參加飲宴，喪葬時共守喪祭；並為共同復仇單位。至於聯族則由若干氏族組成，已不是一個外婚單位，只可以說是一個共獵團體，大圍獵時之共獵單位。

鄒族之部落組織是以父系氏族為構成單位，而定居於一個固定地區之地域團體，其中心部落稱為大社，以會所為其組織中心。後來由於耕地之擴展，自大社移民出去開拓建立殖民部落稱為小社。小社不能建會所，故一切活動皆集中於大社。各氏族長老聯合組成一長老會議，並且推一強大氏族長老為首長。

鄒族有年齡分級制度，鄒族男女自幼小至衰老共分四級，即幼年級、少年級、成年級與老年級。此種年齡分級與社會責任與義務有密切關係，為社會制度之一個主要關鍵。凡成年而未婚之青年皆應住宿於會所，為部落的守衛中心，社中之年終大祭在會所廣場一赤榕樹下舉行，此赤榕樹為鄒族社樹。

鄒族自古即面臨鄰族（如布農族、漢族）之生存威脅、因此普遍有多子多孫之期盼，又是父系社會，對生命禮俗講求成長儀式。過去男子長到十一、二歲，便要進入會所接受軍事訓練，成年禮安排在年終祭儀之馘首祭後舉行，由長老手持藤條擊打青少年之臀部，且加以一番訓諭。男子十六歲以後即可結婚，遵守一夫妻制，男女雙方父母有主導權，婚禮簡單，由男方攜酒至女方共飲而娶回新娘，女婿須在岳家工作數年。

鄒族之喪禮儀式，因善終與惡死而有分別。得善終的人，採蹲踞坐式葬

〔註39〕南投縣政府教育局，《南投鄉土大系——南投住民》，頁 260。

於屋內；惡死者不做葬儀，大多就地掩埋。另外，鄒族雖無紋身之俗，卻有拔除體毛、穿耳洞、戴耳飾、鑿齒、束腰等習慣。

鄒族是一種重男輕女之社會，男主外、女主內。族人嚴守聖潔規矩，對父母老人家克盡孝道，即使是嫁出去的女兒也會孝順父母。在鄒族的社會裡普遍呈現中規中矩的宗法禮俗社會秩序，洋溢者一片祥和肅穆氣氛。

▲洪雅族（Hoanya）方面

本區域內之名間鄉街區（舊名湳仔莊）及濁水村（舊名廣福寮或濁水莊）附近，往昔均屬洪雅族阿里坤（Arikun）支族 Savava 社平埔各族群之居地。據族譜資料記載，康熙年間即有漳浦縣之吳夢海、林振、林謀，南靖縣之謝石、謝旭、石光等人入墾；乾隆年間又有漳浦縣李姓、吳姓、謝姓等漢人入墾。至道光年間，由於平埔族的土地已被漢人拓墾殆盡，紛紛遷往埔里盆地定居，少數留在原地則被漢化。

洪雅族之社會屬於母系社會，清代黃叔璥所纂《臺海使槎錄》一書中之〈番俗六考〉提到大武郡等社：「其俗惟長男娶婦於家，餘則出贅。」〔註40〕這種男子入贅於女家即母系社會之特徵。《彰化縣志》〈風俗志〉「番俗」亦云：「重生女，贅婿於家，不附其父。故生女謂之有賺，則喜。生男出贅，謂之無賺。」〔註41〕即為重女輕男的母系社會寫照。平埔族雖然屬母系社會，但部落的公共事務由年老男子組成的「長老會議」來決定，另外，打獵和打仗也是男人的職責，可見男人仍有其社會地位。

洪雅族的經濟是所謂「刀耕火種」之游耕農業。洪雅族沒有私有財產觀念，土地為「番社」所共有。欲耕種時於社地中圍一塊土地，將雜草及樹木砍除後，迨雜草及樹木乾燥後將其放火焚燒，所剩灰燼充當肥料，即開始種植玉米、芋頭、小米、陸稻等作物。因屬母系社會，故農耕為女子之工作，男子僅供餚餉。打獵才是男人的工作，捕捉各種鳥獸充當副食或出售，《彰化縣志》〈風俗志〉云：「鳥獸之肉傅之火，帶血而食。麋鹿刺其喉，吮生血，至盡；乃剖腹，草將化者綠如苔，置鹽少許，醃即食之，但不茹毛耳。」〔註42〕即其寫照。

洪雅族之宗教以祖靈崇拜及自然崇拜為主，認為人死後有靈魂。祖靈有善靈和惡靈，祖先善終的，死後為善靈，子孫可以向其祈求福報；祖先若凶

〔註40〕黃叔璥，《台海使槎錄》，〈番俗六考〉，頁105。
〔註41〕周璽，《彰化縣志》，卷九風俗志，頁309。
〔註42〕周璽，《彰化縣志》，卷九風俗志，頁299。

死（如戰死或遭災難死亡），則死後為惡靈，會帶來災禍。另外，平埔族有其原始巫術，稱為「向」。《彰化縣志》〈風俗志〉云：「作法詛咒亦名向。先試樹木立死，解而復蘇，然後用之。不，則恐能向不能解也。不用鎖鑰，無敢行竊，以善向故也。善其技者，多老番婦。」〔註43〕可見其巫術甚為神奇。

〔註43〕周璽，《彰化縣志》，卷九風俗志，頁313。

第二章　土地的拓墾與漢番關係

第一節　郭百年事件以前之拓墾

　　濁水溪中游地區本是各族群活動之區域，但自明末清初以後，由於漢人前來拓墾，使得原屬布農族、邵族、鄒族、平埔族等各族群狩獵之荒埔，至清末已幾乎全墾為田園。而居住於平地之族群也因漢人之入侵而退居山中，因之在清末已成為一個漢人優勢之社會。

　　濁水溪發源於台灣的中央山脈西流入海，漢人由唐山東渡臺灣拓墾，因此漢人在濁水溪流域的拓墾路線是由西而東，溯溪而上，由下游、中游、再往上游拓墾。濁水溪中游的拓墾是由最西方之今竹山、名間、進而集集、鹿谷，最後才拓墾至水里、日月潭地區。

　　漢人進入濁水溪中游之拓墾始於今竹山地區。竹山因位於觸口臺地東方，為濁水溪下游進入中游之門戶，亦為漢人沿濁水溪進入今南投縣之第一站。竹山之拓墾，根據最早文獻之載錄始於康熙二十四年（1685）蔣毓英之《臺灣府志》云：「北路之斗六門、二重埔而進，至『林驥』，環溪層拱，有田可耕，為野番南北之咽喉。」〔註1〕可見林驥真有其人，因同書又云：「各名號皆偽時所遺，今因之，以從俗也」〔註2〕，此書取材於鄭氏時期所留下之史料，可信度甚高，因此鄭氏時期林驥率眾入墾竹山，被族民殺害而壯志未酬之事可信度甚高，但林驥之籍貫，官銜則有待考證，而「林驥」之寫姓名，

〔註1〕　蔣毓英，《台灣府志》，卷十扼塞，頁131。以下簡稱蔣府志，附於文後。
〔註2〕　蔣府志，卷一坊里，頁9。

又有「林圯」、「林杞」、「林屺」等不同之寫法。〔註3〕

　　另外竹山市區有亦有林圯之墓，位於竹山鎮雲林里（竹圍仔），有關林圯之傳說，文獻所錄，有日治大正六年（1917）鹿谷秀才黃錫三所撰〈林圯紀念碑〉一文，云：「先是明鄭成功，游金廈退處臺灣，墾荒闢地，行屯田法，寓兵於農，做久遠計，時水沙連一帶，生番盤踞、非常鷙悍，林圯奉成功之命，開闢水沙連，提一旅之師，由斗六門入牛相觸，擇平曠地，駐紮行營，屢挫兇番之鋒，嘗為狙擊之伺，乃環營植木柵，為悍禦計，日則引兵相視原野，夜則退守木柵，忽一夜，生番大舉襲木柵，炮火轟烈，包圍突擊，圯四面應敵，勢急寨潰，手刃血戰、圯與部下力竭，俱遇害，後人因其營址，封為巨塚，並部下而葬焉，名其地曰林圯埔，志不忘也。迨建市街，構數椽，塑像屍祝，與福德神合祀，為開山第一神廟，前清丙戌年，建設雲林縣治，邑令陳世烈，築衙署於墓左，徵事蹟於紳耆、將請於朝、立祠以報，旋因陳令解組，事遂寢。」〔註4〕由文中可見，清代已有林圯之墓，為林圯及部眾之合葬大塚，而且清末當地居民祀林圯於墓旁之頂福戶土地廟，〔註5〕光緒年間雲林知縣陳世烈甚至欲上奏朝廷為其立專祠奉祀，只因陳氏去職而未果行，因此，鄭氏時期林圯率眾入墾竹山之可信度相當高。

　　林驥雖為最早入墾今竹山地區者，然當時該地為各族群居住及活動之地，林驥與其部眾雖欲強至其地拓墾，不但未竟其志，反被殺害，此說明鄭氏時期漢人之拓墾竹山是以武力強佔方式進行，富有武裝殖民之性質。林驥拓墾竹山雖然失敗，後來又有漢人繼續拓墾此地，將荒埔墾成田園，並收埋林驥等人之遺骨。故清廷領台初期蔣毓英所修之《台灣府志》有如下之記載：「北路斗之六門、二重埔而進，至林驥，環溪層拱，有田可耕，為野番南北之咽喉。」由文中「有田可耕」可知清廷領台之初，今竹山地區已有漢人墾成田園。

　　清廷領有臺灣之初，漢人在台灣之拓墾，仍以南部地區為主，中部、北部地區則大致仍處於荒野之狀態。據康熙末葉成書之《諸羅縣志》〈兵防志〉

〔註3〕　近人林文龍是在其《社寮三百年開發史》（詳見參考書目）一書中針對此一問題曾做深入之探討，認為林杞、林圯或林屺均為林驥之誤寫，林驥之官銜亦非民間傳說參軍之職，可能是屯弁之類。詳參該書頁18～21。

〔註4〕　陳鳳儀，《竹山郡管內概況》，（竹山，抄本未刊，1932），卷九舊蹟，無頁碼。

〔註5〕　倪贊元，《雲林縣采訪冊》云：「福德廟：在林屺埔頂福戶。前為街眾公建；光緒乙酉年重修。廟前並祀右參軍林屺公神位。」

記載，當康熙二十三年（1684）設縣之始，「流移開墾，極遠不過斗六門」〔註6〕。但至康熙四十三年（1704）「流移開墾之眾，已漸過斗六門以北矣」〔註7〕，可見康熙末年漢人已由斗六門溯濁水溪往今林內、竹山地區開墾，同書又云：「竹腳寮山，內有林瓈埔，漢人耕作其中」〔註8〕。即反映康熙末年漢人在今竹山地區耕墾之情形。

　　由於漢人由西向東進入今竹山地區拓墾，使得原來活動於該地之各族群不得不往今竹山南部山區及東部之集集、鹿谷山區退去。雍正初年，漢人已將今竹山地區之平地拓墾殆盡。漢人之拓墾已推進至今日之竹山與集集、名間交界之社寮地區。雍正四年（1726）成書之《台海使槎錄》云：「水沙連社地處大湖之中，山上結廬而居，山下耕鑿飲食，湖水縈帶土番駕蟒甲以通往來。環湖皆山，層巒險阻。」「為南北兩澗沿岸堪往來，外通斗六門。竹腳寮，乃各社總路隘口，通事築室以居焉。」〔註9〕由文中可見，竹腳寮在當時已是漢番之界線，為漢人由濁水溪進入水沙連內山各族群境域之隘口，有通事駐紮管理漢番交涉事宜。而竹腳寮之地望，根據近人陳哲三以清代古文書印證即為今日竹山鎮之社寮。〔註10〕又按通事所居之公廨，「環堵編竹，敞其前，亦名社寮。」〔註11〕更證明雍正初年，今竹山之社寮已是漢番界線。

　　關於清康熙年間漢人入墾竹山地區之情形，因至目前為止並未發現康熙年間或更早之古文書紀錄。此乃因拓墾之初，土地買賣並未盛行，加上早期墾民可能大多是流民零星入墾，大地主不多；又土地原為未漢化之鄒族或布農族所有，因此漢人取得土地之方式可能大多以非和平手段取得，故未立「番契」。日治時期陳鳳儀所撰《竹山郡管內概況》中記載竹山各部落移民開拓者及村落名稱起源中提到，林圮進入今竹山後，由南靖縣、平和縣來台之林神在、葉初、陳以隣、羅阿經、葉文硈及賴姓、李姓墾民逐漸移居竹山街區。康熙四年（1665）平和縣、南靖縣之移民林新彩及張姓、廖姓移民進入竹圍仔（今雲林里、硘磘里）拓墾。康熙四年（1665）南靖縣、平和縣之移民陳匹、曾振成、張赫、石文宴等進入下崁（今中和里）開墾。康熙五十八年（1719）

〔註6〕　周鍾瑄，《諸羅縣志》，卷七兵防志，頁110。
〔註7〕　周鍾瑄，前引書，卷七兵防志，頁110。
〔註8〕　周鍾瑄，前引書，卷一封域志，頁9。
〔註9〕　黃叔璥，《台海使槎錄》，〈番俗六考〉，頁122～123。
〔註10〕　陳哲三，〈古文書在台灣史研究的重要性——以「竹腳寮」、「阿拔泉」地望的研究為例〉，《逢甲人文社會學報》，第一期，2000年，11月。
〔註11〕　周鍾瑄，《諸羅縣志》，卷八風俗志，頁159。

南靖縣之鄭乞食移居香員腳（今下坪里濁水溪沙洲）。康熙五十八年（1719）平和縣之林彩、林像移居豬頭棕（今桂林里）。康熙八年（1669）南靖縣、平和縣之林萬、李培、及劉姓、張姓墾民進入埔心子（今延和里）拓墾。康熙八年（1669）來自南靖、平和、龍溪三縣來之劉叨、張連、曾強、及魏姓、李姓等移民漸次移入拓墾江西林（今延正里）。康熙二年（1663）由南靖、平和、龍溪三縣來台之杜閩、杜猛、杜養、張劍（應為張創之誤）、莊行萬等開拓社寮（今社寮里）。康熙八年（1669）來自平和縣、漳浦縣之曾記胡、陳寄拓墾後埔子（今中央里）。康熙二十八年（1689）龍溪縣、南靖縣之林格、辜天色、辜延進入大坑（今桂林里）拓墾。康熙三十三年（1694）詔安縣之廖乞、李誦等移入清水溪流域之田仔（今田子里）拓墾。〔註12〕

　　陳鳳儀所記資料之來源，並未明述；但以年代來說，其所載與事實相去甚遠，即以康熙二年（1663）杜猛、杜閩、張創等人入墾社寮為例。在康熙二年（1663）為鄭成功去世、鄭經嗣位之次年，當時不可能有漢人進入山區之社寮拓墾，而拓墾社寮之張創為龍溪縣人，生於雍正十一年（1733），於乾隆中葉移居社寮拓墾，並不是康熙二年（1663），時間相差一百多年；而杜猛之名尚見於竹山媽祖廟連興宮之乾隆四十三年（1778）之告示碑中，若杜猛於康熙二年即入社寮拓墾，到此時已有一百三十歲，與常理不合，由此可見陳氏書中之拓墾年代不可信。

　　康熙年間，臺灣中部、北部地區，漢人足跡未遍，荒蕪閒曠之地仍多。康熙六十年（1721）朱一貴抗清事件發生後，朝廷體認到臺灣中、北部之重要性，因此在雍正元年（1723）劃諸羅縣北端之地，設彰化縣於半線以治之。翌年，來台灣平定朱一貴之藍廷珍幕僚藍鼎元上書首任巡台御史吳達禮，提出開放彰化縣東方閒曠番地讓漢人拓墾之建議。以「臺北彰化縣，地多荒蕪，宜令民開墾為田，勿致閒曠。前此皆以番地，禁民侵墾，今已設縣治，無棄拋荒之理。若云番地，則全臺皆取自番，欲還不勝還也。宜先出示，令各番土目自行墾闢，限一年內，盡成田園，不墾者聽民墾耕，照依部例，即為業主。或令民貼納番餉，易地開墾，示兩便之道也。」〔註13〕

　　藍鼎元之建議經吳達禮上奏朝廷，朝廷乃於雍正二年（1724）依部議「福

〔註12〕陳鳳儀，《竹山郡管內概況》，卷十六，無頁碼。
〔註13〕藍鼎元，〈與吳觀察論治台灣事宜書〉，收入《平臺紀略》為附錄，（臺北：台灣銀行經濟研究室，1958），頁54。

建台灣各番鹿場閒曠之地方，可以墾種者，曉諭地方官，聽各番租與民人耕種。」〔註14〕康熙末年，朱一貴事件後，朝廷本將這些地區劃為番地，禁止漢人進入，以免被異議份子所據。不到三年，卻開放讓漢人進入拓墾。顯示出朝廷欲加強對台灣中部控制之政治目的；亦反映出朝廷治台政策，主要以國防或治安為考量，並非以人民生計為考量。但此一開放平埔族土地租給漢人拓墾之政策，不但促進濁水溪流域沿山地區開發，也吸引大批移民來臺拓墾之熱潮，增加政府之稅收。據族譜資料記載，雍正四年（1726）漳州府平和縣之李興、李舜兄弟渡臺，入墾竹山之三角潭（今延和里）、雍正八年（1730），汀州府永定縣廖科應、廖連應定居砠磟，製陶為業。〔註15〕此外，雍正年間入墾竹山地區者有南靖縣之莊通、莊文尺、莊尚錦、莊行萬、莊光德、黃奉、黃聯德、黃樸直、黃武國；平和縣之林影、林劇；海澄縣之林良德；漳浦縣之吳進等人。〔註16〕

　　除族譜之外，古文書中亦可看出雍正年間開放近山土地帶來漢人拓墾之影響。例如乾隆十三年（1748）王若楚所立「杜賣熟耕園壹段」契約〔註17〕中提到「承買官斷過熟耕園」及「翁雄田岸」及「業戶未定」等語，可知其為拓墾不久之田園，而有產權不清、業戶未定之現象。又此契約立於乾隆十三年（1748），距清廷開放近山各族群土地給漢人拓墾約二十年左右，因此其拓墾年代可能在雍正年間或乾隆初葉。此土地坐落於今竹山三角潭（今延和里竹山國小附近），可知今竹山市區近郊已被拓墾。

　　乾隆初葉，不僅今竹山市區附近已被拓墾，甚至竹山最東北端，屬漢番交界之社寮山邊獅尾堀，亦被拓墾殆盡，例如乾隆十三年（1748）社寮獅尾堀陳華所立「杜賣自耕田園壹段」契約〔註18〕中提到「此園係華自墾物業」及「曾宅園」「羅宅園」等文字（詳見附錄二）。可知其開墾年代應在乾隆初葉或雍正年間左右，而且鄰近之土地已被曾姓、羅姓人家拓墾完成。可見此時竹山境內之平地在此時已被漢人大量拓墾。

　　清代漢人在今竹山地區之拓墾，除溯濁水溪東上，由下崁東進至社寮外，同時也溯濁水溪之支流清水溪（清代稱阿拔泉溪）南進拓墾。據日治時期所

〔註14〕《清會典台灣事例》，頁43。
〔註15〕南投縣縣史館所藏《家族譜資料調查（南投）》，廖姓族譜專冊。
〔註16〕參考楊緒賢，《台灣區姓氏堂號考》，頁182～193，頁254-257，頁209。
〔註17〕竹山鎮林氏所藏（隱名）古文書（詳見附錄一）。
〔註18〕台中市董俊寰藏永濟義渡古文書（詳見附錄二）。

撰之《台灣土地慣行一斑》記載,清代屬鯉魚頭保之清水溪一帶,原屬阿里山番社土地。乾隆二十二、三年左右,漳州人林虎、吳存由諸羅（今嘉義縣）地方；劉宗由林杞埔；張春榔由內地漳州,先後移入鯉魚頭保拓墾,由通事潘宇旺引介,以豬、酒、紅布與社番將荒埔出墾給漢人,墾成後由番社一九抽的納租,將番食租立於契約中。後來變亂相繼,墾成田園多歸荒蕪,阿里山番往深山逃竄,此一番食租亦告消滅。〔註 19〕另據陳鳳儀所撰《竹山郡管內概況》一書記載,雍正七年（1729）來自平和縣之張祖胎及來自泉州之黃正德、黃正興進入過溪仔（今福興里）拓墾,〔註 20〕只可惜缺乏其他文獻可資佐證；但當地有「泉州寮」之地名,相傳即為泉州籍黃姓移民入墾定居之地,黃姓定居數十年後,子孫繁衍至四十餘人,但不知何故,全族除一位姑娘外出免於難外,其餘皆被黃氏外甥殺害滅口,此小姑娘未嫁,其過世後,黃氏便在當地失傳。〔註 21〕此二書之記載惜無其他古文書佐證；但卻說明拓墾清水溪流域之移民,係分別由鄰近之嘉義古坑或梅山等地順流而下進入清水溪中、上游拓墾；或由竹山溯溪進入清水溪下游或中游地區拓墾。

清水溪中、上游地區,因位處山區,可供居住及耕種之土地有限,故早期居民以經營竹林為業,乾隆五十九年（1794）已出現「立永渡賣根契人黃柵,因自己栽種有刺竹林」,「外托中引就與林虎觀承買」之竹林買賣契約〔註 22〕。清水溪中、上游地區因受地理環境影響,土地買賣行為大多以竹林為主,僅小部分為旱田。此契約為目前所發現之最早契約,此契約提到:「此業係柵自己栽種物業」推斷,此林地之拓墾應在雍正年間或乾隆初葉,亦即清廷開放近山土地開發政策之後,吸引漢人由嘉義縣之梅山或古坑進入清水溪中上游拓墾。

由於漢人不斷進入今竹山地區拓墾,清政府為恐漢番發生衝突,引發社會問題。因此,朝廷乃於乾隆十五年（1750）聽從閩浙總督喀爾吉善的建言及戶部之覆議,重新劃定漢番界線,採取各種防範漢人偷越私墾之措施,其隔離漢番之劃界措施採「彰化縣屬除大里杙等五處及東埔蠟各莊照舊外,其內外新莊各界均移至旱溝為定界。又竹腳寮地方,以外山山根為界,嚴飭地方員弁,不時稽查漢民私墾違築情形,懈弛分別提參,兵役嚴加治罪。每年秋冬、地方官勸諭邊界零星小莊移近大莊,各設望樓、銅鑼、每樓五人,晝

〔註 19〕臨時台灣土地調查局編,《台灣土地慣行一斑》,第一篇,頁 70。
〔註 20〕陳鳳儀,《竹山郡管內概況》,卷十六,無頁碼。
〔註 21〕劉耀南主編,《竹山鎮福興社區鄉土誌》,頁 50。
〔註 22〕竹山瑞竹林業生產合作社藏古文書（詳參附錄三）。

夜巡邏，協力追擒。倘鄉保、兵役抑勒苦累或稽查疏解，致生番潛入內地滋事，該管官嚴參。漢民與熟番爭控地畝各案，已經剖斷允服，嗣後熟番餘地，均聽自行耕種，不許奸民攙越，違者分別治罪。」〔註23〕此乃是朝廷自康熙六十一年（1722）以後實施封山政策，在逼近生番處所設立界碑禁止漢人進入番界以來，首次重新劃定漢番界線。據雍正年間黃叔璥所撰《台海使槎錄》記錄，康熙六十一年（1722）濁水溪之漢番界碑立於外牛相觸溪口〔註24〕，即今竹山與林內交界之外觸口地區；但是乾隆十五年（1750）重新劃界時，根據乾隆年間所繪之《臺灣番界圖》〔註25〕，其漢、番界線已推進至竹山最北端之社寮及前後埔仔莊，與今之名間、集集僅濁水溪一水之隔而已。而漢番新界線之重劃，亦反映出漢番勢力之消長；同時印證清政府為治安考量而採取隔離漢番之治台政策。

此外，乾隆中葉之古文書亦反映出當時各族群已退往山區之現象，例如乾隆十七年（1752）後埔仔（今竹山鎮中央里）江匡所立之杜賣「自置開墾樹頭園壹坵」契字〔註26〕中提到坐落「後埔仔」之「自開墾樹頭園」字樣，即可看出位於竹山最北端邊界之後埔仔，在雍正、乾隆初年已被拓墾。又從契約後未列有一般開墾契約中常見的「番業主」名目，未蓋有通事、土目等戳記，表示漢人入墾此地時，各族群已退往竹山後埔仔以北之集集、鹿谷等地，今竹山最東邊之後埔仔已是無主荒地，漢人江匡入墾而成為業主。

由於漢人不斷溯濁水溪往內山拓墾，清政府恐引起漢番衝突，乃於乾隆十五年（1750）嚴飭地方員弁，不時稽察漢民私墾情事。但次年即發生李朝龍等人侵墾「番地」、混占爭租之事件。福建台灣總兵李有用將處置狀況上奏覆清廷曰：「水沙連地方逼近生番，久經定界，李朝龍恃買墾地，混占爭租。李光顯復挾仇啟釁，招集流混，經文武各員將首從人犯嚴拏監禁，研訊確情，從重定擬。其聚棍空寮，復經禁毀解散。現在民番寧靜，並無驚擾情事。至該處開墾有年，所有無辜之佃民人等，若概行驅逐，轉恐滋擾，請將大小二十四莊開成田園一千五百七十一甲，未墾荒地二百六十餘甲，一併入官，令該佃照例輸租，以杜爭競。其近番山界，勒明立石，定為禁地，不許復生覬覦。」〔註27〕

〔註23〕《大清高宗純皇帝實錄》，卷六百十九。
〔註24〕黃叔璥，《台海使槎錄》，〈番俗六考〉，頁167～168。
〔註25〕國立中央研究院傅斯年圖書館藏，《台灣番界圖》。
〔註26〕台中市董俊寰藏古文書（詳參附錄四）。
〔註27〕《大清高宗純皇帝實錄》，卷三百八十七。

此段奏文所指「水沙連地方」，並不是指日月潭地區，而是指當時之漢番界線至外觸口之間，即今竹山鎮地區。因文中所提之李朝龍乃武舉人，曾於雍正四年（1726）向原墾者戴澤等買進墾地，其後又有通事陳蒲也到彰化知縣請墾，雙方爭控。經過知縣到地勘丈將已墾之田園定界分管陞科，餘埔劃為禁地，不許復墾；但餘埔尚多，佃人仍然繼續偷墾。至乾隆十六年（1751）總兵李有用調查時，水沙連地方已經是「縱長有三十餘里，橫直處或十餘里或七、八里不等」，「番」、民錯處，大小村落共計二十四莊，男婦戶口二千餘人」「已墾成田園一千五百七十一甲，未墾荒地二百六十餘甲」。乾隆十五年（1750）時李朝龍與親戚武生李光顯想要「吞占」餘埔地租，藉演戲聚集佃人，索取歷來租穀，卻激怒佃人與熟番，毀損其家財物。李光顯告官指控莊佃抗租，縣官派遣差役去拘拿，卻被佃人毆傷，並將李光顯鼻尖割去。李朝龍、李光顯遂在下坪（今竹山下坪里）住處招集外地流氓數十人，儲存武器，以作為防衛與準備爭鬥報復。該年九月間，閩浙總督喀爾吉善得知此事，會同福建巡撫潘思榘等下令立即查辦，台灣地方官接到命令後只派出巡檢胡琦會同千總陳榮到地查辦，逮捕行兇之佃人，李家之流棍逃散，只抓到六名，並查獲一些刀棍鏢箭等武器。十二月二十七日喀爾吉善與潘思榘奏報處理經過，清高宗於乾隆十六年（1751）正月二十四日硃批斥責「糊塗怯懦」，下旨「嚴行申飭」，責備他們「寬縱」罪魁李光顯，「輕重倒置」，要他們「嚴拿從重治罪」，以懲戒聚眾械鬥仇殺之「刁民」。

清高宗乃命台灣鎮總兵李有用查明此案，據實回報，李有用於乾隆十六年（1751）四月開始徹查此事並拘捕人犯。除收押李朝龍、李光顯外，又陸續捕獲逃逸之流犯二十名。他並建議一併處罰接任父親陳蒲擔任水沙連通事之陳媽生，因其「不能約束民番，遵守禁界，復敢效尤爭墾，致啟釁端」。對於引起爭執之禁地，李有用認為若照原議驅逐佃民，恐致「滋擾」，因而上奏請改將水沙連地方前述所有墾成田園與未墾荒埔一併入官充公，照納租穀。李有用除將以上查辦之情形詳明報告督撫外，並於四月十四日上奏報聞。督撫兩人亦馬上回奏捕獲李光顯，並解赴福建省城從嚴究辦。

閩浙總督與福建巡撫二人又於該年閏五月十日上奏「辦理臺郡事宜」，說明善後處理原則。奏摺內督、撫重申，乾隆十五年（1750）釐定漢番界線後，不許漢人到界外開墾，而界內荒埔若有民番控爭糾紛或接近生番，則列為禁地不許開墾。水沙連地方先前因為爭墾及接近生番，亦列為禁地不准漢人再

墾。現在既然查出私墾禁地,「自因查照禁案,嚴行驅逐,以靖邊界」但水沙連因爭墾互鬥查出已聚居不少百姓、墾成不少田園,若將佃人全部驅逐,把墾成田園另給他人報陞管業,日後還是難免有爭墾事端,給與佃戶陞科管業的話,又恐「愚民無知,佃戶得業轉啓尤私墾之漸」。最後基於「絕奸民覬覦之端,且可免數千佃丁流離失業之苦」之考量,兩人建議將兩處「荒熟田園悉行歸公,照官莊之例,佃戶歲納租利,以充通省公用」奉准執行。因此這些乾隆十六年(1751)以前佃民偷墾之水沙連(今竹山鎮)土地,因李朝龍爭控案而被充公成為官莊,此即「水沙連官莊」之由來。

由「水沙連官莊」之設置,反映出清政府對於漢人偷墾各族群土地之處置,並非將漢人驅逐出境,把土地還給各族群;而是怕墾民流離失所,危及台灣治安而承認偷墾事實,讓漢人繼續耕墾如故,可見官方之駝鳥心態。同時,也反映出清政府之治台政策完全以治安為考量,對於漢人之違法偷墾行為,往往採取就地合法之善後措施,無形中鼓勵漢人繼續偷墾禁地或各族群之界外番地。至於當時官莊之實際面積及分佈情形,則因為乾隆五十一年發生林爽文抗清事件,有關水沙連官莊之檔案資料被焚毀而難以詳知,但也使官府之課租失去依據。嘉慶初年,彰化知縣胡應魁辦理善後事宜,曾派林內莊貢生鄭天球前往水沙連實地調查,做為重新課租及認定所有權之依據。

鄭天球清理水沙連官莊之地籍、租課及相關資料,後來亦告散失,目前僅存者為嘉慶三年(1798)十月,彰化知縣胡應魁發給後埔莊佃戶陳各之〈官批〉〔註28〕云:

> 彰化縣正堂胡為給批執管書課事,照得水沙連保充公官莊各佃田園,水沖之後,旋遭逆擾,檔冊焚毀,歷年缺課積欠莫清,茲據員貢鄭天球查出實耕田園以溢抵口,造冊前來,除核明甲數,飭取經驗結納課外,合行給批,為此給該佃陳各(頂楊懷)即便管耕,後開甲數,照額任納管租,如有轉售頂耕,臨時報明,立互換批,倘敢抗違,一經查出,定拏究辦,將田園另招耕佃,毋違!

此批文之水沙連官莊位於社寮地區之前、後埔仔莊。此外,亦分佈於今竹山街附近之三角潭莊等地。例如乾隆三十九年(1774)彰化知縣發給三角潭莊賴參之〈給批〉(詳參附錄五)〔註29〕中提及,原官佃陳助、賴妙所耕種

〔註28〕台中市董俊寰(永濟義渡創立人董榮華後裔)藏《永濟義渡古文書》。
〔註29〕竹山陳文學(陳上達家族)藏古文書(詳參附錄五)。

位於三角潭莊之官莊田園被水沖毀後，重新丈量後改由賴參承耕。可見三角潭莊也有土地被充公爲官莊。

　水沙連私墾田園於乾隆十六年（1751）被沒收改設官莊以後，「自乾隆十七、十八兩年，每粟一石征銀六錢，十九年以後概征本色」〔註30〕。即乾隆十七（1752）及乾隆十八年（1753），每栗一石，可折成銀六錢。自十九年（1754）以後，一概徵收租栗（本色），不再折合銀錢。乾隆十八年（1763）以後果然出現田地豁免租粟或陞科之紀錄，顯示漢人之拓墾已有相當成績。道光年間成書之《彰化縣志》云：乾隆十八年「又勘詳水沙連坍荒無額，豁減公栗：六百四十一石六斗二升六合三勺。乾隆二十年，水沙連報陞下則田：三百五十一甲四分八釐一毫四絲。每田一甲納租栗六石。下則園一千三百八十三甲五分七釐五毫三絲四忽。每園一甲納租栗三石。二共徵栗二千三百四十九石三斗三升七合二勺。」〔註31〕爲因應水沙連官莊之成立，以及陞科後租穀貯藏問題，乃有「沙連倉」之設立。《彰化縣志》云：「倉廒，一在水沙連林杞埔街（計二十一間，乾隆十六年莊民捐貲鳩工共建）。」〔註32〕「沙連倉」之設立，說明乾隆中葉今竹山地區之拓墾已有相當之成績，必須建倉以貯存所課租穀。

　水沙連地區因土地之拓墾、人口的增加及聚落之形成，鄉治組織的建立與治安之維護乃日益殷切。乾隆二十年（1755）九月二十五日，清廷始由戶部議准設立保甲制度以維護地方治安。其內容曰：「閩浙總督喀爾吉善疏稱：「『台灣府彰化縣水沙連』，「因近生番，不准民人居種。今察水沙連離生番三十餘里，山徑崇峻難越。」，「所有墾屯田園，應照例徵租」。「土深腴厚，可墾成園，應一併墾種。該處耕種男婦編立保甲，設隘防守，不時稽查。」從之。」〔註33〕此即水沙連保設立之開始。按清代台灣之鄉治組織有保甲之制，其制爲縣下設保，保下又設若干甲。乾隆二十一年（1756）沙連保社寮地區之古文書〈葉富杜賣契〉（詳見附錄六）〔註34〕中出現「甲頭」二字即爲保甲之明證。另外契約中蓋有「甲頭」之戳記二枚，其中一枚刻有「給水沙連前後埔子等四莊甲頭賴興記」，另一枚則刻「給水沙連水底寮等三莊甲頭張子開

〔註30〕巡台御史李宜青，〈條陳台灣事宜摺〉。
〔註31〕周璽，《彰化縣志》，卷六田賦志，頁165～170。
〔註32〕周璽，《彰化縣志》，卷二規制志，頁38～39。
〔註33〕《大清高宗純皇帝實錄》，卷四百九十六。
〔註34〕台中市董俊寰藏古文書（詳見附錄六）。

記」，由此二枚戳記來看，可知今日的社寮地區，當時已建立七座官莊，且劃分二大區域，東半部有四個莊以「前後埔仔莊」為代表；西半部有三座官莊，以「水底寮莊」為代表。

　　水沙連地區至乾隆中葉，因拓墾頗具規模，已是「人煙稠密，商賈往來不絕」。朝廷除於乾隆二十年（1755）成立「水沙連保」，實施保甲制度，以維護治安外。乾隆二十五年（1760），閩浙總督楊廷璋認為：「林圮埔地方，內通水沙連諸番社，中隔大溪，外通觸口。從前因內地偏僻，行人稀少，是以祇於石榴班設汛防守，該地未經議建汛防。近日人煙稠密，商賈往來不絕，奸匪之潛匿，搶竊時聞。」因此他提出建議：「應請將石榴班汛內撥兵十名，鹽水港汛內撥把總一員駐箚巡防。」朝廷乃於該年十月下部議准，並於鹽水港汛內撥外委駐箚，於石榴班汛內撥兵十名駐守林圮埔，正式成立「林圮埔汛」〔註35〕。以確保居民生命財產安全，使墾務之發展更為順利。

　　水沙連保之設立與林圮埔汛之移駐，使得原已「人煙稠密，商賈往來不絕」之今竹山地區的拓墾更蓬勃發展。例如乾隆二十六年（1761）正月獅尾堀莊曾君隨杜賣「承叔父自墾埔園一切」〔註36〕之契字中有：「承叔父自墾埔園一所，明丈九分三釐，每年帶租三石，座落後埔子獅尾屈，東至寧叔公園、南至圳公園、北至竹腳。又帶坪頂園壹所，至至山、西至路、南至悅兄田、北至墩。又帶社寮後埔園壹所、東至寧叔公田、西至墩、南至陳宅園、北至山，因「乏銀費用」而賣給「寧叔公」，埔園座落獅尾屈，即獅尾堀，乃屬社寮地區靠近山邊之土地，由契約中「埔園坐落之四至」均已成漢人田園來看，證明今竹山地區大部分平地已被拓墾殆盡，墾民開始往山腳之邊際土地拓墾。

　　另外，乾隆二十八年（1763）有賴旺杜賣「自已開墾山埔一所，座落沙連保土名三塊厝崙仔頂」〔註37〕所立之契約乙紙，其杜賣之土地座落於三塊厝（今竹山鎮桂林里），屬靠近山腳之邊際土地，亦表示平地已開墾將盡。

　　隨著土地之拓墾，人口之增加，商業亦隨之而興。乾隆二十九年（1764）成書之《續修台灣府志》彰化縣條已出現「林圮埔街，在縣東口口里」〔註38〕之記載，表示林圮埔已有街肆及商販集結。街莊之形成，人文頓呈活躍，精

〔註35〕《大清高宗純皇帝實錄》，卷六百二十。
〔註36〕彰化縣和美鎮林文龍藏古文書（詳見附錄七）。
〔註37〕竹山鎮陳文學（陳上達家族）藏古文書。
〔註38〕余文儀，《續修台灣府志》，頁89。

神之慰藉亦日益殷切，宗教活動亦隨之而興，寺廟乃次第興建。乾隆年間，林圯埔媽祖廟天上宮及社寮開漳聖王廟之興建即為其例，故道光年間刊行之《彰化縣志》載其情形云：「天上聖母廟：一在沙連林圯埔，乾隆初，里人公建，廟後邑令胡公邦翰祿位。」〔註39〕又《雲林縣采訪冊》云：「聖王廟，在社寮街，祀開漳聖王陳元光……乾隆年間，鄉眾公建。」〔註40〕

　　乾隆中葉，今竹山地區土地之拓墾，雖然蓬勃發展；但乾隆十六年（1751）水沙連官莊之設立，卻帶給當地佃農嚴重之困擾。水沙連官莊設立之宗旨，原為避免私墾佃戶因土地被沒收而流離失所，政府又有租可課，可謂官民兩蒙其利，只有土地被偷墾之各族群倒楣。然而位於社寮地區之官莊，東起溪洲仔，西迄水底寮，大多沿濁水溪分佈。每遇夏季濁水溪水漲，官莊田園常被沖毀流失，導致佃戶不但無法完租，更是賠累不起。乾隆二十七年（1762），擔任彰化知縣之胡邦翰深知民間疾苦，向上級再三請命，終獲朝廷批准，不但免除往年積欠租穀數萬石，同時獲得減則，減輕農民之負擔。胡邦翰之德政，民眾感激涕零，乃設其長生祿位於天上宮（今竹山街區連興宮媽祖廟），「凡遇胡公誕辰，家家慶祝、如奉生佛然」。胡邦翰之減租事蹟，《彰化縣志》記其大略為：「先是水沙連荒埔墾闢成田，已報陞科，忽連年水災，沖崩壓壞者，不可勝數，又年不順，成穀無半穫。民受課累，日追捕欠。邦翰知民疾苦，為請大吏，備陳情狀。適制憲巡台抵彰，邦翰即躬導制軍，詣勘跋涉畎畝不辭勞瘁；復為哀籲再三。制憲憫其誠，乃為奏請豁免水沖田園數千甲舊欠供課數萬石，仍請減則。詔報可。民咸知為邦翰力，雖婦孺猶歌頌弗忘焉。」〔註41〕此一免除萬租及減則事件，除胡邦翰本身循行政系統上報外，乾隆二十九年（1764）三月江南道監察御史李振青奉命來台灣巡察，曾至水沙連官莊視察，回京後亦上書籲請豁免水沙連官莊舊租及呈請減則徵收，對此案獲朝廷議准也有相當助益。

　　乾隆中葉，今竹山地區之平地已被拓墾殆盡，漢人開始往山區拓墾。例如乾隆三十九年（1774）劉西杜賣「樹頭林地一所」（詳見附錄八）〔註42〕之契字內，土地坐落在「新莊仔」，其地點位於三塊厝山腳，即今竹山鎮桂林里山邊土地。另外，乾隆四十二年（1777），亦出現林水源等人杜賣埤圳之契約

〔註39〕周璽，《彰化縣志》，卷五〈祀典志〉，頁154。
〔註40〕倪贊元，《雲林縣采訪冊》，頁159～161。
〔註41〕周璽，《彰化縣志》，卷三〈官秩志〉，頁103～104。
〔註42〕竹山茆庸正藏古文書（詳見附錄八）。

〔註43〕，此一埤圳買賣契約，坐落在山腳下地勢較高之豬頭棕（亦寫作豬勞棕，在今竹山鎮桂林里），表示該地不但拓墾有一段時日，並且有水利設施之開鑿。另據族譜資料記載，祖籍福建南靖縣之劉玉麟，於嘉慶年間入墾笱仔林（今竹山鎮延山里）。可見，當時今竹山地區之拓墾已經深入山麓地區。另據族譜資料記載，道光年間，又有閩籍之林施錦及南靖縣葉文崆，羅阿經入墾今竹山南部山區之大鞍莊（今大鞍里）。〔註44〕

今竹山西南側之清水溪流域，由於地形上屬於山區，該地原屬阿里山鄒族阿拔泉社之活動區域，乾隆中葉以後，漢人也循著清水溪不斷往上游山區拓墾。根據日治時期之調查，乾隆二十二年（1757），有南靖縣人陳光暖拓墾山坪頂（今平頂里）；乾隆二十二、三年（1757-1758），漳州人林虎、吳存、劉棕、張春榔等人開拓鯉魚頭保。〔註45〕可惜這些調查資料缺乏具體文書佐證。乾隆二十九年（1764），有陳觀扶者，定居加走寮溪，開墾附近的金面寮外胡（湖）（今竹山鎮坪頂里）；另有闕喜、李興共同開墾內胡（湖）地區（今竹山鎮坪頂里），土地均係向阿里山鄒族承墾，即所謂「番大租」。〔註46〕

嘉慶年間，今竹山清水溪流域漢人之拓墾更為活躍。例如嘉慶三年（1798）四月，漢人李智向阿里山社通事阿吧里贌耕鯉魚頭堡竹頭崙坑大湖山之荒山，再交由李興前去開墾，立下「立贌墾山字」〔註47〕契約。由契約中可知，此一山坡地之贌墾，「三面言議收過墾銀拾大元，與為番食」，即每年需繳納「番食銀」給阿里山社，亦即所謂「阿里山番租」，表示漢人之拓墾係採和平手段向鄒族取得土地。此山坡地之位址在今清水溪中游之加走寮溪一帶之山坪頂附近，可見嘉慶年間，漢人拓墾鯉魚頭堡的腳步已深入至加走寮溪一帶。另外，嘉慶十年（1805），今竹山南部之流藤坪、大壠棟（又名大人棟）山區亦被阿里山社通事阿吧里出贌給漢人陳從開墾。其所立〈全立招墾單字〉〔註48〕契約中之土地坐落於大壠棟，又稱大人棟，位於今竹山鎮南部田子里山區，海拔約500公尺，為鄒族阿里山社活動區域。故契約中

〔註43〕竹山陳文學（陳上達家族）藏古文書（詳見附錄九）。
〔註44〕陳鳳儀，《竹山郡管內概況》，第十六卷，無頁碼。
〔註45〕臨時台灣土地調查局編，《台灣土地慣行一斑》，（臺北：臨時台灣土地調查局，1905），第一篇，頁70。
〔註46〕此為林文龍藏古文書，另參閱氏著《社寮三百年開發史》，頁30～31。
〔註47〕竹山李先生（隱名）藏古文書（詳見附錄十）。
〔註48〕劉澤民編，《台灣總督府檔案平埔族關係古文書選輯續篇》，頁650（詳參附錄十一）。

提及嘉慶初年仍發生「被生番圍莊燒殺」事件，至嘉慶十年（1805），阿里山社番因缺乏口糧，才又招佃開墾。可見嘉慶年間，今竹山地區之拓墾已往南側深山地區推進。至於清水溪支流加走寮溪對岸之木瓜潭地區，嘉慶年間亦有漢人拓墾。例如嘉慶二十一年（1816），即出現木瓜潭莊蔡彪同胞侄蔡榮、蔡幸等所立杜賣自墾竹林契字〔註49〕，可見木瓜潭地區之拓墾已有相當時間，才會出現竹林買賣之情形。

總之，迄嘉慶二十年（1815）左右，今竹山地區，位於海拔 500 公尺以下，適合開墾之山坡地及平地，已經被漢人拓墾殆盡。另外，濁水溪支流清水溪流域，漢人亦從下游拓墾至清水溪中游之加走寮溪及木瓜潭附近。

乾隆年間，漢人除將今竹山地區之平地拓墾殆盡外，部分移民亦不斷往東南山區推進，將今鹿谷鄉境內土地逐漸拓墾。但鹿谷早期為各族群活動之地，漢人入墾此地初期採取武力強佔之方式拓墾，卻遭各族群強烈之反抗。

先是乾隆五、六年左右，有漳州詔安縣陳志成者，率領壯丁十二人，沿濁水溪而入，驅逐高山族，入墾番仔寮莊（今瑞田村）、大坵園（今清水村），曾築土壘以禦高山族，故番仔寮西方有「外城」地名，大坵園南方有「內城」等地名，均係當時築造堡圍防番遺址。但十餘年後，又遭高山族侵襲，全被慘殺，所墾土地，復歸荒蕪。〔註50〕

另據今鹿谷鄉初鄉村板仔寮之柯氏族譜資料顯示，有祖籍福建漳州府南靖縣之柯清，於清初渡臺抵雲林庵古坑（今古坑鄉）定居。乾隆五年（1740），兄弟分居後，移居粗坑（今初鄉村）板仔寮，墾得粗坑及九寮坑大片土地。乾隆十六年（1751），又有漳州府籍之張禎祥入墾大坵園莊（今清水村）〔註51〕。乾隆二十二年（1757），祖籍泉州府之許萬青（墾號許廷瑄），自竹山東進，築屋於新寮街居住，招佃前來拓墾，吸引不少漳州籍佃民前來入墾粗坑（今初鄉村）、新寮（今鹿谷村）、坪仔頂（今秀峰村）、羌仔寮（今彰雅村）、車軨寮（今廣興村）、小半天（今竹林、竹豐村）、內樹皮（今和雅村）等地，許氏因此獲利致富，眾佃尊為「許頭家」。如乾隆四十七年（1782）業主許廷瑄發給佃農汪坤之〈給佃批〉〔註52〕中提及，業主許廷瑄將廣福莊（今鹿

〔註49〕竹山鎮瑞竹林業生產合作社藏古文書（詳見附錄十二）。
〔註50〕臨時台灣土地調查局編，《台灣土地慣行一斑》，第一篇，頁 69。
〔註51〕南投縣縣史館所藏《家族譜資料調查（南投）》，張姓族譜（專冊）。
〔註52〕鹿谷鄉溪頭莊浚鑫藏古文書（詳參附錄十三）。

谷鄉廣興村，土名車軨寮）之土地招佃汪坤開墾。許廷瑄之身分，據今鹿谷鄉祝生廟之祀田碑中有「業主許廷瑄，即監生許萬青者，公平持己，溫厚待人，屢被神光」等語，可見許廷瑄爲許萬青之墾號。文中提到此土地之原始業主爲「施國義奉憲開墾」，可見其原是奉官方之命令，而施國義爲彰化地區大墾戶施世榜之長孫，其「奉憲開墾」應是奉彰化縣政府之命令開墾；當時鹿谷地區屬界外番地，施國義卻能獲彰化縣政府之開墾許可，可見施世榜家族與彰化縣政府關係匪淺，以特殊管道取得鹿谷地區之開墾權。同時也可以看出清代台灣官方濫發墾照，讓豪強違禁開墾有機可乘。施國義雖然取得開墾鹿谷地區土地之許可，卻交由許萬青招佃開墾，其原因據乾隆五十二年（1787）許萬青發給筍仔林莊佃戶黃參之〈給佃批〉云：「立開墾字人業主許廷瑄，有承祖父明買過施國義奉憲報陞封山草凹七處憑界掌管。」「保此封山係是瑄承祖父與施國義明買之業，並無來歷交加不明情事。」即許廷瑄（許萬青）之土地乃其祖父向施國義買下。據蔡志展對鹿港施世榜家族之研究指出，施國義爲彰化大地主施世榜長子施士安之次子，曾捐貲爲鳳山縣例貢生。而許萬青之祖父向施國義買下鹿谷大坪頂一帶土地開墾權之原因，據近人黃素眞氏研究指出，鹿谷許萬青（即許廷瑄）後裔家中供有長生祿位，上書「開基大坪頂業主許源培、許學周、陳雲從、陳鴻猷長生祿位」，意指最早開拓大坪頂者爲許源培、許學周、陳雲從、陳鴻猷四人合夥拓墾。其中許源培或許學周便是許萬青之祖父。而許學周爲乾隆二十二年（1757）鳳山縣歲貢生，陳雲從原爲台灣府學鄉貢，乾隆十二年（1747）在入選鳳山縣歲貢生，又施國義亦爲鳳山縣例貢生，可能因此許、陳、施早已熟識。〔註53〕再加上許、施兩家均爲泉州晉江縣人，又當時施國義因家道中落，經濟困難，無法完稅，〔註54〕因此施家才將土地開墾權賣給許家，故許家與陳家成爲成爲鹿谷地區開發之大功臣。由於許萬清等人招佃拓墾鹿谷之粗坑、新寮、大坪頂及車軨寮等地，因此乾隆三十一年（1766）時，俗稱草凹之新寮地區已有土地陞科。故道光年間所修之《彰化縣志》中有：「草凹等處報陞下則園：三頃五十九畝七分八釐一毫二絲」〔註55〕之紀錄。

〔註53〕黃素眞，〈業戶許廷瑄與林圯埔大坪頂的拓墾發展〉，載於《台灣文獻》，56：4，2005，12，31，頁23～90。

〔註54〕黃富三，《台灣水田化運動先驅：施世榜家族史》，（南投：國史館台灣文獻館，2006），頁193～204。

〔註55〕周璽，《彰化縣志》，卷六田賦志，頁167。

　　乾隆年間，除上述先民入墾今鹿谷地區外，尚有祖籍漳州府南靖縣之黃奉於乾隆初年入墾今竹山，子孫分傳鹿谷；來自漳州府平和縣之林伯明、林灶入墾羌仔寮（今鹿谷鄉鹿谷村）；南靖縣之林招、林愁、林聯德、林文潭等由今竹山入墾鹿谷；漳浦縣之林文俊入墾羌仔寮（今鹿谷村）；閩籍之許、劉、沈姓拓墾崎仔頭（今竹林村）一帶。〔註56〕

　　此外，乾隆二十二年（1757），臺灣道德文及臺灣鎮總兵馬龍圖查出通事賴烈、陳媽超等招引羅成貴、許瀾等為首聚集多人，搭寮偷墾清水溝（今鹿谷鄉清水村、瑞田村）、集集埔（今集集鎮）、八娘坑（今集集鎮隘寮、田寮里），〔註57〕後私墾者全被逐出，清政府並重新劃界、挖深溝、築土牛外，並將「迫近生番」之「舊彰屬清水溝等處」劃為界外，並將各處莊寮「即另遷移」，盡皆退為荒埔。事實上，今鹿谷鄉境內土地大部份均屬乾隆二十五年（1760）清廷重新劃定漢、番界線後之界外番地，〔註58〕因當時番界大抵由今竹山後埔仔，經竹山東埔蚋（今竹山鎮延平里）、羌仔寮（今竹山鎮桂林里大坑猇雅寮溪）至清水溪之柯仔坑一線以東地區。但乾隆中期，今鹿谷之初鄉至大坪頂、羌仔寮、一帶逐漸被漢人墾成、而形成坪仔頂、小半天、粗坑頭、內樹皮、羌仔寮、新寮、車輄寮等所謂「大坪頂七莊」。但當時此地屬界外番地，漢人定居後，仍受高山族民之威脅，故《雲林采訪冊》云：「祖師廟，一在大坪頂漳雅莊，祀陰林山祖師。七處居民入山工作，必帶香火，凡有兇番出草殺人，神示先兆，或一二日，或三四日，謂之禁山，即不敢出入動作，有違者恆為番所殺，故居民崇重之，為建祀廟。」〔註59〕可見當時漢人拓墾立足之艱難。

　　乾隆中葉，漢人在今鹿谷鄉清水溝一帶「界外」番地偷墾，被官方查出而全部被逐出，土地拋荒。乾隆五十三年（1788），清廷設立「番屯」後，對於新查出之界外偷墾溢丈田園，由福康安、徐嗣曾寫成之〈熟番募補屯丁章程〉規定：界外漢人取得生番許可墾成之田園，如集集埔、虎仔坑、三貂、

〔註56〕參看楊緒賢，《台灣區姓氏堂號考》，頁185。
〔註57〕中國第一歷史檔案館藏（北京），軍機處奏摺錄副。轉錄自柯志明《番頭家——清代台灣族群政治與熟番地權》，（臺北：中央研究院社會學研究所，2001），頁382～383，附錄二。
〔註58〕中國第一歷史檔案館藏（北京），軍機處奏摺錄副。轉錄自柯志明《番頭家——清代台灣族群政治與熟番地權》，（臺北：中央研究院社會學研究所，2001），頁386～388，附錄四。
〔註59〕倪贊元，《雲林縣采訪冊》，頁159～161。

琅嶠等處生番界地，得以「照新定民買番地之例，一概陞科，免其查究」。
此一政策也反映出清代官方默許漢人偷墾界外番地，只要得到各族社民之許
可即可，對偷墾者被查獲時，常採取就地合法之政策，無形中鼓勵漢人繼續
偷墾界外番地。而這些界外已墾田園、未墾荒埔，由閩浙總督覺羅伍拉納、
福建巡撫徐嗣曾委任留辦臺灣事務之泉州知府徐夢麟與北路理番同知黃嘉
訓會同地方官，對界外埔地再細加勘丈，此次清丈費時兩年，終於得以定案，
覺羅伍拉納於乾隆五十五年（1790）奏報〈臺灣新設屯所撥埔事宜〉中，共
查出土牛界外已墾田園共實有 14,476 甲；除熟番自耕田園 1,961 甲外，民耕
田園原報 8,780 甲。另查丈發現比原報多出 3,735 甲，再別立「溢丈」一類，
另行處理。而已墾地內漢、番墾戶匿報以及私自續墾被查出「溢丈」部分，
除番自耕不計外，盡皆收爲官有，〔註 60〕稱爲「屯田」。由官代爲徵收「屯
餉」，分給屯番作爲薪餉，因此今鹿谷鄉之清水溝地區（今清水村、瑞田村）
乃被劃爲水沙連社之屯田。乾隆五十六年（1791），彰化知縣宋學灝及南投
縣丞李爾和共同立碑於清水溝（今鹿谷鄉瑞田村）以誌其事，碑文曰：

> 彰化縣正堂宋、南投分縣李，奉道憲萬，定立清水溝歸屯至車芊寮
> 界址。
> 東至車芊寮山腳，西至溪崁，南至草四界內立石爲界，北至清水溝
> 界水。
> 乾隆伍拾陸年貳月　日立。〔註61〕

由此碑文可知當時將鹿谷之清水溝溪流域至大坪頂地區幾乎都納入屯田之範
圍，漢人不得私自入墾。但至嘉慶中葉，又有漢人進入偷墾。例如嘉慶十三
年（1808），何子張、何象所立〈仝立賣契〉〔註62〕中提及「仝立賣契人何子
張、何象，合置荒埔一所，址在水沙連土名清水溝乾坑口」，「其四至界址明
白，載在上手契書字內年納大租穀五石七斗二升，今因乏銀費用，先問房親
人等不欲承受，託中引就，願將此荒埔出賣」等語，可見此契約還有上手契
及帶大租穀，表示今鹿谷之清水溝一帶在嘉慶十三年（1808）以前即被出墾。
另據日治時期所撰之《台灣土地慣行一斑》記載，嘉慶年間，有王伯祿者由

〔註60〕台灣銀行經濟研究室編，《台案彙錄甲集》，頁 40。
〔註61〕此碑位於鹿谷鄉瑞田村，2005 年被台灣大學地理研究所博士候選人黃素眞發
　　　　現，現藏於瑞田村村長吳盛吉宅。
〔註62〕集集鎮陳嵩山藏古文書（詳參附錄十四）。

今竹山入墾鹿谷之大坵園（今清水村），王氏善於懷柔各族群。〔註63〕同時，又有詔安客籍廖阿禮者，開築清水溝圳，灌田二十餘甲，〔註64〕大坵園遂成漢人聚落。由上述今鹿谷鄉清水溝一帶之番屯土地，不斷租予漢人拓墾可以看出，清代官方允許「屯番」將土地租給漢人拓墾，導致各族社民之屯田及養贍埔地不斷被漢人拓墾，也反映出番屯制度實施之結果，是政府在鼓勵漢人拓墾各族群土地，不但無法隔離漢番衝突，杜絕各族群土地被漢人侵墾；反而加速各族群土地之流失。

此外，郭百年事件發生期間，嘉慶二十一年（1816），又有水沙連通事毛天福與土目簡萬壽，經由社丁首黃林旺之引介下，招徠漢人進入今鹿谷鄉清水溝一帶拓墾「番屯」土地，雙方訂立〈給墾字〉〔註65〕。此一給墾契之土地坐落地點南仔坑，位於今鹿谷鄉瑞田村清水溝地區，由此給墾契中可以看出嘉慶年間，通事毛天福與社丁首黃林旺等人，再度招引漢佃入墾。而所立墾契，幾乎形同賣斷之永耕字，其所開墾之地，在郭百年事件後，已屬合法之界外番屯土地，但拓墾者必須繳納屯租給政府，故周璽之《彰化縣志》有「徵清水溝莊屯租穀：三百十二石九斗零七合二勺二抄二撮」之紀錄。〔註66〕同時，由此契約亦可看出，漢人拓墾濁水溪中游之水沙連番地，通事、社丁首等實扮演極重要的角色，彼等往往是將各族群土地仲介給漢人拓墾之主要媒介，甚至是主導者，故往昔史家常把漢人之侵墾各族群土地之責任與罪過歸咎於漢佃，實在有欠公平，其實通事，社丁首、土目、漢人及清朝政府都必須負相當之責任。

今之名間街區舊稱湳仔。位處八卦臺地東側濁水溪北岸，亦為濁水溪下游進入中游之門戶，因此，漢人進入此地拓墾之時間僅次於竹山地區。名間鄉之土地屬濁水溪流域者僅其東南隅之今名間街區及濁水溪村、新民村地區。漢人入墾今名間鄉以前，境內之西側、北側，早期為平埔族洪雅族（Hoanga）族阿里坤（Arikun）支族「撒發發社」（在今新街村一帶）及「萬丹社」（在今萬丹、東湖、仁和等村）游獵之地。東側則屬布農族或邵族之獵場，南側為洪雅族大武郡社之土地。

〔註63〕臨時台灣土地調查局編，《台灣土地慣行一斑》，第一篇，頁69。

〔註64〕倪贊元，《雲林縣采訪冊》，頁156。

〔註65〕台灣省文獻會藏古文書（詳參附錄十五）。

〔註66〕周璽，《彰化縣志》，卷七兵防志，頁222～223。

據族譜資料顯示，漢人進入今名間鄉濁水溪中游地區拓墾始於康熙末年。入墾之路線有三條：一是由南投經新街進入湳仔（今名間街區附近）；另一由彰化之田中越八卦山經赤水、松柏嶺入墾；另外則由二水溯濁水溪入墾。康熙末年，有祖籍漳浦縣之林振、林謀；南靖縣籍之陳開基、陳誠業兄弟，先後入墾湳仔（今名間街區一帶）。雍正末年，又有漳州府平和縣籍之張亦善、張伯起入墾湳仔。〔註67〕另據《吳種德堂派下名簿》記載：乾隆初年有漳浦縣崎溪之吳癸正、吳永德入墾湳仔。又有祖籍漳浦縣東門外庵山社之吳萬生於乾隆初葉入墾廣福新莊（今濁水村）。〔註68〕另外，根據族譜資料，乾隆初年，祖籍漳浦縣之陳火旺、謝鬲入墾湳仔（今名間街區，以下同）。乾隆中葉，有漳浦縣之李道、李明贊；詔安縣之李疊入墾湳仔。乾隆末年，又有漳浦縣籍之謝純直、謝雀入墾湳仔。值得一提的是：乾隆年間，來自漳浦縣之吳家永、吳藝、吳忠良、吳文、吳騫、吳扁、吳文喜、吳平會等先後拓墾今名間各地，〔註69〕形成吳姓血緣聚落，吳姓乃於咸豐年間建宗祠「種德堂」。

乾隆十五年（1750），由於漢人不斷將平埔族土地墾闢殆盡，甚至侵入「生番」地界偷墾，清廷為避免漢人與高山族發生衝突，乃劃定漢番界線、築土牛、開溝立石，嚴禁漢人偷入界外「番地」拓墾。當時界線是由牛牯嶺經頭重埔、二重埔至廣福新莊（濁水村）一線，而湳仔乃屬界外「熟番地」。但是漢人不斷越界入墾「番地」，或私入「熟番地」拓墾，或偷墾「生番地」。

乾隆二十二年（1757），台灣道德文會同台灣鎮總兵馬龍圖於該年二月查出彰化縣境內私開禁地共有十三處，其中位於濁水溪流域者有「清水溝（今鹿谷鄉瑞田村一帶）、集集埔（今集集街區附近）、八娘坑（今集集鎮隘寮、田寮里）三處禁地，係通事賴烈、陳媽超等招引羅成貴、許瀾等為首聚集多人，搭寮開墾。」〔註70〕當時除上述集集及鹿谷之禁地被漢人私墾外，名間鄉被私自偷墾之情形亦極為嚴重。例如「又有虎仔坑（今名間鄉虎仔坑一帶）係陳天觀為首；又萬丹隘（今名間鄉與南投市交界之萬丹一帶）係賀循等為首；又臘塞頭（今名間鄉田寮一帶）係許裕桓等為首；又葫蘆肚（今南投市

〔註67〕 參看楊緒賢，《台灣區姓氏堂號考》，頁195。
〔註68〕 南投縣縣史館藏《家族譜資料調查（南投）》，《吳姓族譜》（專冊）資料。
〔註69〕 參看楊緒賢，《台灣區姓氏堂號考》，頁208～210。
〔註70〕 中國第一歷史檔案館藏（北京），軍機處奏摺錄副。轉錄自柯志明，《番頭家——
　　　　——清代台灣族群政治與熟番地權》，（臺北：中央研究院社會學研究所，2001），
　　　　頁382～383，附錄二。

千秋一帶）係張成等為首；又頭、二、三重埔（今名間鄉下新厝、二重埔一帶）係吳佼等為首；又中洲仔（今名間鄉田仔、中寮一帶）係簡日寶等為首」私墾，〔註71〕但這些地方係屬大肚溪支流貓羅溪流域，非屬濁水溪流域。

乾隆二十三年（1758），清廷對上述這些漢人豪強，聯合通事與「熟番」土目私墾彰化沿山地區之情形採取懲罰措施，除革除漢通事之外，並準備重新劃定漢、番界線，並築土牛、挖深溝，以分界線。但劃界之事工程浩大，未果行。

乾隆二十五年（1760），閩浙總督楊廷璋著手調查乾隆十五年（1750）所劃漢、番界線，「有以外山之根為界者，有指車路、旱溝為界者，並有從前未定界限者。在車路淺溝之處固易改移，其未經定界之處更難指為私越，以致年來侵墾漸近內山，每致生番透出為害。」經過調查明白後，楊廷璋乃奏准改採「於車路、旱溝之外相距不遠，各有溪溝、水圳及外山之根，均離生番所居五、六十里不等，向無生番出入，堪以永遠劃界。其與溪圳不相連接處，則挑挖深溝、堆築土牛為界，永不致再有侵越。」〔註72〕楊氏之主張乃是儘量以天然之山根、溪溝、水圳為界線。無自然疆界之處，則挖深溝或築土牛為界，讓界線更清楚又不易被破壞或移易。此一劃界工程於乾隆二十六年（1761）完成，從此北路淡水、彰化地表上有一條自然山河和人工挑溝築土牛之邊界。

據清乾隆中葉之《台灣番界圖》顯示，乾隆二十五年（1760）重新劃界後，今名間鄉境內漢、番界線已由乾隆十五年（1750）之自牛牯嶺、頭重埔、二重埔到廣福新莊一線，向北推進至山根地帶，並於湳仔（今名間街區）附近寫著「此處以山根為界」，北側又寫著「此處排溝築土牛透連虎坑為界」。而虎仔坑山邊亦寫著「虎仔坑隘」，更北的萬丹地區則寫著「萬丹坑隘」及「萬丹坑以山根為界」字樣。故其在虎仔坑及萬丹坑之間築有土牛，即今番仔寮段（東湖村）仍有一處土牛古蹟之由來。

當官府於乾隆二十五年重新調查漢、番界線及準備重新劃界之時，並查出漢人在濁水溪流域墾成廣福新莊（名間鄉街東南區）及越界偷墾廣福寮（名間鄉濁水村），最後由閩浙總督楊廷璋於該年奏請「其現劃界內可墾之埔地俱

〔註71〕同前註，中國第一歷史檔案館藏（北京），軍機處奏摺錄副。
〔註72〕中國第一歷史檔案館藏（北京），軍機處奏摺錄副。轉錄自柯志明《番頭家——清代台灣族群政治與熟番地權》，頁386～388，附錄四。

已逐漸墾闢，番黎口食所係」，「應准其自行管業，照例升科」。故名間鄉屬界內之廣福新莊乃得照例升科，由贌耕佃民自行管業，由非法變成合法。至於「其餘廣福寮等十五處田園均應還番，以各社通事、土目為管事，以各墾戶為佃，照依臺例，分別納租。該通土於完課外，於栗勻給眾番以為口食，並守隘番丁口糧，及該番等往來貿易飯食之需。既與番地還番管業之例相符，且該番等歲收租栗獲資養贍，而佃戶又得照舊承耕，免致流離失所，實於民番兩有裨益。」〔註73〕楊廷璋的建議獲得清高宗採納，因此今名間鄉濁水村之東方福海宮媽祖廟附近之廣福寮屬界外番地，因此漢佃必須將土地還給番社，但土地仍由漢佃耕種，須繳納租穀給番社之土目或通事，做為番眾養贍、隘丁口糧及番社納課之所需之「番餉」，可以說是清政府處理漢人私墾或越界偷墾之就地合法化措施，等於暗中鼓勵漢人開墾各族群之土地。乾隆二十八年（1763），廣福寮竟然有土地陞科，《彰化縣志》云：「乾隆二十八年入額，廣福寮等處中則田：四十九頃八十二畝一分二釐。」，「又中則園：一十八頃七十二畝五分三釐。」，「又下則園：四十頃七十九畝八分一絲二忽。」〔註74〕證明此地已經開墾。

　　乾隆二十五年（1760）清廷重新劃定漢、番界線（史稱藍線）後，其在濁水溪沿岸之界線，北岸以廣福新莊（今名間鄉濁水村）為界；南岸則以社寮與集集交界（象鼻山與濁水溪交會處）之內牛相觸為界線。但至乾隆三十五年（1770）左右，界內土地已被漢人拓墾漸盡；而界外之地亦被大量偷墾。

　　集集地區於乾隆二十二年（1757），曾有漢人羅成貴、許瀾等勾結通事賴烈、陳媽超越界偷墾八娘坑（今隘寮里、田寮里）與集集埔（今集集市區一帶平野）之土地，但被查出後，漢佃全被逐出，土地歸各族群所有。乾隆二十五年（1760）清廷最後一次劃分漢、番界線以後，集集地區仍屬界外番地，為水沙連番「集集社」之生活境域。集集地區之拓墾主要為乾隆三十六年（1771）有漳州府之邱、黃、劉、許四姓佃民入墾集集之「林尾莊」（今集集林尾里）；同時，另有來自廣東饒平之黃寬等人入墾「湳底莊」（今林尾里）。乾隆三十九年（1774），吳姓佃戶建立吳厝莊（今吳厝里）。乾隆四十年（1775），成立「柴橋頭莊」。乾隆四十一年（1776）許多墾民拓墾柴橋頭莊與吳厝莊之間土地而成聚落，稱為「八張莊」（八張犁之簡稱）。乾隆四十二年（1777），

〔註73〕同前註，中國第一歷史檔案館藏（北京），軍機處奏摺錄副。。
〔註74〕周璽，《彰化縣志》，卷六田賦志，頁166。

由於集集住民漸多，居民常往來林尾莊與柴橋頭莊之間，因此位於中途之處出現兩家雜貨店，而且漸成聚落，被稱為「半路店莊」。由於土地拓墾頗有成績，村落越來越多，貿易有無，日益殷切，乾隆四十五年（1780）集集出現市街於半路店莊，居民稱為集集街。〔註75〕

村落奠基，集集街出現，商旅往來日益頻繁，但集集出入之門戶——草嶺山路，四面皆高山峻嶺，樹林隱鬱，常有生番出沒其間，往來行人及草嶺山腳下之農民被獵首者不少。乾隆四十八年（1783）地主乃共同商議，僱請壯丁持械保護往來之行人，並砍除道路兩旁草木，使生番無處藏身，〔註76〕因此由名間通往集集之陸路暢通，更加速濁水溪中游地區之拓墾。

乾隆四十八年（1783），集集地區之土地已被拓墾五十四張（約二百七十甲）。大租戶楊怡德（即彰化之楊振文，墾號原名楊乙舍，後改名為楊東興。）與小租戶陳坑、石井乃召集佃民共同出資開鑿集集大圳，引濁水溪之水灌溉集集地區田地。乾隆四十九年（1784），地主前來屯田莊（今廣明里）拓墾荒地，該地逐漸成聚落。以後至乾隆五十三年（1788）將該地大租劃為屯番糧餉，故稱屯田莊。乾隆五十二年（1787）地主拓墾山麓地帶之洞角莊（今廣明里）。乾隆五十六年（1791）石姓地主與招集同姓親族往大坵園（今廣明里）墾闢，此地極為平坦開闊，便於農作，墾戶聚集而成大坵園莊，次年，草嶺山腳下亦被拓墾成莊，名為「草嶺腳莊」。〔註77〕

據日治時期所撰之《集集堡紀略》云：最初入墾集集林尾莊之邱、許、劉、黃四姓業主之發生土地糾紛，乾隆五十八年（1793）乃商請彰化豪強楊乙舍（楊東興墾號，即楊振文）協調仲裁，協調結果乃由楊氏全面承受所有田業，以墾戶「楊怡德」名義，發給各佃戶俗稱「犁頭單」的墾單，四姓業主乃成佃戶，納租穀於楊氏，楊氏築租館於林尾莊（今集集鎮林尾里中國石油加油站旁），而形成「公館莊」。〔註78〕但據《集集古誌》則謂，朱一貴事件以後，朱一貴之許多黨徒次第竄逃集集，以致人民逃散，而四姓業主亦逃往彰化縣奏請清政府派兵討伐，清政府派楊乙舍率兵迅速平定朱之黨羽，民賴以安。乾隆五十八年（1793），前四姓業主乃請楊乙舍為土地管理者，並保

〔註75〕不著撰人，《集集古誌》，〈集集地區開發誌略〉，（日治時期抄本，未出版，無頁碼）。以下簡稱集集古誌，附於文後。

〔註76〕前引之《集集古誌》，無頁碼

〔註77〕前引之《集集古志》，無頁碼。

〔註78〕不著撰人，《集集堡紀略》，無頁碼。臺北成文出版社影本。

護佃民，由楊氏全面承受所有田業，以墾戶「楊怡德」名義，發給各佃戶俗稱「犁頭單」之墾單，，四姓業主乃成佃戶，納租穀於楊氏。〔註79〕

　　前述兩種說法均屬日治時期之史料，缺乏史料佐證，其可信度頗值德懷疑。《集集堡紀略》所提楊乙舍協調糾紛而被推爲墾首，其功勞值得四姓業主將全部土地所有權拱手讓給楊氏，實令人難以信服。又《集集古誌》所謂朱一貴抗清事件餘黨竄入集集被楊乙舍所平定之說亦不合史實。因乾隆五十八年（1793）距康熙六十年（1721）之朱一貴事件已七十餘年，豈尚有朱一貴之餘黨。據本人推測，應是最早入墾集集之許、黃、劉、邱四姓業戶拓墾集集乃非法越界偷墾，無法陞科，甚至會被官府追究，因此商請彰化豪族楊乙舍出面擔任墾首，向彰化縣出面承墾，使此一偷墾合法化，其條件爲四姓業戶需納租穀於楊氏，楊氏乃成爲合法大租戶。另一可能爲四姓佃戶之進入集集拓墾屬越界偷墾，並未向官府取得合法開墾權，乾隆五十一年（1784）發生林爽文抗清事件，楊振文（即楊乙舍）曾協助清軍進入集集追剿林爽文黨羽有功，楊氏「又購線杜敷，擒獲賊眷多名」〔註80〕，與彰化知縣關係良好，因此在事件之後，瞭解集集狀況，並與此地小地主合築集集大圳，楊氏乃利用其與官方之良好關係，向政府申請集集地區之土地開墾權，將原佃農所開土地霸佔爲己有，原來開墾土地之四姓佃戶反而成楊氏的佃農。而且楊振文亦曾經於嘉慶元年（1796）因平林爽文之役有功，仗勢欺人，企圖混佔北投社（今草屯鎮）番租，番眾驚慌不知所措，時番目黎朗買奕，果敢投以私貨，赴官控訴，百般陳情，遂得勝訴，保全番業。可見楊振文有霸佔他人產業之前科，在集集霸佔成功之後，竟企圖再霸佔草屯北投社之「番業」，卻未能成功。〔註81〕

　　乾隆五十一年（1786），臺灣發生林爽文抗官事件，臺灣各社熟番協助官軍緝捕林爽文有功。事後，各社頭目除蒙乾隆召見賞賜及遊歷京師外，乾隆五十三年（1789）更設立「番屯」制度，將內山界外溢丈田園歸屯納租，由地方官徵收，按照二、八兩月支放；又將全臺未墾集荒廢埔地八千八百二十餘甲，分授協助平定林爽文有功之番社壯丁（屯丁及屯弁）。由屯弁及屯兵自行耕種，如私行典賣，則照例治罪，契價充公，其他仍歸番社。如此則屯弁、屯丁毋庸籌給月餉，由各其耕墾官方所撥給之荒埔，以資養贍。當時集集地

〔註79〕前引之《集集古志》，無頁碼。
〔註80〕周璽，《彰化縣志》，卷八人物志，頁255～256。
〔註81〕臨時台灣土地調查局，《清代台灣大租調查書》，頁631。

區之八娘坑（今隘寮里、田寮里）土地即撥給水沙連社與灣裡社番丁共一百三十名為養贍埔地，面積一百五十九甲餘。但屯地與屯所及各社之間，相去遙遠，各屯丁根本無法親自前往耕種；而且各族群本就不擅耕種，加以資金短缺，因此這些屯地大多招佃耕墾，屯丁只坐收租穀。然而通事之詐欺、屯弁之舞弊、佃戶之抗租等現象，層出不窮。清道光年間出版之《彰化縣志》即指出：「而屯政日就廢弛，餘嘗深維其故，而知其弊所由生矣。番性愚魯，衣食可度，即可忍輕去其鄉，雖老死不出社可也。乃今則府仰無資，紛紛散走，向時之村社，經在過焉，而已為墟矣。屯丁尚闕其人，屯政安有實效？則以埔與餉之，徒具虛名也。不然，屯丁一名，給以埔地一甲，使墾而耕焉，數口之家，亦可無饑矣。無如所給之埔，皆遠其所居社，勢難往耕，不得不給佃開墾，而歲收其租稅。於是鱷弁盜為給贌者有之；虎佃抗其租穀者有之；蠹胥潛為埋沒者有之；此埔地之無實也。」〔註82〕可見番屯實施二十年左右，至道光年間已經弊端叢生。

乾隆年間，集集之番屯土地除八娘坑之養贍埔地一百五十九甲餘外，尚有充當屯餉之「界外溢丈田園」，亦即屯田。集集鎮之北勢山山腳有屯田巷，應為昔日屯田之所在，由官方向私墾之佃農收租，准其陞科，只是缺乏古文書佐證，但據道光年間之《彰化縣志》中有「一、徵八娘坑莊屯租穀三十三石六斗，一徵集集埔莊屯租穀三百七十九石四斗二升五合四勺八抄」〔註83〕之紀錄。可見集集之八娘坑及集集埔均有屯田之存在。而此兩處番屯地在乾隆二十二年（1757）被查出由通事勾結豪強偷墾，後被政府下令遷出墾民棄為荒埔，但乾隆五十三年（1788）福康安曾帶兵入山搜捕林爽文黨羽，發現不少越界私墾土地，而向清高宗報告：「臣等帶兵入山搜剿，查看南北兩路，如集集埔、水沙連、國姓埔、小南仔仙、枋寮等處，彌望良田，已成熟業，其餘堪以開墾荒地尚多。應即於此項埔地內，撥與番民自行耕種，毋庸另給糧餉。仿照屯田之例，將壯健熟番挑作屯兵，設立屯弁。」，「所有撥給該番丁埔地，令其自行開墾，照臺灣番田定例概免陞科以示體恤。」〔註84〕高宗批示：「自行如此辦理」，此乃後來有「番屯」之制的設立。至於界外田土重新規劃的初步計畫，由福康安、徐嗣曾寫成的〈熟番募埔屯丁章程〉規定界外漢人取得生番許可墾成之田園，如集集埔、虎仔坑、三貂、琅嶠等處生番

〔註82〕周璽，《彰化縣志》，卷七兵防志，頁225～227。
〔註83〕周璽，《彰化縣志》，卷七兵防志，頁222～223。
〔註84〕《欽定平定台灣紀略》，頁950～951。

界地，得以「照新定民買番地之例，一概陞科，免其查究」。而這些界外已墾田園、未墾荒埔、由閩浙總督覺羅伍拉納、福建巡撫徐嗣曾委任留辦臺灣事務之泉州知府徐夢麟與北路理番同知黃嘉訓會同地方官，對界外埔地再細加勘丈，此次清丈費時兩年，終於得以定案，覺羅五拉納餘乾隆五十五年（1790）奏報〈臺灣新設屯所撥埔事宜〉中，共查出土牛界外已墾田園共實有 14,476 甲；除熟番自耕田園 1,961 甲外，民耕田園原報 81,780 甲，另查丈發現比原報多出 31,735 甲，再別立「溢丈」一類，另行處理。而已墾地內漢、番墾戶匿報，以及私自續墾被查出「溢丈」部分，除番自耕不計外，盡皆收為官有，稱為屯田。由官代為徵收「屯餉」，分給屯番做為薪餉。由此推之，今集集鎮之屯田巷及前述《彰化縣志》之集集八娘坑及集集埔屯租應為乾隆五十五年（1790）重新清丈後之墾戶匿報，以及私自續墾被查出「丈溢」之田園，後被政府充公為官有，由官代為徵收「屯餉」，分給屯番做為薪餉，即所謂「番屯」之「屯田」。

集集地區之拓墾，其早期墾民之來源，據族譜資料顯示：乾隆年間，有祖籍漳州府漳浦縣之陳貶入墾八張里；〔註85〕另有祖籍平和縣之賴江等三兄弟入墾今田寮大石公坑；又有祖籍不詳之林天來入墾集集。乾隆五十二年（1787），有祖籍漳浦縣之石敏，由南投牛輣堀移居集集吳厝莊。乾隆初年，有祖籍南靖縣之蔡茂淑移居柴橋頭八張莊。〔註86〕至乾隆末年，今集集之隘寮、田寮及集集之山坡地和平地已被拓墾成熟。但在林爽文事件後，部分土地被彰化豪強楊乙舍（即楊振文，墾號楊東興或楊怡德）以墾首身分報墾，而原墾之地主反而成為楊之佃戶。

至於分配給水沙連社及灣裡社屯丁之集集八娘坑養贍埔地一百五十九甲餘，早在乾隆末年水沙連總通事黃漢時代就已開始招漢佃墾耕，至嘉慶十六年（1811），經北路理番同知薛志亮重訂租額，而陸續更換佃約，據同年之二份《立永耕字》〔註87〕中提及「立給永耕佃批字毛天福、社丁首張有勳等，緣本社番丁前奉大憲撥充柴里屯屯丁九十名，原配八娘坑田寮屯埔九十甲，係屯丁自耕養贍物業，祇以屯番住居鶩遠，兼之未諳開闢，是以前社丁首黃漢招佃耕墾屯園，每石粟二八抽的。」由此可知，在乾隆末年至嘉慶初年期間，集集八娘坑之屯番養贍埔地已被通事黃漢、毛天福及社丁首張有勳、黃

〔註85〕 集集鎮八張里陳江龍藏《陳氏族譜》。
〔註86〕 集集鎮蔡惠邦（集集鎮民生路）藏《蔡姓族譜》資料。
〔註87〕 台中市董俊寰藏古文書（詳參附錄十六、附錄十七）。

林旺等人招佃耕墾,並收取大租充作水沙連屯丁之屯糧。

集集八娘坑地區(今隘寮里及田寮里)土地,除上述養贍埔地被通事、社丁首招佃墾耕外,亦有漢人墾民於乾隆、嘉慶之際私自拓墾者,例如嘉慶十三年(1808)三月〈蔡江懷立杜賣根契〉〔註88〕提及「立杜賣盡根契人蔡江懷,八娘坑有自置旱園七坵並荒埔,東至十二公面;西至雞恒嶺」等語,又契約中並無配帶大租,表示其為自墾自耕小地主。而杜賣標的物之旱園,位於雞恆(胸)嶺(今集集隘寮里境內山坡地,海拔約 300 公尺),表示在乾隆、嘉慶之際,漢人在集集之拓墾,平野已被拓墾殆盡,往山坡地推展。另外據族譜資料,嘉慶年間,分別有祖籍南靖縣之吳光廠及長泰縣之董敦裕入墾今集集隘寮及名間鄉濁水(今濁水村)一帶,〔註89〕又有祖籍漳浦縣之林同翁入墾集集之柴橋頭(今永昌里)。〔註90〕而集集經水里土地公鞍山嶺通往埔里社之山路,在乾隆五十三年(1788)左右也已經闢建,可供行人往來,〔註91〕表示集集地區的土地被開墾將盡,漢人開始往水里、魚池及埔里地區發展。

郭百年事件以後,漢人可以合法進入今集集、鹿谷、名間之濁水溪沿岸地區拓墾。因此,此一區域之拓墾更為快速。例如嘉慶二十五年(1820),水沙連社丁首黃林旺,將位於集集里東勢坑(今田寮里境內)之糞箕湖山坡地給出漢人陳媽墘前去開墾(詳參附錄十九)。由此開墾契可看出,在郭百年事件中的主角之一黃林旺,事後不但沒被處分,仍擔任社丁首之職,而且將集集八娘坑之柴里屯丁養贍埔地給墾漢人殆盡,以致連屬於邊際山坡地之集集糞箕湖荒埔坑溝也給墾漢人,可見清代司法黑暗之一面;同時亦反映出集集地區漢人之拓墾,至嘉慶末年已經接近完成。

濁水溪中游之水里、日月潭地區,在清代前期均屬界外番地,禁止漢人進入拓墾,雖然政府三令五申,但越界偷墾者卻大有人在。例如乾隆五十六年(1791),清政府查出位於清水溝附近之龜仔頭(今水里鄉永興村)地區被漢人偷墾,而將其劃歸番社屯田,招佃耕墾,收繳屯租穀,以充屯餉。但嘉慶十八年(1813),北投屯外委乃貓詩,將龜仔頭(今水里鄉玉峰村)之屯田

〔註88〕 台中市董俊寰藏古文書(詳參附錄十八)。
〔註89〕 見集集鎮隘寮里吳綿通藏《吳姓族譜》及台中市董俊寰藏《長泰董氏族譜》。
〔註90〕 南投縣縣史館藏《家族譜資料調查(南投)》,《林氏族譜》專冊。
〔註91〕 不著撰人,《集集古志》,無頁碼。

地招漢佃陳盛老開墾。據其所立〈給佃批〉〔註92〕可知，當時今水里鄉龜仔頭（今玉峰村）屬北投社屯丁之養贍埔地，被屯外委贌給漢人開墾，而且所立契約是等於賣斷之「永耕字」。

據族譜資料，乾隆中葉，有祖籍漳埔縣之黃海、黃璋瑞入墾水里。乾隆末年，有祖籍廣東嘉應州梅縣之林璋瑞入水里拓墾。〔註93〕又據傳嘉慶十六年（1811）有泉州人林評，自鹿港移居水里之牛輄轆（今水里鄉永興村），開墾竹仔腳山之南麓，鑿渠導水，灌溉田地凡百數十甲，惜越數年即被濁水溪氾濫所淹沒，僅存二十餘甲；但林氏並未灰心，撫恤墾民，再接再厲，繼續拓地，逐成漢莊，後林評遭番害而亡，鄉民懷其功，建祠於莊內祀之，即今永興村「林評公祠」，〔註94〕道光末年，牛輄轆莊及竹仔腳莊先後成立。另據清代文獻記載，乾隆五十一年（1786）林爽文抗清事件發生時，清廷派協辦大學士陝甘總督福康安來臺平亂，林林爽文由大里經草屯、中寮、集集、逃往鹿谷小半天，最後在小半天被福康安大敗後，率殘部投靠水沙連通事杜敷，將父母及妻兒子女託杜敷照顧，便由水里、日月潭、埔里、國姓往北部逃亡。福康安曾率兵自龜仔頭（今水里鄉玉峰村）入山追剿，福康安在其《欽定平定臺灣紀略》中云：「臣等帶兵入山搜剿，查看南北兩路，如集集埔、水沙連、國勝埔、小南仔仙、枋寮等處，彌望良田，已成熟業；其餘堪以開墾荒地尚多。」〔註95〕由文中提到「水沙連」應在今水里、日月潭附近，由「彌望良田，已成熟業」來看，當時已有部分漢人在此地拓墾耕種；至於漢人之大規模至此地拓墾，則在嘉慶末年之「郭百年事件」。

第二節　郭百年事件以後的拓墾

乾隆五十三年（1788）實施之「番屯」制度存在不少問題，不但屯地與屯所遠隔，屯丁難以親自往耕外，也常遭到社丁首招佃墾耕的窘境。至於各屯弁配給之養贍埔地，亦出現社丁首結合漢人墾戶，藉機向通事給墾土地，冒混招墾之現象。例如：水沙連六社土目毛天福即以通事之頭銜，卻任由社丁首擺佈；另外，從乾隆末年至嘉慶初葉的水沙連通事兼社丁首黃漢；其後

〔註92〕集集鎮陳嵩山藏古文書（詳參附錄二十）。
〔註93〕參看楊緒賢，《台灣區姓氏堂號考》，頁188。
〔註94〕劉枝萬，《南投縣風俗志宗教篇稿》，頁144～145。
〔註95〕《欽定平定台灣紀略》，頁950～951。

之社丁首有張有勳及嘉慶十六年（1811）接任之黃林旺，皆掌控整個水沙連地區，甚至鄰近屯區也常常遭社丁首混冒招墾，因此在嘉慶、道光年間，整個濁水溪流域中、上游地區之「界外番地」，處處充滿被漢人佔墾之危機。

　　嘉慶十九年（1814）至二十年（1815）間，水沙連社丁首黃林旺，勾結嘉義縣民陳大用及彰化縣之郭百年與臺灣知府衙門門丁黃里仁，更串通漢佃，結合竹山社寮業戶張天球，貪圖水沙連膏腴土地，擁眾入山，企圖侵佔，大肆焚殺，水沙連番流離失所。關於此事之原委及其善後，道光年間姚瑩所撰之《東槎紀略》詳記其經過云：「嘉慶十九年，有水沙連隘丁首黃林旺，結嘉、彰二邑民人陳大用，郭百年及臺灣府門丁黃里仁，貪其膏腴，假已故生番通事、土目赴府言，積欠番餉，番食無資，請將水里、埔里二社埔地踏界給漢人佃耕。知府某許之，大用隨出承墾，先完欠餉，約墾成代二社永納，餘給社番眾糧食，倘地土肥沃，墾成田園甲數，仍請陞科，以裕國課。二十年春遂給府示，並飭彰化縣予照使墾，然未知詳報也。其受約者，僅水沙連社番而已，二十四社皆不知所為。郭百年既得示照，遂擁眾入山，先於水沙連界外社仔，墾番埔三百餘甲。由社仔侵入水里社，再墾四百餘甲，復侵入沈鹿，築土圍，墾五百餘甲，三社番弱莫敢較。已仍偽為貴官，率民壯佃丁千餘人，至埔里社，囊土為城，黃旗大書開墾。社番不服，相持月餘，乃謀使番割，詐稱罷墾，官兵即日撤回，使壯番進山取鹿茸為獻，乘其無備，大肆焚殺。生番逃入內箐，聚族而嚎者半月。得番串鼻牛數百，未串鼻野牛數千，栗數百石，器物無數。聞社中風俗，番死以物殉葬，仍發掘番塚百餘，每塚得刀槍各一。既奪其地，築土圍十三、木城一，益召佃墾，眾番無歸，走依眉社赤崁而居。」〔註96〕

　　郭百年事件發生時，臺灣鎮道微有所聞，派人前往偵查，還報只是「野番自與社番鬥耳」。直到嘉慶二十一年（1816）臺灣鎮總兵武隆阿北巡，得悉此事而下令嚴辦，於是彰化知縣吳性誠入山勘查，並於事後稟請驅逐眾佃出山，但墾民恃有府示不遵。臺灣鎮道乃飭臺灣府撤還府示。嘉慶二十二年（1817）六月傳郭百年等人至府城會訊，「予郭百年以枷杖，其餘諸人宥之」，再由署北路理番同知張儀盛，彰化知縣吳性誠等赴沈鹿拆毀土城，驅逐耕佃，各社族人始返其社。清廷又於南北口設立禁碑，分別立於集集舖天后宮前（今集集街廣盛宮）及土城仔羗屯園烏溪岸上（今草屯鎮北勢里），內容為：上橫

〔註96〕姚瑩，《東槎紀略》，頁34～35。

「奉憲設立禁碑」，中「生番界內偷入私墾者斬」，左：「嘉慶貳拾貳年玖月」，右「鹿港理番同知彰化縣知縣全立」〔註97〕之告示，禁止漢人偷入開墾。

　　郭百年事件之大肆焚殺、搶掠，爲臺灣拓墾史上罕見之粗暴行爲，事後官府驅逐耕佃，並傳諸人至郡城審訊，但最後只是「予郭百年以枷杖，其餘諸人宥之」結案，這種從輕發落之判決實令人懷疑。據近人林文龍氏之田野調查，親訪社寮大墾戶張天球弟張盛德後裔張大經，據張大經表示，當年社寮大公街，住著一位黃林旺，爲人頗具號召力，身分有點類似工頭，因此張天球與他合作，進入埔里地區開墾。張天球出資本，黃林旺負責帶人前往，後來出了大事，牽連到張天球。爲了此事，張天球以三頂轎子之銀兩，連夜派人扛至府城，才擺平此件幾乎被抄斬之大案。難怪官府後來從經發落，只有「予郭百年枷杖，其餘諸人宥之」〔註98〕，此事件也可以看出清代臺灣吏治之敗壞。今在社寮開漳聖王廟左側，立有嘉慶二十四年（1819）二月之捐題祀田碑，碑上大書「施主水沙連社通事社丁首黃林旺等，有本社界內清水溝西勢山場」，「施落聖王廟，以爲油香之費。」〔註99〕嘉慶二十四年（1819）爲郭百年事件案發後第三年，黃林旺仍身兼水沙連通事及社丁首，並未被革去官職，即爲官府「宥之」之證據。

　　根據文獻紀錄，牽涉郭百年事件有姓名可考者，只有郭百年、陳大用、黃里仁、黃林旺四人。事實上，其幕後金主爲社寮大墾戶張天球。張天球爲嘉慶、道光年間社寮地區之重要墾戶，不但在社寮拓墾；而且往中寮鄉發展，承墾中寮永平坑、八杞仙、宰鹿坑、後寮坑等養贍埔地一百餘甲。上述屯地即透過張居郎、潘奈政向黃林旺給墾，而張天球與黃林旺同住竹山社寮，關係密切。此外，根據「張天球墓誌銘」亦提及「中年岸獄、內憂外侮，排解無門，臨風灑淚」之語，其中「中年岸獄」，實乃暗指郭百年事件，與傳說中

〔註97〕據道光二十七年（1847）曹士桂所纂《宦海日記》，頁119。載：南北口禁碑分別立於集集鋪天后宮前（今集集街廣盛宮）及土城仔贌屯園烏溪岸上（今草屯鎮北勢里），內容爲：上橫「奉憲設立禁碑」，中「生番界內偷入私墾者斬」左「嘉慶貳拾貳年玖月」「鹿港理番同知彰化縣知縣全立」。另據日治時期伊能嘉矩，《大日本地名辭書續編第二部各說台灣》，頁93則謂集集、烏溪二處各立禁碑，嚴禁漢人越界，北碑立於龜仔頭坪（今國姓鄉福龜村），刻「原作生番屬，不造漢民業」，南碑立於風箜口（今水里鄉豐安村），刻「嚴禁不容奸入，再入者斬」。曹士桂爲親歷其境目睹，應以曹士桂之說較可信。
〔註98〕林文龍，〈通事社丁首在台灣開發史上的地位——以水沙連社寮爲例〉，收在：氏著《社寮三百年開發史》，附錄，頁212～222。
〔註99〕劉枝萬編，《台灣中部碑文集成》，頁131。

張天球是幕後金主，事發後花錢賄賂而得身免之說，不謀而合。〔註100〕

郭百年事件對濁水溪中游之拓墾影響甚鉅，首先是喚起地方官對水沙連地區之關注，造成道光年間先後有北路理番同知鄧傳安、臺灣兵備道熊一本及閩浙總督劉韻珂等人進入水沙連勘查；也引發了應否開闢水沙連之爭議。其次，郭百年事件後，導致清廷立碑劃界遷民，以杜偷越，表面上雖然形成漢人勢力一時撤出水沙連番地之局面，但其實未必盡然。因為漢人早已以佃農身分混入其境，巧立名目與各族社民交涉，企圖佔有土地者大有人在。例如嘉慶二十一年（1816）漢人劉銓等人與埔里大媽隣片社平埔族所立之《立備現硋底銀字》中提及：「劉銓、劉捷、劉壘今典得大媽隣片社番婦阿馬合打斗八卡、番六第老隔管下有作塝開荒田一處」〔註101〕等語。此契約訂立於嘉慶二十一年（1816）正月，亦即郭百年事件發生期間，而契約標的物所在地乃埔里盆地之大馬璘（今埔里鎮鐵山里、愛蘭里）。由契約可知，當時漢人取得埔番之土地，並非專靠武力，而且出典幾乎形同賣斷。甚至迄道光二年（1822）十一月及十八年（1838）十二月，仍相繼發生關係，可見漢人並未完全被逐出埔里地區。事實上，郭百年事件後，不但未能阻斷漢人偷墾水沙連，還掀起一股開發埔里之熱潮。道光年間，北路理番同知鄧傳安、史密、台灣道熊一本、北路協副將葉長春、閩浙總督劉韻珂等人先後相繼進入濁水溪中游之水沙連六社番地視察。劉韻珂更認為，「特以六社番地，開之則易成功，禁之竟難以弭患」〔註102〕，乃提出開放水沙連六社番地准漢人拓墾之建議。但朝廷恐引發漢番衝突，或不肖之徒混入會危及治安，並不主張開放拓墾。此外，郭百年事件造成水沙連二十四社大衰，遂在邵族之引介下，招徠臺灣西部平埔族三十餘社遷移埔里盆地。

郭百年事件以後，雖然使得濁水溪中游之漢番界線，由原來之社寮地區推進至更上游之集集與水里交界處。但濁水溪中游漢人之拓墾並未受到政府之遏阻，只是化明為暗，不敢若事件發生以前明目張膽地偷墾界外番地。事件之後，濁水溪中游漢人之拓墾，不論在界外或界內仍積極進行，只是改成化明為暗之方式進行，靠著平埔族之掩護偷偷入墾。惟此時平地已拓墾殆盡，主要往山區及邊際土地開墾。但山區大多屬「界外番地」，只有部份屬界內土

〔註100〕同前引林文龍，〈通事社丁首在台灣開發史上的地位 —— 以水沙連社寮為例〉，頁212～p222。
〔註101〕劉枝萬，《南投縣沿革志開發篇稿》，頁138，（詳參附錄二十一）。
〔註102〕丁曰健，《治台必告錄》，〈奏開番地疏〉，頁212～226。

地，因此大多屬偷墾行為。

道光年間，今竹山鎮清水溪流域漢人之拓墾已溯溪向南推進抵上游之桶頭山區。在道光十八年（1836）四月，陳清德所立〈典契字〉中有「立典契人陳清德，有自己開墾旱田一所，坐落阿里山鯉魚頭保土名桶頭莊頂崁」〔註103〕等語。可見其土地坐落在今竹山西南側清水溪上游之桶頭山區，亦表示道光年間竹山地區之可耕地已被開墾殆盡，開發已接近完成。

鹿谷地區之拓墾，嘉慶末年，大坪頂（今鹿谷村）一帶已形成初鄉、新寮、坪仔頂、羗仔寮、車輄寮、小半天、內樹皮等七個村落，被稱為大坪頂七莊。道光年間成書之《彰化縣志》紀錄今鹿谷鄉境內有「小半天、車輄寮、獐仔寮、粗坑莊、坪仔頂、清水溝」〔註104〕等聚落。有來自漳州府之莊姓移民入墾鹿谷大水窟（今永隆、鳳凰村）。另據族譜記載，道光年間，另有祖籍泉州府之邱姓、葉姓人家入墾大水窟一帶，並築大水窟陂，引水灌溉，接著又越過鳳凰山一帶拓墾，該地原為阿里山鄒族之獵場。爾後，又有閩籍之李南山入墾車輄寮（今鹿谷鄉廣興村）。〔註105〕

咸豐元年（1851），鹿谷地區業主許廷瑄（許萬青墾號名），將車輄寮（廣興村）通往溪頭之山坡地給佃戶張春成、張春風前去開墾，可以看出漢人不斷由山腹往高山拓墾之現象，所立〈開墾契〉中有「今於東南勢土名崙仔尾踏出埔地，栽種桂竹、麻竹、貓茹竹，給與張春成、春風等自備工本前去栽種掌管」〔註106〕等語。契約中土地坐落於崙仔尾，為今鹿谷往溪頭中途之內湖國小附近，為海拔 500 公尺左右之山區，可見漢人之拓墾往高山地區不斷地推進。

道光年間，漢人在集集之拓墾亦往集集大山一帶山區拓墾。例如道光二年（1822）和道光二十九年（1849）的兩份楊姓業主之《給墾字》（詳參附錄二十四、附錄二十五）〔註107〕，此二契約中之土地為同一筆土地，業主楊立本將其坐落於「集集埔後懷角」（今集集鎮富山里之洞角與小坪之間），屬集集大山之山腳之山坡地，可見集集地區之平地已經被開墾殆盡，才往山坡地拓墾。道光二年（1822）楊倫承墾未成，道光二十九年（1849），再招佃人陳

〔註103〕竹山鎮張榮順藏古文書（詳參附錄二十二）。
〔註104〕周璽，《彰化縣志》，卷二〈規制志〉，頁51。
〔註105〕南投縣縣史館藏古文書（詳參附錄二十三）。
〔註106〕鹿谷鄉莊浚鑫藏古文書（詳參附錄二十三）。
〔註107〕彰化縣和美鎮林文龍藏古文書（詳參附錄二十四、附錄二十五）。

荖盛等叔姪三人續墾，業主楊立本即為楊振文之孫，故有「本業主承祖父墾
管沙連保集集埔等處草地田園大租等款」之語。此外，咸豐年間，集集地區
海拔 350 公尺左右之古亭笨（今田寮里）山坡地亦被沙連保通事陳毛雨順於
咸豐十一年（1861）「立招開墾契字」〔註108〕招佃拓墾。其契約內之土地坐落
於「古重笨山」，在今集集鎮田寮里古亭笨山，西界名間鄉之虎仔坑山崙，均
屬水沙連社屯番之養贍埔地，故契約中有配帶大租即屯租。此表示水沙連社
之養贍埔地已被通事出墾殆盡，故連海拔 350 公尺以上之山坡地亦被出墾。

　　郭百年事件後，不少官員已體認到水沙連地區之重要性，部分官員甚至
提出開發「水、埔六社番地」之主張。例如道光三年（1823）因已革通事田
成發，勾結北投社平埔族乃貓詩等人越界進入埔里偷墾，而漢人陰持其後，
欲待熟番墾成再混入侵佔，但此舉被水沙連社丁首蕭長發檢舉，時任北路理
番同知鄧傳安曾進入水沙連地區勘察，撫諭社眾而還，並作《水沙連紀程》
〔註109〕一文，以誌其事。文中提到：「從嶺上望社仔舊社，蓋二十四社之最
近者，既被漢民佔墾，生番不能禦，俱遷往內山矣。」及「過貓蘭及沈祿，
昔為生番，兩社自被佔墾，番徙社虛，漢人既逐，鞠為茂草。」可見，道光
初年，社仔（今水里鄉）已被墾成漢人聚落，而在郭百年事件中被佔墾之沈
祿與貓蘭（俱在今魚池鄉境內），各族群社民已他遷，但侵墾之漢人被逐出
後，已成為荒煙漫草之地。又提到「乃知二十餘里平曠中，惟埔里一社，餘
社俱依山。草萊若闢，可得良田千頃，生番不能深耕，薄植薄收，已有餘糧，
即招來之熟番，亦不如能如漢人之盡地力。」可見鄧傳安頗有以漢人開闢埔
里之意。當時正巧有紹興人馬峨士，久住臺灣，獲悉水沙連有沃土，乃前往
福州，遊說商人林志通欲前來拓墾。閩浙總督趙慎畛以此事詢問前臺灣道姚
瑩，姚瑩曰：「臺灣生齒日繁，遊手亦眾，山前已無曠土，番弱不能有其地，
不及百年，山後將全入版圖，不獨水埔二社也。然會有其時，今尚早爾。」
〔註110〕由鄧傳安之推測，可看出今日之埔里及日月潭地區在道光年間被漢
人拓墾乃是意料中事，只是時間早晚而已。

　　道光四年（1824）五月，福建巡撫孫爾準來臺灣，欲討論拓墾埔里之事，
鄧傳安乃力陳開墾之利，孫爾準頗為心動，徵詢臺灣知府方傳穟意見，方傳
穟詢之姚瑩（時任臺灣知府幕僚），姚瑩提出開拓埔里之八大要略，方傳穟將

〔註108〕台灣銀行經濟研究室編，《台灣私法物權篇》，頁 1028，（詳參附錄二十六）。
〔註109〕丁曰健，《治台必告錄》，頁 118～119。
〔註110〕丁曰健，《治台必告錄》，頁 179～188。

之呈報孫爾準，孫爾準閱畢後覺得頗有困難，又當時在臺官員如淡水同知吳性誠、噶瑪蘭通判呂志恆都認為開放拓墾埔里尚言之過早，於是臺灣知府乃仍採取劃界封鎖之政策，於集集、內木柵（草屯鎮北勢里屯園）南北二處入山隘口，設汛防止漢、番越界，不過在方傳穟在〈開埔里社議〉中提到姚瑩之開埔里社要略八事之三曰，「別漢番；水社在外，如田頭社，社仔，沈祿數處，已為漢墾者無論。」等語，由此可知，在道光四年（1824）時，日月潭附近的田頭社、水社、社仔社及沈鹿社均已有漢人入墾。

道光四年（1824）十二月，閩浙總督趙慎畛將此事奏報朝廷，明清史料戊編第七本戶部月終冊錄其大要如下：

> 福建司一件為嚴禁事，內閣抄出閩浙總督趙等具奏，臺灣生番境內地畝，嚴禁民人偷越私墾，以杜釁端等因一摺。道光四年十二月二十一日奉上諭，趙慎畛等奏請嚴禁民人私墾生番境內地畝一摺。福建臺灣彰化所轄水里、埔里兩社係在生番界內，向以堆土牛為限，民人採樵，例禁侵越。近年以來，該處生番，因不諳耕作，將熟番招入開墾。據該督等查明，該熟番與漢民交契結姻者頗多，恐漢奸私入溷雜難稽，或因生番懦弱，逞強欺佔，該生番野性未馴，必致爭鬥肇釁，釀成巨案，不可不嚴行飭禁。現在農事已畢，著即敕令各社屯弁及通土等，查明越入各熟番，概行召回，不准逗留在內，以後亦不許再有前往，如敢抗違，該廳縣等立即會營挐究。並著手集集鋪、內木柵二處隘口，設立專汛，及飭北路協副將於彰化營內，就近移撥弁兵及屯弁通土等切結，由廳縣加結通報。並責成臺灣鎮，會同該道府，嚴行查察，該弁兵如有疏懈徇縱情弊、即行分別斥革治罪。〔註111〕（下略）

由上文中提到「據該督等查明，該熟番與漢民交契結姻者頗多，恐漢奸私入溷雜難稽」等語，即反映出當時水社及埔社地區漢番雜處之現象已甚嚴重。但文中所提「查明越入各熟番，概行召回，不准逗留在內，以後亦不許再有潛往，如敢抗違，該廳縣等立即會營挐究」，事實上並非如此，例如道光年間臺灣西部平埔族分批移往埔里盆地，卻未見官府干涉及禁止。其後的歷史演變，也如《埔里社略紀》一文所云：「漢人陰持其後，俟熟番墾成，溷入為侵

〔註111〕《明清史料戊編》，（臺北：中央研究院歷史語言研究所，1972），道光四年十二月條。或《大清宣宗成皇帝實錄》，卷七十七，道光四年十二月二十七日條。

佔之計」〔註112〕，漢人跟在平埔族之後，相繼進入水沙連地區偷墾，視南、北二口之立石禁令如無物。例如，日月潭中之珠仔山，原爲郡族居住之地，但至同治十二年（1873），美國人類學家史帝瑞（Joseph Steere）曾到日月潭一遊，有如下之記載：「一名中國老人住在島上，……栽種著茶樹。」〔註113〕日月潭中的珠仔山，原爲邵族祖靈所在神聖之地，邵族竟然棄之而讓漢人在島上居住種茶樹，漢、「番」勢力之消長由此可見。

至於郭百年事件以後被劃爲「界外」禁止漢人入墾之今水里鄉及日月潭附近，在嘉慶末年及道光年間，漢人改採化明爲暗的方式偷偷進入，向各族社民贌耕土地來拓墾。道光十六年（1836），水沙連通事毛興安、社丁首金外和，將位於上述禁區內之龜仔頭莊（今水里鄉永興村）之屯丁荒埔給漢佃陳銅前去開墾（詳參附錄二十七）。〔註114〕由於今水里鄉龜仔頭之番屯土地，不斷被屯弁或通事、社丁首招漢佃耕墾，土地逐漸落入漢人手中。道光年間刊行之《彰化縣志》錄有：「徵龜仔頭莊屯租穀：六十三石八斗四升四合九勺二抄二撮。」〔註115〕即表示今水里鄉龜仔頭之番屯土地已被墾熟。

先是乾隆五十三年（1788）左右，當時由集集經水里通往日月潭已有一條小徑可供通行，但崎嶇難。日治時期撰成之《集集古誌》載有道光四年（1824），集集墾首陳坑、石井招集佃戶欲前往開墾五城堡（今魚池鄉）土地，乃雇工將此小路拓寬改善，但因山高嶺峻，草木茂密，常有生番隱伏於路旁伺機殺人，行旅往來艱困。道光十五年（1835），竹山社寮富戶張天球出資與陳坑、石井共三股合力拓墾埔里社鄰近未墾土地，於是行人往來越多，後來設立土地祠一座於中途山嶺鞍部，此即「土地公鞍」地名之由來。〔註116〕而石井、張天球在今魚池鄉及埔里境內之拓墾情形並無其他完整資料可尋。但道光二十一年（1841），臺灣道熊一本曾親至水沙連（日月潭及埔里一帶）視察，並提出〈條覆籌辦番社議〉一文，文中提到：「又水社番被漳人潛墾，租給陳姓一、二百甲，此外田頭、眉社、貓蘭、審鹿四社並無漢墾」〔註117〕。可見當時確有漳州籍陳姓墾戶私入日月潭向邵族租地拓墾一、二百甲，所謂

〔註112〕丁曰健，《治台必告錄》，頁182。

〔註113〕〈Traval among the aborigines of Formosa〉，Journal of the American Geographical Society of New York, 6, 1987。

〔註114〕劉澤民編，《台灣總督府檔案平埔族關係古文書選輯續篇》，頁670。

〔註115〕周璽，《彰化縣志》，卷七兵防志，頁223。

〔註116〕前引《集集古誌》，日文手抄本，無頁碼。

〔註117〕熊一本，〈條覆籌辦番社議〉。錄自丁曰健，《治台必告錄》，頁230。

漳州籍陳姓墾戶便是陳坑。另據民國四十四年（1955）劉枝萬氏在日月潭南岸及西南隅大邊田地區發現道光二十一年（1841）及道光二十六年（1846）之漢人墓各一座，〔註118〕可見道光二十年左右確有漢人在日月潭附近活動。

　　道光二十七年（1847）閩浙總督劉韻珂曾親歷水沙連勘查八日，由集集入山，經社仔（水里）、水裡社（日月潭）、審鹿社（魚池）、埔社（埔里）、內國姓（國姓），最後由內木柵（草屯）出山。劉氏曾上奏〈勘番地疏〉〔註119〕，文中提到：「迨臣履勘六社已畢，復回至埔里社行寓，將田頭社番目擺典、水里社番目蛤肉、貓蘭番目六改二、審鹿社番目排塔毋、埔里社番目督律、眉裡社番目改努，同隨行番眾，及各社通事人等，逐一傳齊，嚴詰其獻地之故。該番目等，各操番音，喃喃苦訴，詢之通事，據稟各番目等，咸稱伊等因不諳耕作，各社番地，悉成荒蕪，其自墾之地，歲收無多，不敷食用，其獻地歸官，實係出自本願。」由文中可知，當地各族群要獻地予官，由官方招佃開墾之原因，乃是各族群「不諳耕作，各社番地，悉成荒蕪，其自墾之地，歲收無多，不敷食用」而要將土地獻給官府，由官府招佃開墾後，各族群可不勞而獲，坐收租穀，而比自耕自食勝過數倍，難怪要獻官招佃開墾。由此亦可見清代漢人不斷拓墾各族群土地，並不能全怪漢人之貪得無厭，其實各族群不諳耕作，生性樂天，貪得漢人之土地租金，不勞而獲之心態，亦有以致之。

　　劉韻珂勘查水沙連地區時，所見漢人拓墾情形為「查出埔里社有私墾地二、三百甲，其田頭、水里、審路三社，並無私墾。但道光二十一年（1841），熊一本巡視水沙連時，卻說水裡社有一、二百甲租予漳州陳姓漢人潛墾。六年之後，劉韻珂巡視時卻說水裡社無漢人私墾，其實應是土目、通事隱匿其事，而劉韻珂未予詳察。此可由劉氏提到審鹿社並無私墾，但同一文內又說：「復向貓蘭社番目六改二，眉裡社番目改努，察訊兩社私墾之犯，各有若干，私墾始自何時，是否各番目招引進社。又據通事稟報，貓蘭內私墾者，祇有二十餘人，俱係漢民，不知是何籍貫。眉裡社內私墾者，男婦大小，約共四、五百人，俱係外來熟番。兩社內俱無人私墾，該民人熟番等，均係本年正二月間，先後來社打寮墾種，並未議租。各番目等，實無招佃情弊。私墾各犯，聞臣入內查勘，均各逃逸。」〔註120〕劉氏原說審鹿社無私墾，但向番目查訊

〔註118〕劉枝萬，《南投縣沿革志開發篇稿》，頁168。
〔註119〕丁曰健，《治台必告錄》，頁207-228。
〔註120〕丁曰健，《治台必告錄》，頁207-228。

後，通事才說有漢人二十餘人入墾，但聽說劉氏入山勘查，已逃逸無蹤。由此可見番目與通事矇騙官員，等到被訊問，才老實招供，但又說對私墾漢人籍貫不詳、又已逃逸之語來推卸招佃私墾之罪責。同時也可看出官方查緝私墾，但私墾者與官方玩捉迷藏遊戲之心態，即大官來查，私墾者暫避風頭，一旦官員離去，又復墾如故。而通事、土目亦扮演仲介者及招募者角色，否則漢人欲入墾各族民土地，豈不遭到抗爭之理。故通事、土目與私墾漢人實為共犯集團，構成一食物鏈。通事、土目與各族群社民欲得漢人租穀，坐享漁利；而漢人則藉拓墾獲利或求溫飽，各取所需而已。

另據日治時期伊能嘉矩所著《大日本地名辭書》云：「道光二十八年（1848），王增榮和陳坑者，向水沙連番承墾五城堡內（今魚池鄉境內）未墾荒地，納番社租穀，每十石抽五斗，以為社番口糧，稱為「元五租」，因此漢人聚落乃逐漸形成，現之銃櫃、水社、貓蘭、司馬按、新城五莊為集中區，居民於莊外設竹圍自衛，故俗稱五城。」〔註 121〕又日明治三十八年（1905），臨時臺灣土地調查局出版之《臺灣土地慣行一斑》及《清代台灣大租調查書》中提到清末五城堡地區有大租戶陳坑之子陳化成開鑿貓蘭莊水圳，〔註 122〕另大租戶吳進興、王豐瑞開鑿由大林莊至長寮莊之水圳，〔註 123〕故陳坑於道光年間拓墾日月潭附近土地應屬事實。

第三節　清末的開山撫番

清同治十三年（1874），臺灣東部牡丹社族民殺死琉球難民，日本以琉球為日本藩屬出兵攻打臺灣。清廷派福建船政大臣沈葆楨帶兵來臺灣處理善後事宜，最後雙方談判簽訂撤兵協議，朝廷共賠償銀五十萬圓給日本，此一事件乃告落幕，即史稱「牡丹社事件」。

牡丹社事件後，清廷為防範台灣被列強所奪，其統治臺灣的政策，由清初之消極治臺轉為積極治臺。來台善後的沈葆楨因牡丹社事件而整頓臺灣防務時，認為番地是滋生事端的地區，應該改變自康熙六十一年（1722）以來禁止漢人進入山區之「封山政策」，改採「開山撫番」的開放政策。此一構想

〔註 121〕見前引伊能嘉矩，《大日本地名辭書續編》，頁 94。
〔註 122〕見《臺灣土地慣行一斑》p554 及《清代台灣大租調查書》頁 126。
〔註 123〕臨時台灣土地調查局編，《台灣土地慣行一斑》，第二篇，頁 554 及《清代台灣大租調查書》，頁 132～133。

受到李鴻章的支持，因此自同治十三年（1874）沈氏即積極推動開山撫番政策。此一政策的施行，一方面乃清廷宣示主權及於台灣番地及後山地區，以杜絕外人佔領台灣之企圖；另一方面則是清末台灣開港對外貿易後，茶、糖與樟腦為台灣三大輸出產品，其中茶和樟腦的生產主要在山區，故清廷開山撫番政策之施行，國防及經濟之動機為其主要考量，並非以人民生計及土地開發為目的。但是，開山撫番政策之推行，使人民可以光明正大地進入過去屬於禁區之番地拓墾，加速濁水溪中游地區之開發，對濁水溪中游地區帶來相當大的影響。

沈葆楨認為開山與撫番實為一體兩面，必須同時進行。「務開山而不先撫番，則開山無從下手；欲撫番而不先開山，則撫番仍屬空談。」〔註124〕其指出當時已有不少洋人及傳教士前往後山遊歷、傳教、繪製山川地圖。洋人引類呼群，日積月盈，其輪船足以迅速接濟，其炮火足以制「生番」，其機器足以盡地利，清廷雖然視後山為「甌脫」，惟他日成為都會，則已為洋人所據。為今之計，經營後山，係為防患，非為興利；為興利儘可緩圖，為防患必難中止。〔註125〕由此可見清代官方之治台政策完全以國防及治安為考量，非為人民興利。因此，他急於打通前山、後山之通道，分為北、中、南三路同時進行開路工程，使臺灣東部和西部連成一氣，於光緒元年（1875）全部完成。此三條道路開通之主要目的，原為宣示清廷主權及於台灣東部，以杜絕外國佔領台灣之企圖；同時開發山地，以獲取茶葉、樟腦等經濟資源。但卻使臺灣東部和西部連成一氣，促進東部的開發；同時，中路之開闢，對濁水溪中游之拓墾也頗有助益。

沈葆楨在「開山」方面，除打通北、中、南三條通道，已加強前山、後山的聯絡外，基本上乃是鼓勵漢人入墾山地，促進臺灣之全面開發。其所擬定之開山計劃，內容包括屯兵衛、刊林木、焚草萊、通水道、定壤則、招墾戶、給牛種、立村堡、設隘碉、致工商、置官吏、建城郭、開郵遞、立廨署等，〔註126〕規模極為宏遠。

在「撫番」方面，沈葆楨認為撫番要落實，必須將過去限制人攜眷來台，禁止漢人偷渡、禁止漢人進入山地、禁止漢人取各族群為妻等禁令解除。「否則，路雖開通而不先招撫，則路仍將阻塞；雖招墾而不先解禁，則人民將裹

〔註124〕沈葆楨，《福建台灣奏摺》，頁2。
〔註125〕沈葆楨，《福建台灣奏摺》，頁2。
〔註126〕沈葆楨，《福建台灣奏摺》，頁2。

足不前，招墾將成空言」。〔註127〕因此，沈氏乃於光緒元年（1875）2月奉准解除對臺灣之一切禁令，此舉不但對開山「撫番」有所幫助，對晚清臺灣社會經濟之發展，亦有重大之影響。其中對濁水溪流域拓墾影響最大者為進入山地禁令之解除，光緒元年（1875）十一月八日，分巡臺灣兵備道夏獻綸、臺灣鎮總兵張其光連銜《諭示》勒碑於濁水溪中游之沙連保新寮莊（今鹿谷鄉鹿谷村）土地祠旁，〔註128〕至今猶存。從此，自清初以來，延續一百餘年，嚴禁漢人私越番境的消極政策，完全撤除。

此一撤除入山禁令之措施對濁水溪中游之發展帶來極大影響。不但引來不少漢人進入山區拓墾，加速濁水溪中游山區之開發；而且商賈往來不絕，地方繁榮，民生發展，人文跡象頓呈活躍。例如：位於新開中路之鹿谷鄉大坪頂一帶尤甚，而新寮莊首當其衝，更臻發達，因此被稱為大坪頂七處交易之區。《雲林采訪冊》云：「大順嶺，俗名大坪頂崎，在縣東三十餘里。自鳳凰山迤邐而來，崎嶔通幽，嶺高二里許。前臺灣鎮總兵吳光亮，從此修築，為入山八通關等處之路。山路平坦，行十餘里，即大坪頂七處，民居稠密，煙火萬家，七處山產，甲於全堡。」又云：「新寮在縣東三十七里，為大坪頂七處交易之區，入後山及台東州所經之總路。」〔註129〕因此，當地百姓深感吳光亮之功德，乃於光緒二年（1876）三月立「德遍山陬」碑於鹿谷新寮土地祠旁之「入山撤禁告示碑」旁。碑文中提到：「記名提督軍門前任閩粵南澳總鎮新授福寧鎮誠勇巴圖魯吳，貴籍廣東，官章光亮，號霽軒公。視民艱辛，稟撤禁例；軍餉等費，悉暨消除。沐恩戴德，永頌不忘。以石為碑，依附告示。」〔註130〕由此段文字可以看出居民對撤除入山禁令等措施之感恩及深得民心。

沈葆楨除奏准撤除渡臺、入山等舊禁，開闢北、中、南三路以連通前山和後山外，並調整行政區劃，以利山地之開發。如光緒元年奏准將原駐鹿港之北路理番同知移紮埔里社，並加「撫民」二字，改稱北路撫民理番同知（但同知至光緒十二年均未移駐），同時，又增設集集堡、五城堡和埔里社堡以管轄水沙連地區，以促進水沙連地區之開發。

〔註127〕羅大春，《台灣海防並開山日記》，頁38。

〔註128〕錄自《入番撤禁告示碑》，位於鹿谷鄉鹿谷村新寮土地祠旁（詳參附錄二十八）。

〔註129〕倪贊元，《雲林縣采訪冊》，頁149，頁146。

〔註130〕碑立於於鹿谷鄉鹿谷村新寮土地祠旁。

　　為促進臺灣山地之開發，招徠移民。光緒元年（1875），臺灣兵備道夏獻綸提出：「臺灣後山，南路之卑南、中路之秀姑巒、北路之歧萊，及前山南路恆春所轄地方，並中路埔裡六社等處，前因曠地甚多，未經開墾，而土質肥美，不便久蕪」，因此乃議設招墾局，廣招島內外墾民，支給口糧、耕牛、農具、種籽等，以示獎勵，俾示開墾。當時中路地區設招墾局於埔里，特設撫番委員，以掌理開山、安撫各族群及招墾事宜。同時並訂立撫墾方針，其要項為：（一）為撫化各族群、在各地設立義學。（二）對各族群授產，使其營生，以成訓化之良民。（三）為達成開墾荒地之目的，自大陸招募移民，特加保護，以鼓勵其墾成。

　　沈葆楨與夏獻綸所推的「開山撫番」措施，對濁水溪中游地區影響及漢人入墾的情形，因缺乏完整史料紀錄；但仍有零星紀錄可循。例如：光緒元年（1875），南澳鎮總兵吳光亮曾於楠仔腳萬（今信義鄉望美村）設立義學一處，並於五城堡及埔里社創立義學共二十四處，以教育番童。其中有一處義學設於日月潭之珠仔山，命名為「正心書院」，吳光亮命駐防水社之福銳右營營官丁汝霖、師爺吳裕明、黃允元兼掌講習司教。清末鹿谷秀才黃錫三之〈日月潭沿革概略〉中提到：「有營官丁姓，建亭於珠仔山頂，額曰：『小蓬萊』，以時遊宴其中，造二小艇，泛潭中，良月夜極遊觀之盛，或樹標，命番人駕舟並渡，先登者償以酒，潭畔淺處，遍植荷花，夏時花開，風景尤佳。」〔註131〕由此可見，在光緒初年，日月潭已成漢、番雜處之局面。另光緒二年（1876），英國商人從台南到淡水旅行，在其所著《福爾摩沙紀行》中也紀錄其遊歷日月潭的經過如下「湖中央有一小島，島上有一間非常優雅漢人農舍，我曾在那兒過夜，這家人生活似乎過得不錯。」〔註132〕由這段記載可以看出漢人已在日月潭站穩腳步，逐漸取得優勢地位，也顯示漢人在濁水溪中游之拓墾更有進展。

　　光緒元年（1875）八月，沈葆楨去職，經營臺灣之工作改由閩撫王凱泰負責，但王氏在任僅五月即病卒，故其在臺施政多循沈氏遺規，殊少變動。繼王凱泰負責臺灣事務者為丁日昌，丁氏於光緒二年（1876）來臺視事。丁氏對臺灣的認識一如沈葆楨，以「開山撫番」為急務，乃於光緒三年（1877）

〔註131〕黃錫三，〈日月潭沿革概略〉，載於陳鳳儀，《竹山郡管內概況》，卷35，無頁碼。
〔註132〕Corner Arthur,《A tour through Formosa from South to North》, Proceeding of the Royal Geographical Society, 1878, vol, XXII。

三月釐定〈撫番開山善後章程二十一條〉，〔註133〕其中關於墾務者有：

一、除近海官山及各番耕種立所不能及者聽民開墾外，其餘附設山田樹木，應令各歸各管，不准地方民人將該番所有佔爲己有。違者嚴辦。

二、前、後山各處曠土甚多，應即與設招墾局。即日由營務處選派委員前往汕頭、廈門、香港等處招工前來開墾。所有開墾章程，另文擬辦。

三、各番社溪澗支流所有可以灌漑新墾田園者，應嚴告該處頭目不准截堵水源，違者重罰。

由上可知，在拓墾方法上，丁日昌比沈葆楨更有計畫，其章程中主張由中國內地大規模招募人民來台開墾。丁氏曾令臺灣道夏獻綸調查中路埔里、南路加鹿塘（今屏東縣枋山鄉）至八瑤灣（屏東縣滿洲鄉），及八瑤灣至璞石閣（花蓮縣玉里鎮）、成廣澳（台東縣成功鎮）間各番社丁口，界址及土地情形，將「番地」做有限度的開放，何者應歸各族群？何者可以招墾？土地肥瘠如何？及可安置墾民若干？均須調查清楚，繪具圖說，限一月內完成。另一方面，丁日昌爲使墾務得以更加推展，亦奏請派員赴汕頭、廈門、香港等地設立招墾局，招募客民，並命夏獻綸訂立招墾章程二十一條。〔註134〕以吸引墾民，據伊能嘉矩著《臺灣番政志》之記載，其招墾章程如下：

（一）招墾機關

1、於廈門、汕頭、香港等三處設招墾局。

（二）開墾地區

1、臺灣後山之卑南、秀姑巒及前山之恆春、埔里六社之地。

（三）應辦手續

1、應募墾民，應記明住址姓名年齡即有無父母兄弟等，申報招墾局。由招墾局發給三聯單（許可證），一交本人，一存局，一寄臺灣供查證。右每人附給腰牌一面，記載姓名，烙印號數，以資辨認。

（四）農墾組織

1、應募墾民，每十人置十長，每百人置百長，百長由招墾局委員選任，

〔註133〕《劉銘傳撫台前後檔案》，頁7～10。
〔註134〕《劉銘傳撫台前後檔案》，頁7～10。

時常委任百長遴選之。凡十人中有事，歸十長料理管束。

（五）開墾方法

1、應募墾民由官方派輪船載運來臺，墾民船內伙食，由輪船供應，自上蹕之日起至開墾地點止，每人每月發給口糧銀一百文，至開墾地，一年內每月均發給口糧及銀錢。

2、應募墾民到達開墾地，由官方供給耕牛、農具、種籽。

3、每人分田一甲耕種，另給附近原野一甲、令其續耕；平埔地方，每人授田一甲，限一年內開墾。

4、凡開墾地，三年復課徵其原先所領口糧、牛隻、農具等項，或於田地成熟後，分三年內繳納。不能完繳者，除正供外，另繳官租若干。

此章程之優待辦法，不只對隔省之招墾實施，對於由臺地所招墾民，俱可按照辦理。其招墾之成效，據《臺東州採訪冊》云：「三年春間，巡撫丁公日昌派員在廣東汕頭設局招募潮民二千餘名，用輪船載赴臺灣；先以八百餘名撥交吳統領安插大港口及埤南等處開墾。聞所招募，半係遊手好閒之徒，不能力耕；即稟陳：「埤南闔境安插潮農，殊多不便，不若就近招募為善。請即裁撤汕頭招墾局，停止招徠」。奏批：「准停辦。其已到之五百餘名撥來埤南，仍需要為安插。」〔註135〕由此可知，當時由唐山設局招民來台之成效不彰。其原因除了所招多係遊手好閒之徒外，可能當時閩粵人士大多熱衷於南洋澳洲、美洲移民，不願來臺有關。

當時招墾之移民，除了來自中國內地外，亦有招自臺灣西部各地者，其人數如何？安插何地？則以史料缺乏，難以詳知。但關於濁水溪流域水沙連六社之招墾，丁日昌曾命臺灣道夏獻綸於光緒三年（1877）十一月赴臺灣中路查勘埔里各社籌辦情形。夏氏於同年十一月初三日由府城台南出發、抵集集後、經頭社、水社、貓蘭社、審鹿社、最後到埔里之大埔城勘查，並將所見情形提出報告云：「漢民在六社耕墾者，有二千六百餘人；內粵籍不過一百數十名，餘俱閩族。綜計六社之地，已開墾者約有三分之二。稻穀每年有一收者，有兩收者；本年收成衹六分有奇，約收穀四萬餘石。即十分收成，亦不過七萬餘石，計田二千餘甲左右。詢之土人，向無收十分者，至多可收七、八分。現再加以未闢之地計之，統共約三千餘甲。劉前督憲原奏謂「六社可墾地一萬二、三千甲」，與刻下情形殊不符也。民番在內者耕種之法，多不講

〔註135〕胡傳，《台東州采訪冊》，頁24。

求；且乏水利，一遇乾旱，即致歉收。其種茶之地不少，惜不善藝植、不諳焙製，故產不甚旺而味亦欠佳。職道與中路同知彭丞酌商，擬在彰化一帶招僱良農數名入內，教以耕作；並僱茶匠二名，教以藝植、焙製；俾民生日裕，風氣日開。水圳，現由彭丞已開兩條，民人自開一條；職道復於溪北一帶勘查，尚可添開一條；則有水源之處，俱可導引，農田得資灌溉。其荒地有成片段者，即於彰化一帶就近召徠開墾；或自己出資、或酌借工本、或發給口糧，俱由彭丞隨時斟酌情形，報明辦理。其有附近各莊田地不過十甲、八甲者，經職道傳集頭人，懇切曉諭，飭令速行自開；若逾限不開，即由官另行招佃，以免曠廢。」〔註136〕根據夏獻綸以上之勘查報告，光緒三年（1877），漢人在水沙連六社拓墾者有二千六百餘人，而且全部可耕地的三分之二已被開墾。夏氏擬請中路撫民理番同知彭鏊於彰化一帶就近招徠開墾。據史料顯示，在光緒三年（1877）至七年（1881）間，大約有二百餘人入墾埔里社，至於屬濁水溪流域之日月潭附近之拓墾情形如何？因史料缺乏，難以全面瞭解。

丁日昌擔任福建巡撫時，對墾務之推展立下不凡之規模，但招墾需要相當之財力支援，而當時臺灣本身之稅收有限，難以自給，處處常仰賴福建之支援。丁日昌負責臺政時，閩浙總督何璟生性偏急，對丁氏需索閩款濟臺不滿，而日昌又多病煩躁，兩人終至積不相能。當時不僅臺灣之各項經營計劃難得閩款協濟，即素來應解臺灣之月餉，自光緒二年（1876）正月起，亦積欠至八十萬兩。丁日昌遂感巧婦難為無米之炊，於光緒三年（1877）七月請假回籍就醫，進而向朝廷乞休，次年四月獲准。繼丁日昌治理臺政者，先後為吳贊誠與岑毓英。

吳贊誠曾於光緒三年（1877）及四年（1878）兩次來臺，並巡視臺灣各地。當時「番政」及墾務均由吳光亮及臺灣道夏獻綸負責，兩人因由唐山招墾之措施成效不彰，遂改採恆春知縣黃延昭之辦法倡募島內農民移墾，貸予一切農具，且每月給銀六兩，以充口糧。又於縣廳內置夫役若干，使從事開墾，墾成之後，經過清丈，登記簿冊，免賦三年，三年後徵租，且令繳還所借貸農具之代價。〔註137〕然而招募農民，多屬浮浪之徒，為貪取口糧而應募，有半途逃亡者，弊端百出。因此，未幾即廢止官給辦法。

光緒五年（1879）九月，為節省經費起見，裁撤招墾局，但「仍准墾民自

〔註136〕台灣銀行經濟研究室編，《劉銘傳撫台前後檔案》，頁14～16。
〔註137〕台灣銀行經濟研究室編，《台灣私法物權篇》，頁10～11。

行傭人，以民招民墾，民收民食，所墾之地，永爲己業」，「如該墾民中偶有界址混淆，口角相爭者，亦准其隨時稟由地方官查辦判斷。其餘未墾成之地，如有內地富民願來耕作者，准其自備工資，稟官領照認墾；爲不許附搭洋股，以杜流弊。倘續有外省新來墾民，而備口糧耕作者，仍准其由就近地方官防營核明，查照實到名數，按丁酌給種籽、農具，並爲指明地段，聽其開墾，俟成熟後察酌情形，一律勘丈升科，毋須官給口糧，以期節省。」〔註138〕而且規定「嗣後，前山埔里六社墾務，歸鹿港理番同知管理；南路墾務，責成恆春縣管理；後山卑南墾務，歸臺防同知管理；歧萊墾務，歸花蓮港防營兼理。」〔註139〕從此墾務因缺乏專責機構而稍受影響。

　　光緒七年（1881），改由岑毓英接替吳贊誠擔任福建巡撫，但岑氏對墾務之建樹極爲有限，至光緒九年（1883）即去職。

　　綜觀自沈葆楨以降至岑毓英去職期間，濁水溪中游之拓墾主要以民招民墾爲主，官方招墾之成效不彰。此乃因此時濁水溪中游地區之可墾荒地大多爲山坡地或各族群之土地，必需向墾首或番社承墾。加上此地區位處台灣中部內陸，交通不便，官方由中國內地招徠之墾民難以安插，故墾民均是來自臺灣本地，而且大多由人民自行招墾，而非官方。例如：光緒五年（1879），水沙連六社總社丁首黃天肥，將日月潭畔之北吉莊附近荒埔三段，租給漢人黃達理前去開墾即是一例，根據雙方所立之〈墾契字〉〔註140〕提到其土地坐落於日月潭南岸之北吉莊等三地，海拔約一千公尺，而且均屬山坡地。其中北吉莊原爲邵族部落卜吉社，又由契約中「黃德祿園界」，「黃龍貴園界」，「黃柱併螺園界」等可知，當時卜吉社已被漢人拓墾爲漢人村莊。

　　光緒十年（1884），中法戰爭趨於激烈，法國有佔領臺灣之企圖，劉銘傳以巡撫之銜來臺灣籌辦防務。劉氏抵台後一面籌辦防務，一面繼續開山並安撫各族群，以鞏固臺灣基地之根本。光緒十一年（1885），被任命爲臺灣巡撫時，即上書曰：「臺灣番居其六，居民其四」，「現在既詔設臺灣巡撫，必先漸撫生番，消除內患，擴疆招墾，廣布耕民，方足自成一省。」〔註141〕由此可見，劉銘傳對撫墾事業之積極。劉氏乃根據光緒初年沈葆楨所設之招撫局加

〔註138〕台灣銀行經濟研究室編，《台灣私法物權篇》，頁12。
〔註139〕台灣銀行經濟研究室編，《台灣私法物權篇》，頁12。
〔註140〕臨時台灣土地調查局，《清代台灣大租調查書》，頁528～529（詳參附錄二十九）。
〔註141〕劉銘傳，《劉壯肅公奏議》，〈福建暫難改省摺〉，頁156。

以擴張規模，於光緒十二年（1886）設立撫墾總局及各撫墾局作為撫墾機構。當時濁水溪流域中游之撫墾事宜由林杞埔撫墾局及埔里社撫墾局來負責。當時之撫墾措施是仿丁日昌之辦法，重用士紳，以林維源任撫墾局總辦，各地撫墾局亦容公正士紳參與局務。此外，為使地方軍務與撫墾能互相配合，亦沿用過去舊法，以駐軍營官充任撫墾局委員。故劉銘傳所興辦之撫墾局，不僅是官紳合治之機構，亦使軍務與政務合為一體，故其「番政」與墾務，仍具有沈葆楨與丁日昌時代之特色，具有軍屯或武裝殖民之性質。

劉氏推展撫墾計畫之初，首先遭遇經費問題。光緒十一年（1885）冬，劉銘傳尚謂：「臺灣向無撫墾經費，由臺灣道在屯租項下撥給。如將來撫番日多，用費日鉅，臣擬將屯兵一項酌量裁減，以濟實用，即可無須另籌經費」〔註142〕。唯當開設撫墾局，推展撫墾事業後，即發現經費短缺非常嚴重。劉氏於奏摺中云：「開道撫番，事皆艱難。以經費言，前沈督沈葆楨創設舉行，奏請每年開撫經費銀二十萬兩，由閩省協臺。臣到任，閩省每年只協軍餉四十四萬兩，並無另協開撫經費。現在統計全台各局經費，各社番目口糧，及番童學塾，歲銷不足十萬兩；較之從前，撫番多而費用少。」〔註143〕當時唯獨剿防各族群之經費較為充裕，營汛有兵餉之供，屯隘各有屯租、隘租可以維持。當時屯租之經理廢弛，有不可收拾之局，然非全無補救之法，至於隘租則經清釐後卻能有餘。惟劉氏認為剿而不撫，不但有傷王化，復於開疆拓墾無助。招墾經費無著，開山拓墾之事，將一切歸空，非設法解決不可。

劉銘傳首先將隘租之餘額全部撥充撫墾經費，但其數目甚少，而且於清丈後廢止，故必須設法另籌財源。當沈葆楨創辦「開山撫番」之初，已有人斥其徒糜國帑，至沈氏出任後譏其無成者更多；而光緒五年以後，其事也已經頓挫。若非中法戰爭之刺激，撫墾事業之再次興辦將非易事，也可以看出清廷治台完全以國防及治安考量之一貫政策。但劉銘傳認為：「辦防、清賦尚易舉行，惟剿撫諸番，官紳殆多疑憚。或謂：番情反覆，叛服無常，或謂：山道難通，告藏無日；且歷年開山撫番需糜鉅款，久無實效，覆轍何為？臣與前貴州藩司沈應奎，道員林朝棟力排眾議，一意經營。所恃：不增一兵；不增一餉，縱無成效，抑復何傷？」〔註144〕撫墾經費既已決定不取援於外省後，劉銘傳乃創辦樟腦、硫磺之官辦及徵收茶釐，舉其盈餘用於撫墾。但實

〔註142〕劉銘傳，《劉壯肅公奏議》，頁 210。
〔註143〕劉銘傳，《劉壯肅公奏議》，頁 151。
〔註144〕劉銘傳，《劉壯肅公奏議》，頁 371。

際上樟腦、硫磺之收入並不符理想，幸而茶釐之收入不錯。於是合隘租、官辦事業利益、茶釐三項之收入，撫墾之經費大致可以湊齊。

劉氏除創設撫墾局外，光緒十二年（1886）十月，檄署臺灣鎮總兵章高元自集集鑿山而東，張兆連自水尾（花蓮縣瑞穗鄉）鑿山而西，次年三月竣工，〔註145〕於是久塞之中路再度開通，也方便移民之入墾。另外，光緒十三年（1887）劉銘傳又命道員林朝棟開闢由東勢角（今台中縣東勢鎮）通往埔里社。再接辦集集街以達水尾之道路，〔註146〕對整個烏溪及濁水溪中上游之開墾都有相當之助益。

事實上，劉銘傳頗有遠見，因開山撫番之目的，在杜絕外人佔領台灣，固中國之海防，而國防乃百年之大計，需長期之培植，難成於旦夕，故常投資鉅額之財力、人力，而其功效未能立現。因此清末開山撫番僅短短十餘年，耗費與績效雖不成比例，但在劉銘傳的銳意經營下，對濁水溪中、上游山區之拓墾頗有成效。尤以今鹿谷、水里、日月潭一帶山地之開墾大多在此時推展。例如鹿谷在清末劉銘傳治臺時期，其土地的拓墾已往海拔一千公尺左右之高山地區如溪頭、杉林溪一帶推進。茲舉光緒十二年（1886），業主許廷瑄（即許萬青）所給出之招墾契〔註147〕一紙為例。此一契約中土地坐落在東勢觀音樹湖，即今溪頭之大學池附近，東至杉林大路，即往杉林溪之路，可見漢人已在溪頭、杉林溪一帶高山地區拓墾，並且鄰近土地已被開墾種植蔴竹。

另外，在今日月潭一帶，漢人已沿濁水溪支流水里溪上溯至上游的魚池鄉之蓮花池一帶拓墾。茲引番租戶吧農觀與漢佃邱新發所立之〈立出青山墾字〉〔註148〕一紙提到：「立初青山墾字人吧農觀，承父遺下有山場一所，坐落土名蓮花池透至火焙坑、蛟龍坑等」即為明證。可見，光緒年間，由於漢人之入墾日月潭及鄰近地區，日月潭附近四大番社——頭社、水社、審轆社及貓囒社之舊有社地已淪為漢人之村莊，邵族各族群均遷往附近之其他更偏僻的地方居住，將土地瞨租給漢人耕作，靠收租過日子，一旦頑佃抗納，各族群不但失去土地，生活也陷入了困境。本契約土地位於日月潭西北方約八公里之蓮花池地區，海拔約九百公尺之山區，原為邵族之土地，此時亦引漢佃入墾，不久即淪為漢人之聚落。故日治初期，明治二十九年（1896），頭

〔註145〕劉銘傳，《劉壯肅公奏議》，頁218。
〔註146〕劉銘傳，《劉銘傳撫台前後檔案》，頁101～頁102。
〔註147〕鹿谷鄉溪頭莊浚鑫藏古文書（詳見附錄三十）。
〔註148〕臨時台灣土地調查局，《清代台灣大租調查書》，頁622（詳見附錄三十一）。

社、水社等六社化番總理黃玉振在其所撰之《化番六社志》中提到：「水社化番於光緒十四年間，有二十四戶移於水社北畔大茅埔莊居住，離水社有二十四里之遙。又六戶移於水社南畔潭邊（石印社），離水社有四里之遙。又七八戶移居於水社東北畔（竹湖），離水社有七里之遙，後移大茅埔莊。頭社化番，現居頭社南畔以下，離大路有里之地。貓囒社化番，於光緒十五年間，移於貓囒北畔小茅埔居住，離貓囒有二十二里之遙，審鹿社（今魚池莊）化番，於光緒八年間，悉移於審轆社北方（興新社）居住，離審轆有三十里之遠。」〔註149〕

綜觀濁水溪中游之拓墾。肇始於鄭氏時期林圯率眾進入林圯埔（今竹山）拓墾。清康熙年間，漢人沿濁水溪進入最西側之今竹山及名間拓墾，首先向濁水溪沿岸及支流清水溪下游之平地拓墾。雍正二年（1724），清廷開放近山閒曠土地讓漢人拓墾後，促使漢人大批進入今竹山、名間拓墾，至乾隆中葉，今竹山、社寮及名間之平地已拓墾殆盡，墾民開始往山區拓墾，但限於「界外番地」不得入墾之規定，山區之拓墾較為緩慢。

乾隆中葉以後，漢人已溯清水溪入墾鯉魚頭堡之鯉魚尾、泉州寮、不知春、過溪、山坪頂等地區，部分漢民則向今竹山之大坑、三塊厝之山邊土地拓墾。另一方面，乾隆年間，漢人由今竹山爬山進入鹿谷拓墾，至乾隆末葉，今鹿谷之粗坑（初鄉村）、新寮（今鹿谷村）、坪仔頂（今秀峰村）、獐仔寮（今彰雅村）、車轀寮（今廣興村）、小半天、內樹皮（今和雅村）及清水溪沿岸均有漢人村落。此外，乾隆三十六年（1771）以後，漢人亦進入集集拓墾，至乾隆末年，集集之平地已被拓墾殆盡。

嘉慶年間，漢人在濁水溪流域之拓墾已往海拔五百公尺左右之山坡地挺進外，亦往今之水里、日月潭等地區拓墾。漢人將濁水溪中游最東側之今水里地區拓墾後，卻未再繼續東進往上游之今信義地區拓墾；反而溯濁水溪支流水里溪往日月潭及埔里盆地北進拓墾，此乃因濁水溪上游為高山地區，缺乏平地可供拓墾，墾民當然把目光轉向擁有肥沃又廣大平地之日月潭及埔里盆地拓墾，終於在嘉慶二十二年（1817）爆發郭百年之侵墾事件。郭百年事件後，部分漢人雖然被逐出，清廷立碑於集集、水里交界處禁止漢人越界偷墾，但事實上成效不彰，道光年間，社仔（今水里鄉）已成漢人村落。而日月潭水社及頭社亦有漢人潛入招墾，至同治末葉，日月潭附近邵族部落已是

〔註149〕黃玉振，《化番六社志》，頁 42。

漢、番雜處之局面，但漢人仍不斷潛入偷墾。

道光年間，居住於埔里盆地之埔、眉兩社社民，招引臺灣西部的平埔族入墾埔里盆地。同時，漢人亦不斷地潛入今魚池鄉之頭社、貓囒、水社、審鹿之界外各族群土地拓墾，導致日月潭附近之上述各番社於同治末年已成漢、番雜處之局面。另外，在今竹山地區，道光年間，漢人已往清水溪上游之桶頭地區拓墾，另外大鞍及流藤坪山區也被漢人拓墾接近完成。至於鹿谷地區在嘉慶末年，今鹿谷街附近所謂「大坪頂七莊」已拓墾完成，並且成為通往山地之要道。道光至同治年間，漢人更往南方之溪頭山區拓墾，或東進鳳凰山區拓墾。

同治十三年（1874）牡丹社事件結束後，朝廷採取開山撫番之政策，解除渡臺及入山等多項禁令，使得濁水溪中游山區之拓墾限制完全解除，加上政府之積極撫墾，又開闢由竹山通往花蓮玉里橫越中央山脈之臺灣中路，其後，劉銘傳又令章高元及林朝棟分別開闢東勢往埔里社接集集，再通往花蓮水尾（瑞穗鄉）之道路。由於道路之開闢，使墾民進入鹿谷、水里及日月潭之山區更為方便，不但促使山區邊際土地被開墾，隨著交通之發達，人口之增加，商務往來頻繁，街莊日益繁榮。

光緒年間，由於道路之開闢，林圯埔街（今竹山街區）已成為「內山往返必由之路」，「居中路之心，扼後山之吭」。清末更成為「沙連堡貿易總市」，且新建之雲林城，不但是「前山第一城」，也是雲林縣縣治之所在。至於其北方之社寮街，亦成「社寮等處交易總市，又為往來南北暨埔里社孔道」。至於濁水溪北岸之集集，在乾隆年間被開發後，至光緒年間，因樟腦業之勃興及道路之開闢，不少洋人前來設立洋行，採買樟腦，因此市況繁榮，成為埔里社堡，五城堡和集集堡的商業中心；〔註150〕也是濁水溪流域漢人與內山各族群交易之中心；同時也證明清末之開山撫番，開採內山樟腦之經濟動機已經達成。

總之，濁水溪中游地區自明末以來，漢人不斷地由其主流及支流溯溪而上拓墾，至清末臺灣改隸日本前夕，濁水溪中游之土地除海拔 1,000 公尺以上之高山及不適合農耕之地區外，大部份已被漢人拓墾殆盡。就開發之順序而言，最早開發的地區為最西側之竹山、名間和集集地區，在乾隆年間已經大致開發完成；其次則是鹿谷、水里地區，主要開發於嘉慶、道光年間；至於

〔註150〕不著撰人，《集集古誌》，〈在集集堡熬腦創設紀略〉，無頁碼。

日月潭地區則開發最晚，主要開發於清末同治、光緒年間。其所以如此，主要受地形之影響。因為濁水溪中游地區屬內陸山區，交通不便，移民直接由唐山移入較為困難，大多為由台灣西部移入之二次或三次移民為主。其移墾之路徑係由西而東，溯濁水溪主流及支流而上，由平地往山地拓墾，其拓墾路徑及時間先後請參看附圖 2-1。

圖 2-1　清代濁水溪中游漢人拓墾路線圖

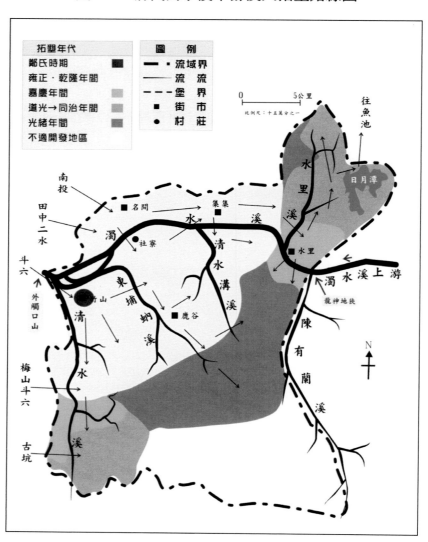

第四節　漢、「番」勢力之互動

　　濁水溪中游地區，往昔爲各族群生活之境域，但自清代漢人大量入墾以後，各族群之生活或空間不斷被壓縮，最後只好往濁水溪上游的深山退去。故漢人在濁水溪中游之拓墾史，可以說是各族群與漢人勢力之消長史，也是生存空間之競爭史。

　　漢人之入墾濁水溪中游，相傳始於鄭氏時期，鄭氏部將林圯率眾入墾林圯埔（今竹山，以下同）。但當時此地爲各族群之土地，林圯入墾今竹山，爲濁水溪中游地區各族與漢人之間之首次大衝突。漢人之入墾雖然遭到各族強烈抵抗，最後甚至被殺。表面上看來，此次衝突由各族獲勝；但番去，居民合葬之，名其地爲「林圯埔」，可見林圯死後不久，漢人卻已在其地立足，各族群逐漸失去「林圯埔」這塊土地，不過當時漢人爲數甚少。

　　漢人之大量進入濁水溪中游拓墾應始於康熙末年。《諸羅縣志》中提到康熙四十三年（1725）時，「流移開墾之眾，已漸過斗六門以北矣。」同書中又提到「竹腳寮山，內有林驥埔，漢人耕作其中。」表示康熙末年在今竹山地區有漢人耕種其中。

　　康熙六十一年（1722），朝廷在朱一貴事件後，採取隔離漢、番之政策，實施「封山政策」。將北起今臺北汐止，南迄屏東林邊一線以東劃爲「番界」，禁止漢人偷入其地。表面上是避免漢、番發生衝突，實際上是防止漢人偷入番地，據險爲亂，威脅清廷對台灣之統治，主要以國防及治安爲考量。根據雍正四年（1726）黃叔璥之《台海使槎錄》所載，當時在濁水溪流域所立之漢、「番」界碑在今竹山與雲林縣林內交界的外相觸溪口及東螺（今二水）之牛相觸山。〔註151〕但同書又提到：「水沙連社地處大湖中」，「竹腳寮，乃各社總路隘口，通事築室以居焉。」〔註152〕可見在雍正年間，漢、「番」的界線已推進至竹山東北之竹腳寮（今社寮），而今竹山鎮之平地已被漢人佔領拓墾，各族群退往社寮以東之集集、水里和竹山以南之阿里山和鹿谷地區。因此，社寮成爲水沙連各社出入總隘口，有通事駐紮管理。

　　漢人大量入墾濁水溪中游的竹山地區，乃因朝廷於雍正二年（1724）宣佈「福建臺灣各番鹿場開曠之地方，可以墾種者，曉諭地方官，聽各番租與民人耕種」，此一措施表示朝廷對漢人拓墾平埔族土地已經採取開放之態度。

〔註151〕黃叔璥，《台海使槎錄》，卷六〈番俗六考〉，頁169。
〔註152〕黃叔璥，《台海使槎錄》，卷六〈番俗六考〉，頁123。

但漢人入墾近山之土地，漢人與高山族之衝突將在所難免。雍正四年（1726）秋，朝廷以水沙連社番目骨宗等，戕殺民命，屢出殺人，乃派兵進攻水沙連，擒獲骨宗父子及其黨羽二十餘人，並搜出頭顱無數，皆押回軍前，解省伏誅，使得水沙連二十五社臣服，此一戰役被稱為「水沙連之役」。此役也是清初最大規模之攻打各族群戰爭。關於此次戰役，道光年間之《彰化縣志》記錄甚詳，其記載云：「雍正四年秋，水沙連社番骨宗等，戕殺民命。總督高其倬，遣台灣道吳昌祚討之，尋擒賊正法。水沙連舊為供賦熟番，朱逆亂後，遂不供賦。其番目骨宗等，自恃山谿險阻，屢出殺人。迨雍正四年，復潛出沒恣殺無忌。九月，總督高其倬檄台灣道吳昌祚到省面詢情形，授以方略，委為總統；分路進攻，務獲首惡。以北路參將何勉副之，仍調淡水同知王汧協征，時巡察御史索琳，亦帶親丁會巡道斗六門酌議勦撫。十月勉等攀巖援木，冒險深入，直抵水沙連北港之蛤仔難社。諸番震懾就撫。越數日，復入南港水里湖社，擒獲骨宗父子三人，搜出藏貯頭顱八十五顆。既復擒獲兇黨阿密氏麻著等二十餘番，亦搜出頭顱無數，皆押回軍前，解省伏誅。於是南北港二十五社畢服，依舊輸課，水沙連平。」〔註153〕根據上文之記載，朝廷出兵攻打水沙連各族之原因，乃是水沙連社番目骨宗等屢出殺人，戕殺民命，故用兵攻打。

先是康熙三十二年（1693），水沙連思麻丹社「歸順」朝廷。但康熙六十年（1721），朱一貴抗清時，阿里山、水沙連各社乘亂殺通事以叛。康熙六十一年（1722），諸羅知縣孫魯多方招徠，示以兵威火礮，賞以煙布、銀牌。十二月，阿里山各社土官毋落等，水沙連南港土官阿籠等就撫。雍正元年（1723）正月，水沙連北港土官思麻來等亦就撫。但從雍正三年至四年間，水沙連相關社群各族群「屢出殺人」，「恣殺毋忌」。根據陳哲三研究，〔註154〕在此期間，台灣中部地區共發生十六件生番殺人事件，被殺死人數共 62 人，又焚燒房屋、焚殺耕牛 140 隻。漢人被殺地點，北至大甲，南迄斗六。而殺人之族群，據史料統計：在十六件生番殺人事件中，只有四次明確指出與「水沙連等社」有關，指殺人者為「生番」者七次，單稱「番」者四次，疑為水沙連內山生番者一件，一次稱「水裡社、同貓螺、岸裡社生番」。貓螺社乃平埔洪雅族，

〔註153〕周璽，《彰化縣志》，卷十一雜識志，頁 361～362。
〔註154〕陳哲三，〈水沙連之役極其相關問題〉，（台中：台中市文化局，2000），中台灣鄉土文化學術研討會論文。

在彰化縣芬園鄉，台中縣霧峰鄉和南投縣草屯鎮。岸裡社則在台中縣神岡、
豐原、潭子及台中市北屯，為巴宰海平埔族。不只高山族殺人，平埔族也殺
人。但把罪都歸在水沙連社身上。至於生番殺人之原因，巡臺御史黃叔璥認
為：「內山生番，野性難馴，焚廬殺人，視為故常，其實啓釁多由漢人。如業
主管事輩利在開墾，不論生番、熟番，越界侵佔，不奪不厭；復勾引夥黨，
入山搭寮，見番戈取鹿麂，往往竊為己有，以故多遭殺戮。又或小民深入內
山，抽藤鋸板，為其所害者亦有之。」〔註155〕可見黃氏認為責任在漢人之越
界侵佔各族土地，掠奪各族群資源。至於清廷官方之看法亦認為漢人被殺是
因「內地人民不知利害，或因開墾而佔其空地閒山，或因砍伐而攘其藤梢竹
末」〔註156〕，所以遭到各族反抗。

　　根據黃叔璥所著《台灣使槎錄》載：康熙六十一年（1722），清廷「凡逼
近生番處所，相去數十里或十餘里，豎石以界之」〔註157〕，做為漢、「番」之
界線。當時在中部之漢、「番」界碑，大致北起南日山腳（今台中縣大甲鎮），
經張鎮莊（台中市南屯）、大武郡山前（今彰化社頭鄉）、東螺之牛相觸（彰
化二水八卦臺地）及外相觸溪口（今濁水溪南雲大橋）。及沿大肚臺地、八卦
臺地西側沿線以東為「番界」。而此時漢人之拓墾，早已超越此線，到達台中
盆地東側之今霧峰、草屯、南投、竹山等地。尤以雍正二年（1724），朝廷更
開放漢人入墾近山之「各番鹿場閒曠地方，可以墾種者，曉諭地方官，聽各
番組與民人耕種」。引來大批漢人往台灣西部近山地區拓墾，當然會引起「生
番」及岸裡社、貓羅社之平埔族反抗。

　　由於在雍正三、四年間（1725～1726），台灣中部一再發生生番出山殺人
事件，尤以今南投縣水沙連地區為主要殺人兇手，雍正四年官方乃認為「水
沙連從不一加懲創，以致半年之內焚殺疊見，撫之不可，不得不脅以兵威。」
並訂定「以番攻番」之計，「只須獲得首犯一、二名，倘被畏威懾服，情願就
撫者，即宜相機亟為撫綏，勿株累無辜一人，以廣皇上柔遠之深仁。」〔註158〕
可見清廷之攻打水沙連社，乃因其屢出殺人，已經威脅到台灣中部之治安，

〔註155〕黃叔璥，《台海使槎錄》，卷六〈番俗六考〉，頁167。
〔註156〕福建巡撫毛文銓〈奏報鳳山縣生番殺傷人情形摺〉，載《台灣各族群史料彙編
　　　　7》，頁24。
〔註157〕黃叔璥，《台海使槎錄》，卷六〈番俗六考〉，頁167。
〔註158〕福州將軍署理閩浙總督宜兆熊〈奏報請撫台灣生番摺〉，載《台灣各族群史料
　　　　彙編7》，頁27。

若不加以懲處，其他各族群將群起效法。當時彰化已經設縣，水沙連社卻一再挑戰清政府之統治威權，使朝廷忍無可忍，乃決定以武力征討，意在殺雞儆猴，以達到武力威嚇之效果，並非要消滅水沙連社。結果清廷動員官兵、民壯及「熟番」共 2,120 人，其中「熟番」即佔 930 人，終於攻進蛤仔難社（今埔里）及水裡社（今日月潭），擒獲水裡社頭目骨宗父子及其同黨，而骨宗亦承認其出山殺人十餘次，可見其確於水沙連各社居領導地位，最後骨宗等為首份子被斬首或終身監禁，而結束此一事件。〔註 159〕

「水沙連之役」對水社邵族產生強大震懾，從此未有水社出山殺人之事件，可能從此革除獵人首之俗，而成為「水沙連化番」，不再被稱為「生番」。由於「骨宗事件」引發「水沙連之役」，結果清廷用武力進攻水沙連社，除將水沙連社打敗外，也使得位於濁水溪中、上游之水沙連社鄰近各番社（包含邵族、布農族）受到朝廷兵威之震懾而臣服。故此後漢人在濁水溪中游之拓墾所受到各族群的反抗也較小，故漢人在濁水溪中游拓墾能較順利，部份乃拜「水沙連之役」所賜；不像其北方之烏溪流域，因「北港溪番」（泰雅族）之出草頻繁而使漢墾民卻步，漢人入墾困難，直到清末才進入拓墾。

另一方面，清雍正年間之開放近山平埔各族閒曠土地讓漢人墾耕，說明清初對台灣中部平埔族土地之流失，已經採取放任之態度。但對於台灣中部高山族民，為反抗漢人侵犯土地而採取殺人之報復手段，已經危害社會治安，挑戰政府統治之威信，則無法容忍，因此採取討伐措施；亦顯示朝廷統治台灣以國防及治安為主要考量之一貫政策；危害治安，影響朝廷之統治威信，是清廷所不允許。

雍正初年，「水沙連之役」以前，漢人在濁水溪中游之拓墾已由康熙末年之林圯埔（竹山市區）推進至今竹山北隅之社寮。社寮已是水沙連「各社總路隘口，通事築室以居焉。」〔註 160〕同時，漢人在雍正初年亦循今竹山往南邊山區拓墾。雍正、乾隆初葉，漢人已循濁水溪支流南進至過溪（今竹山鎮福興里）拓墾，而阿里山鄒族已向清水溪之上游或大鞍等山區退去。由於雍正年間，漢人已溯濁水溪越過原有漢番界碑之外相觸溪口大約十公里，到達社寮。朝廷為避免漢人不斷溯水溪向山區拓墾，乃於乾隆十五年（1750）重新劃定漢番界線，並採取各種防範漢人偷越私墾之措施。其內容大致如下：

〔註 159〕陳哲三，〈水沙連之役極其相關問題〉，頁 179～195。
〔註 160〕黃叔璥，《台海使槎錄》，卷六〈番俗六考〉，頁 123。

彰化縣屬除大里代等五處及東埔蠟各莊照舊外，其內外新莊各界均
移至旱溝為定界。又竹腳寮地方，以外山山根為界，言飭地方員弁，
不時稽查漢民私墾違築情形，懈弛分別提參，兵役嚴加治罪。一、
每年秋冬、地方官勸諭邊界零星小莊移近大莊，各設望樓、銅鑼、
每樓五人，晝夜巡邏，協力追擒。倘鄉保、兵役抑勤苦累或稽查疏
解，致生番潛入內地滋事，該管官嚴參。一、漢民與熟番爭控地畝
各案，已經剖段允服，嗣後熟番餘地，均聽自行耕種，不許奸民攪
越，違者分別治罪。〔註161〕

此次所劃之漢、「番」界線，在濁水溪流域大致沿著平地與山地交接之山腳為
界，大約即今名間鄉省道台三線公路為界，在竹山則以社寮為北界，再沿他
里溫山腳、照鏡山腳、再沿三塊厝、大坑、德山岩到福興一線。今之鹿谷、
集集及名間之濁水村、竹山市區南郊均被列為「番界」，此次之劃界措施顯示，
至乾隆初期，朝廷仍然採取漢人與高山各族隔離之統治政策，以避免漢番衝
突，影響朝廷對台灣之統治。但此時高山各族已退往集集、鹿谷及竹山南部
之大鞍山區。不過次年（乾隆十六年）即發生李朝龍等人侵墾番地，混占爭
租之事件。而此一事經朝廷派官員調查後，將佃人侵墾之土地全部沒入為官
莊，仍聽佃人耕墾課租，即「水沙連官莊」。而此官莊之主要所在地在今社寮
北方之前、後埔仔莊（今竹山鎮中央里、富州里，詳本章第一節）。可見朝廷
於乾隆十五年劃定「番界」時，已有部份漢人於社寮北邊屬於「番界」之前、
後埔仔拓墾，證明清廷所採之漢番隔離政策失敗。

先是乾隆五、六年左右，有程志成者，已私入屬於「番界」之今鹿谷鄉
清水溪之大坵園（今清水村）拓墾，但後來全被高山族殺害，土地歸於荒蕪。
乾隆十六年（1751），又有漳州府籍之張禎祥入墾其地。另外，乾隆二十二年
（1757），泉州籍之許廷瑄（即許萬青）與葉寧靜、莊忠信等人進入今鹿谷鄉
之粗坑（今初鄉村）、新寮（今鹿谷村）、坪仔頂（今秀峰村）、羌仔寮（今彰
雅村）、車輄寮（今廣興村）、小半天（今竹林、竹豐村）、內樹皮（今和雅村）
等地，故此時各族群已退往溪頭、杉林溪等高山地區，但漢人之拓墾均屬越
界行為，無視番界禁地之存在。

乾隆二十二年（1757），台灣道德文會同台灣鎮總兵馬龍圖於該年二月查
出更彰化縣境內私開禁地共有十三處，其中位於濁水溪流域者有「清水溝（今

〔註161〕《清高宗實錄》，卷三百八十六。

鹿谷鄉瑞田村一帶）、集集埔（今集集鎮上）、八娘坑（今集集鎮隘寮、田寮
里）三處禁地，係通事賴烈、陳媽超等招引羅成貴、許瀾等為首聚集多人，
搭寮開墾。」當時除上述集集及鹿谷之禁地被漢人私墾外，名間鄉被私自偷
墾之情形亦極為嚴重，「又有虎仔坑（今名間鄉虎仔坑一帶）係陳天觀為首；
又萬丹隘（今名間鄉與南投市交界之萬丹一帶）係賀循等為首；又臘塞頭（今
名間鄉田寮一帶）係許裕桓等為首；又葫蘆肚（今南投市千秋一帶）係張成
等為首；又頭、二、三重埔（今名間鄉下新厝、二重埔一帶）係吳恔等為首；
又中洲仔（今名間鄉田仔、中寮一帶）係簡日寶等為首」私墾。〔註162〕乾隆
二十三年（1758），清廷對上述這些漢人豪強，聯合通事與「熟番」土目私墾
彰化沿山地區之情形採取懲罰措施，除革除漢通事之外；並準備重新劃定漢、
番界線；又築土牛、挖深溝，以分界線。但劃界之事工程浩大，未果行。

　　乾隆二十五年（1760），時任閩浙總督之楊廷璋乃著手調查乾隆十五年
（1750）所劃漢、番界限，「有以外山之根為界者，有指車路、旱溝為界者，
並有從前未定界限者。在車路淺溝之處固易改移，其未經定界之處更難指為
私越，以致年來侵墾漸近內山，每致生番透出為害。」經過調查明白後，楊
廷璋乃奏准改採「於車路旱溝之外相距不遠，各有溪溝水圳及外山之根，均
離生番所居五、六十里不等，向無生番出入，堪已永遠劃界。其與溪圳不相
連接處，則挑挖深溝、堆築土牛為界，永不致再有侵越。」〔註163〕楊氏之主
張乃是儘量採取天然之山根、溪溝、水圳為界線；無自然疆界之處則挖深溝
或築土牛為界，讓界線更清楚又不易被破壞或移易。此一劃界之工程於乾隆
二十六年（1761）完成，從此北路淡水、彰化地表上產生一條自然山河和人
工挑溝築土牛之邊界。

　　根據清乾隆中葉之《台灣番界圖》，乾隆二十五年（1760）重新劃界後，
今名間鄉境內漢、番界限已由乾隆十五年（1750）之自牛牯嶺、頭重埔、二
重埔到廣福新莊一線，向北推進至山根地帶，並於湳仔（今名間街區）附近
寫著「此處以山根為界」，北側又寫著「此處排溝築土牛透連虎坑為界」。而
虎仔坑山邊亦寫著「虎仔坑隘」，更北的萬丹地區則寫著「萬丹坑隘」及「萬
丹坑以山根為界」字樣，故其在虎仔坑及萬丹坑之間築有土牛。

〔註162〕福建巡撫鍾音，〈請留俸滿台灣守鍾德往查辦臺地私墾番地〉奏文，載於柯志
　　　　明，《番頭家》，頁382～383，附錄二，
〔註163〕閩浙總督楊廷璋，〈台屬沿邊番界清釐已竣，酌定章程〉奏文，載於柯志明，
　　　　《番頭家》，頁386～388，附錄四，

　　乾隆二十五年（1760）朝廷重新劃定漢番界線（藍線）後，其在濁水溪沿岸之界線，北岸以廣福新莊（今名間鄉濁水村）為界；南岸則以社寮與集集交界（象鼻山與濁水溪交會處之內牛相觸為界線。但至乾隆三十五年（1770）左右，界內土地已被漢人拓墾漸盡；而界外之地，雖然乾隆二十二年（1757）時曾有通事、土目勾結和人越界偷墾集集埔、八娘坑及清水溝等地，但不久私墾者全被官方逐出而拋荒，也是朝廷採嚴格隔離措施之一次。

　　乾隆三十六年（1771），漢人已由今之集集攔河堰越過濁水溪，進入集集之林仔尾拓墾。乾隆末年，集集之平野已被拓墾殆盡，至於乾隆五十三年（1788）分配給水沙連社及灣裡社「番屯」之集集八娘坑（今集集鎮隘寮、田寮里）土地一百五十九甲，也在乾隆末葉被通事開始招漢佃拓墾。故此時高山各族已退至集集大山、社仔（今水里鄉）及鹿谷之鳳凰山脈。由此可見清乾隆年間之兩次劃界、立石。一方面驅逐越界之漢佃；一方面將土地撥給各族群耕墾，仍然無法阻止漢人之越界拓墾。高山各族民被迫往濁水溪上游山區不斷地退去，漢人將界外「番地」偷墾成熟之後，朝廷為治安考量，最後只好採取就地合法之措施，讓漢人取得土地之耕作權，時日既久，各族民之土地乃落入漢人手中。

　　乾隆五十三年（1788）林爽文事件之後，濁水溪流域之鄒族因協助官軍緝捕林爽文黨羽有功，朝廷命地方官帶鄒族頭目十人與邵族頭目共同至北京朝覲。朝廷一方面為犒賞協助平亂有功之全臺熟番，另一方面為了要收編全台熟番武力做為巡守地方治安之用，乃仿四川屯練之制，在台灣實施番屯制，水沙連六社（田頭社、水社、審鹿社、貓蘭社、埔里社、眉社）所獲撥給之屯田埔地屬於嘉義縣柴坑仔小屯，養贍埔地位於今南投縣集集鎮隘寮、田寮地區，當時土名八娘坑（今隘寮溪）。每位屯丁一甲，共九十甲，一方面綏撫「水沙連六社化番」；另一方面則是朝廷「以番制番」策略之運用，利用平埔族來隔絕漢人與高山族民之衝突。但此一番屯制度使水沙連六社獲得數十年衣食無缺，歸順清廷，不再出草殺人；並將養贍埔地贌租給漢人拓墾，這對漢人在濁水溪中游之拓墾有不少幫助，也等於政府公開地鼓勵漢人拓墾番地，朝廷以熟番隔離漢、番之政策根本毫無作用，反而加速漢人往內山拓墾。

　　嘉慶年間，漢人在今竹山南部之拓墾已溯濁水溪支流南進至加走寮溪一帶（今坪頂里）及其對岸之木瓜潭地區。阿里山之鄒族社民將這一帶土地贌

耕給漢人耕墾，坐收租銀，即所謂「阿里山番租」。鄒族已退往清水溪上游之桶頭、內寮（以上在今竹山鎮桶頭里）地區，甚至今日之雲林縣古坑鄉境內。另外，嘉慶年間，漢人已由今鹿谷地區之大坪頂（今鹿谷街區）往東推進，入墾鳳凰山西麓之大水堀、凍頂（今永隆村）及清水溝地區（今清水村、瑞田村）。高山各族則往鳳凰山東麓之水里、信義鄉退卻。

乾隆末年，漢人已將集集平野及山腳之土地拓墾，各族民已退往集集大山或社子地區（今水里鄉）。嘉慶十九年（1814），發生「郭百年事件」，郭百年、陳大用等與水沙連社丁首黃林旺勾結，率大批漢人進入界外「番地」之社仔（今水里鄉）、水里社（今魚池鄉水社村）、沈鹿（今魚池鄉魚池村）等地大肆拓墾。最後還侵入埔里盆地偷墾，並殺害各族社民。此事經官方查辦後，除將為首份子從輕發落外，並將所有漢人逐出，又在烏溪流域之贌屯園（草屯鎮土城里）及集集天后宮前（今集集街廣盛宮）分別立石刻字，〔註164〕禁止漢人進入界碑以內之地區拓墾。

郭百年事件後，朝廷劃界遷民，禁止偷越。表面上雖然形成漢人勢力一時撤出「水沙連番地」之局面，但事實上未必盡然。因漢人早已以佃農身分混入其境，巧立名目與高山各族交涉，企圖佔有土地，漢人並未完全逐出。故郭百年事件後，不但未能阻斷漢人偷墾水沙連二十四社，水沙連地區人口大衰，遂在邵族之引介下，招徠台灣西部平埔族三十餘社遷往埔里盆地，掀起一股開發埔里盆地之熱潮。

道光三年（1823），北路理番同知鄧傳安曾進入水沙連地區勘查，並著有〈水沙連紀程〉一文，以誌其事。文中提到「又沿溪行數里，登雞胸嶺，從嶺上望社仔舊社。蓋二十四社最近者，既被漢人佔墾，生番不能禦，俱遷往內山矣。」又「過貓蘭及沈祿，昔為生番，兩社自被佔墾，番徙社虛，漢人既逐，鞠為茂草。」「過埔里社，見其番居寥落，不及十室，詢知自被漢人擾害後，社益衰，人益少。」〔註165〕由此可見，道光三年（1823）時，位於濁水溪中游漢番界碑之外的社仔莊（今水里鄉街區），高山各族已遷往內山，成為漢人世界。日月潭附近之貓蘭、沈祿社各社。亦因漢人佔墾而他遷，漢人被逐後，淪為荒煙漫草。最可憐者為埔里社，在被漢人擾害後，不及十室，

〔註164〕此據清代道光年間曹士桂之《宦海日記》之說法。另日治時期之伊能嘉矩則謂：水沙連南北二口禁碑分別設於集集與水里交界之風碰口和今國姓鄉之龜仔頭兩地。

〔註165〕鄧傳安，〈水沙連紀程〉，錄自丁曰健，《治台必告錄》，頁118～119。

人口大衰。由此可見「水沙連二十四社」的確勢力大衰，漢番勢力之消長又進入另一階段。

　　水沙連二十四社因漢人之入侵而勢力大衰，紛紛放棄舊社地他遷；即使未棄地他遷之部落，亦都被漢人混入拓墾。道光二十一年（1841），台灣道熊一本之〈條覆籌辦番社議〉中云：「又水社生番，有被漳人潛墾，租給陳姓一二百甲，此外，田頭、眉社、貓蘭、審鹿四社，並無漢墾。」〔註166〕可見日月潭畔之水社，已被漢人混入拓墾。另外道光四年（1824）集集皆大墾首王增榮、陳坑二人，企圖開墾五城堡（今魚池鄉）荒埔，投資修築由社仔經雞胸嶺（又名土地公鞍）、通往五城堡之道路，因此介於社仔（今水里）與頭社間之銃櫃（今魚池鄉頭社村銃櫃聚落），在道光十六年（1836）亦成漳人聚落。道光二十八年（1848）起，漳籍大墾首向水社番贌耕五城堡荒埔地，大事招佃開墾，約納百分之五租穀為番口糧，稱為「亢五租」。至道光末年，銃櫃、司馬鞍、貓蘭、新城、水社同時發展成五城（即漢人聚落，外建竹圍自衛）。同治十二年（1873），美國人類學家史蒂瑞（Joseph Steere）曾到日月潭一遊，載：「一名中國老人住在島上，栽種著茶樹。」〔註167〕文中的島上即日月潭的拉魯島（又稱珠仔山或光華島），原為邵族祖靈所在聖地，竟然只住著漢人，並在上面種茶樹，漢番勢力之消長由此可見。（參看圖2-2）

　　同治十三年（1874），日本因牡丹社事件出兵攻臺。日本出兵攻臺之藉口，在於台灣東部各族群殺死遇颱風漂流台灣之琉球難民。事件之後，朝廷唯恐台灣為外人所據，同時也體認到過去採取封禁「番地」政策之錯誤，最後在來臺善後之福建船政大臣沈葆楨建議下，於光緒元年（1875）解除漢人渡海來臺之禁令外，同時也解除漢人進入「番地」，以及漢人與各族民通婚之禁令，而且採取積極開發山地之政策，推展所謂「開山撫番」政策。從康熙六十一年（1722）以來，朝廷數度劃定之漢番界線，從此消失。

　　光緒元年（1875），入山禁令之解除，漢人從此可以光明正大地進入濁水溪流域之水沙連境域拓墾，加上此時朝廷推動「開山撫番」，在濁水溪中游開闢一條由今竹山經鹿谷、水里、信義；然後橫越中央山脈八通關通往花蓮玉里之道路。道路之開闢，更方便漢人進入鹿谷、水里、信義等地開墾，使漢

〔註166〕熊一本，〈條覆籌辦番社議〉。錄自丁曰健，《治台必告錄》，頁230。
〔註167〕〈Traval among the aborigines of Formosa〉, Journal of the American Geographical Society of New York, 6, 1987。

人勢力更往山區推進。為防止高山各族之反彈，朝廷同時採取「撫番」措施，「否則，路雖開通而不先招撫，則路乃將阻塞」。因此於中路地區設置撫墾局於埔里，特設撫墾委員，以掌理開山、安撫高山各族及招墾事宜。為教育高山各族民，光緒元年（1875），南澳鎮總兵吳光亮曾於楠仔腳萬（今信義鄉望美村）設義學一處，派教師陳國安前往執教，招高山各族兒童上課。另擬於五城堡及埔里社設義學二十六處，以教育「番童」。其中位於日月潭之珠仔山（即光華島），也曾設有義學，名為正心書院，由福銳右營營官丁汝霖為教席。此外，頭社、大林、木屐蘭、貓蘭等地（以上在魚池鄉境內）亦設有義學以教「番童」。但因高山各族不諳漢語，又所學與日常生活脫節，不數年均先後廢絕。

光緒三年（1877）以後，台灣所有撫墾工作交由總兵吳光亮和台灣道夏獻綸負責。夏獻綸曾於光緒三年進入水沙連視察，在其勘察報告中提到當時漢人在水沙連六社拓墾者有二千六百餘人。

光緒十一年（1885），台灣改設行省，以劉銘傳為首任巡撫。劉氏對撫墾事業之推展非常積極，乃根據光緒初年沈葆楨所設立之招墾局加以擴張規模，於光緒十二年（1886）設立撫墾總局及各撫墾局做為撫墾機構。當時濁水溪中游設有林杞埔和埔里社撫墾局來負責一切撫墾事宜。其中雲林撫墾局委員陳世烈就曾於集集大山一帶撫墾，並勒石於洞角部落，題曰：「化及蠻貊」。

劉銘傳除了創設撫墾局外，光緒十二年（1886）十月，更檄署台灣鎮總兵章高元，自集集鑿山而東，張兆連自水尾（花蓮縣瑞穗鄉）鑿山而西，次年三月竣工，此路由集集經水里、信義之丹大溪通往花蓮，方便漢人再往山區各族地區拓墾。

光緒年間，清廷所推動的「開山撫番」政策，表面上在促進高山各族民之教化及土地之開發；但事實上是清廷宣示主權及於台灣山地及東部之政治目的。主要在杜絕外國佔領台灣的企圖，並不是以開發山地及教化高山各族民為主要動機；不過卻使得濁水溪中游漢人之拓墾更往山區推進，各族民被逼不得不遷移。

大體而言，清光緒年間，漢人在竹山地區之拓墾以推進至清水溪上游之桶頭（今桶頭里）及南部大鞍山區；在鹿谷鄉則漢人已拓墾至溪頭、杉林溪、鳳凰山地帶，本來在此地活動之鄒族各族群已退往阿里山。至於水里、集集、

名間已是漢人社會；布農族大多退往濁水溪上游之信義鄉。邵族則退往日月潭附近，集集大山一帶則仍有數戶高山族民居住。至於日月潭附近，則不少「番社」，因土地被漢人佔墾，不得不放棄舊社地他遷，而且人口不斷凋零。整個日月潭附近形成漢番混居之現象。茲引日治時期明治二十九年（1896），頭社化番總理黃玉振所撰《化番六社志》〔註168〕之記載如下：

一、水社化番於光緒十四年間，有二十四戶移於水社北畔大茅埔莊居住，離水社有二十四里之遙。又六戶移於水社南畔潭邊（石印社），離水社有四里之遙。又有七八戶移於水社東北畔（竹湖），離水社七里之遙，後移大茅埔莊。

一、頭社化番，現插居於頭社南畔山下，離大路有里之地。

一、貓蘭社化番，於光緒十五年間，移於貓蘭北畔小茅埔居住，離貓蘭有二十二里之遙。

一、審轆社（今魚池莊）化番，於光緒八年間，悉皆移於審轆社北方（興新莊）居住，離審轆三十餘里之遠。

一、頭社三十一戶，人口一百五十六人。

一、水社三十七戶，人口一百三十一人。

一、審轆社十一戶，人口三十五人。

一、貓蘭社九戶，人口三十人。

由上可知，清末在今魚池鄉境內邵族各族群只剩三百餘人，而且散居各地，原有社地卻淪為漢人聚落，漢番在此地之勢力已經互易，漢人鳩佔鵲巢成多數族群，各族社民成真正之少數民族。

〔註168〕黃玉振《化番六社志》，頁42。

圖 2-2　清代濁水溪中游漢番界線變遷圖

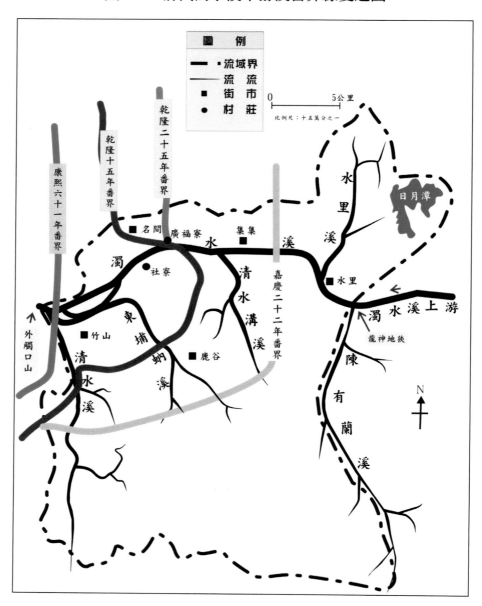

第三章 水利的開發與農業經營

第一節 水利的開發與管理

　　水利爲農業之本，濁水溪中游位處山區，地勢陡峻，雨量豐沛，但四時分配不均，對於水利資源運用而言，積極方面，必須設法予以儲蓄以備農需，以期無旱澇之虞，使土地能一年兩熟；消極方面，爲適應季節性之豪雨、颱風，必須有適當之防洪及排水措施，否則良田千頃，亦將成水鄉澤國，甚至被沖毀流失，造成生命財產的損失。先民自明末清初入墾濁水溪中游以來，對於水利之開發與管理，費盡不少心思。

　　今竹山地區爲濁水溪中游最早開發之地區，相傳鄭氏時期林圯率眾入墾，但被族民所殺。可見當時漢人立足已極困難，更遑論水利之開發。入清統治以後，漢人大批進入竹山及鹿谷拓墾，最早拓墾者爲今竹山市區一帶之林圯埔地區。因此乾隆五年（1740）已有猴仔寮陂之開鑿，引猴仔寮溪水（今又名街仔尾溪），灌溉今竹山市區及近郊農田。乾隆中葉，又先後有東埔蚋圳及和溪厝圳之開鑿，以灌溉林圯埔街近郊之東埔蚋及和溪厝地區；稍後，竹山東北角之社寮地區亦拓墾完成，在彰化知縣李宜青之倡導下，開鑿隆恩圳，灌溉溪洲仔、後埔仔、社寮、水底寮等庄。嘉慶至道光初葉，竹山市區周邊之車店仔、大坑及三角潭地區也開發完成，並開鑿車店仔圳、大坑圳及三角潭圳灌溉。同時，漢人已經由竹山東進鹿谷，將鹿谷之初鄉、新寮、大坪頂、車輄寮、清水溝，並先後興築大水窟陂、清水溝圳、坪仔頂圳等水利設施；或沿著濁水溪的支流清水溪南進拓墾，先後開鑿山邊圳、四堀潭圳，灌溉鯉

魚頭保之山邊及鯉魚尾地區農田。隨著土地之拓墾，各項水利設施之開鑿，竹山、鹿谷地區之土地逐漸地水田化。茲將各水利設施興建先後情形，分別述之於後。

▲猱仔寮陂

位於今竹山鎮市區。清末之《雲林縣采訪冊》云：「猱仔寮陂，在縣東南二十六里。引猱仔寮溪水潴為陂；又築圳導流南出，入白廟仔、埔頭、舊竹城內北流至埔尾，約行二里許，計溉田八十餘甲。陂周廣五、六丈，隄高四尺，圳長二里，寬五尺。乾隆五年，業戶葉初開濬。後多有修築，皆係陂長重修。」〔註1〕由此可見其為乾隆五年（1740）由葉初所築，為本區域最早修築之水圳。

▲東埔蚋圳

在今竹山鎮延平、延正里一帶。乾隆初年由劉宰予、陳福生、楊藍、劉玉崑四人合股開築，但因屢遭沖毀、股東無法負擔修復費用。乾隆二十一年（1756），改由業戶劉宰予修復。《雲林縣采訪冊》云：「東埔蚋圳，在縣東二十八里。截大順嶺下溪水入圳，灌東埔蚋、江西林等處之田；圳長約二百餘丈，寬四、五尺，灌田一百六十餘甲。乾隆二十一年，劉宰予開濬。逐年圳長勻收水粟，崩壞自行修築。」〔註2〕其水源來自大順嶺（又名大舜嶺）下之東埔蚋溪。

▲和溪厝圳

在今竹山鎮中崎及中和里，土名下崁地區。乾隆三十年（1765）左右，由彰化知縣韓琮履勘給照後由眾佃農共同興築，引濁水溪支流清水溪之水灌溉竹山冷水坑、和溪厝及枋寮等處田園。據嘉慶十九年（1814）彰化知縣李雲龍立於和溪厝圳旁之〈沙連保地棍阻墾示禁碑〉云：「查沙連地瘠租重，准二甲作一甲完納；詳請憲示，奉文如詳飭遵。於乾隆三十年閏二月間，給各佃印照，准於山頭地角墾補二甲作一甲之額。緣各廍園負山瀕溪，並無另有餘地可以補墾；又屢被水沖、地震崩陷，疊報未豁。各佃仍按甲輸納，賠累萬慘。爰計於溪旁築圳，遠引溪流，改園種稻，稍得收成。」〔註3〕可見和溪

〔註1〕 倪贊元，《雲林縣采訪冊》，頁156～157。
〔註2〕 倪贊元，《雲林縣采訪冊》，頁156～157。
〔註3〕 見劉枝萬編，《台灣中部碑文集成》，頁84～86。

厝圳是乾隆三十年（1814）左右由眾佃合力開鑿而成。和溪厝圳之水源清水溪在乾旱季節常有水源不足情形，因此當地佃農常與位於下游之斗六芎林莊（今雲林縣林內鄉）農民爭水，在道光七年（1827）及十一年（1831）因爭水互控兩次，最後由彰化、嘉義兩位知縣親臨詣勘，就地訊斷，而平息紛爭，並立〈和溪厝圳水份諭示碑〉〔註4〕於竹山和溪厝，禁止藉端滋事混爭。《雲林縣采訪冊》云：「和溪厝圳，在縣東二十五里，引清水溪水入圳，灌溉冷水坑、和溪厝、枋寮仔等處田園，圳長六、七里，寬五尺，計灌田一百六十餘甲。」〔註5〕即為清末和溪厝圳之寫照。

▲隆恩圳

又名隆興陂。於今竹山濁水溪南岸鱉象鼻山引濁水溪水灌溉竹山之溪洲仔、社寮等地田園。乾隆中葉，由社寮墾戶張天球、陳佛照、陳同升、曾石等鳩工興築。《雲林縣采訪冊》云：「隆興陂，在社寮溪州仔，距縣四十里餘濁水溪南岸鱉象鼻仔山六百餘丈，寬四尺、高七尺；又沿溪邊山麓各丈餘鑿一小洞，名曰水窓，計二十餘處，皆與大圳旁通，可以因水勢所趨，引流入大圳。其水穿山出溪洲仔，直至後埔仔、社寮一帶，長約五里餘，溉田四百四十餘甲。乾隆年間，業戶張天球、陳佛照、陳同升、曾石等鳩工開濬。」〔註6〕但根據林文龍氏之研究，張天球生於乾隆三十七年（1772），陳佛照生於乾隆二十五年（1760），根本不可能於「乾隆中葉」開鑿隆興陂。根據日治時期寫成之《臺灣土地慣行一斑》一書記載：隆恩陂係乾隆二十九年（1764）由巡臺御史李宜青巡視竹山時，認為當地有開設埤圳之需要，乃捐銀兩百元充當開圳費用，召集佃民開圳灌溉社寮、後埔仔一帶官莊田園二百八十餘甲，佃民感其餘澤，因而取圳名為「隆恩陂」。〔註7〕乾隆五十三年（1788），隆恩圳因濁水溪氾濫，圳道被沖毀甚多，相關佃首乃協議敦請陳同升、張天球等五股合資修築，業佃每甲年納水租五石給陳同升等五名股東，開始產生水租關係。

隆恩圳至嘉慶年間又被洪水沖毀百餘丈。嘉慶十九年（1814），隆恩圳頭被沖毀後，眾墾民乃請張天球、陳佛照，陳同升、曾石等合資修建，但因恐

〔註4〕　見何培夫《台灣地區現存碑碣圖誌》，頁92～93。
〔註5〕　倪贊元，《雲林縣采訪冊》，頁156～157。
〔註6〕　倪贊元，《雲林縣采訪冊》，頁157～158。
〔註7〕　臨時台灣土地調查局編，《台灣土地慣行一斑》，（臺北：臨時台灣土地調查局，1905），第二篇，頁563。

張天球等人無法負擔全部修圳工程經費，而事先達成協議，如二百日內完成，經費由張天球等人負擔；如工程超過二百日，則超過部分由眾佃民分攤；如工程失敗，則由張天球等人負責全部損失，與眾佃民無關。〔註8〕迨修圳完成後，眾佃民每年分兩季向張天球等人繳納水租穀五石。此次重修之隆恩圳，最大特色在於入水口之設計，利用濁水溪南岸溪洲象鼻山的特殊地理位置，穿山而過，解決大水直接衝擊之危險，又設計了二十多處與大圳相通之「水窗」，不僅大水時每個水窗都是入水口，有分散水勢之作用，枯水期時，不論溪水流向如何，都能攔截入圳，設計極為巧妙，也使社寮一帶農田之灌溉問題獲得解決。

▲車店仔圳

位於今竹山鎮德興里。嘉慶五年（1800），由陂長陳嬉等人開築，取水於田仔溪，灌溉車店仔（今德興里）、柯仔坑一帶田園。《雲林縣采訪冊》云：「車店仔陂，在縣東南三十里。於田仔溪引水入圳，灌溉車仔店，柯仔坑大片田；北行四里許，寬方四、五尺，計溉田七十餘甲。嘉慶五年，陂長陳嬉等開築。歷年陂長自行重修。」〔註9〕即為清末車店仔圳之寫照。

▲大水窟陂

又名麒麟潭，位於今鹿谷鄉凍頂山下，由泉水及雨水匯集成一水塘。先民築圳引潭水南行再西流，灌溉車軔寮、新寮等地田園。《雲林縣采訪冊》述其情形云：「大水窟陂：在大坪頂，距縣四十五里凍頂山下。泉源上湧，匯一大窟，兼收山水瀦為陂；周廣一、二里，泥深七、八公尺，岸高數十丈。前於下游設隄蓄水，春耕時陂門始開，水頗饒足；今漸不繼。坡下築圳長有五、六里，寬方五尺；引水南出，西行二里餘，至車軔寮又瀦一陂；又西行三里為新寮，計溉田七十餘甲。又有半林仔莊、粗坑莊等處旱園，因陂源少，蓄水弗遠到，多置荒蕪。相傳前係邱、黃兩姓開築，其年月久遠難稽。後凡有修築，佃民鳩工自行重修。」〔註10〕由此可見，大水窟陂之水源係來自雨水及地下湧泉，水源不足，故常有缺水灌溉之情形。

▲清水溝圳

位於今鹿谷鄉清水村、瑞田村一帶。嘉慶二十四年（1819）由廖阿禮引

〔註8〕 倪贊元，《雲林縣采訪冊》，頁157～158。
〔註9〕 倪贊元，《雲林縣采訪冊》，頁156～157。以下各圳所引此書亦同。
〔註10〕 倪贊元，《雲林縣采訪冊》，頁156～157。

清水溝溪水修築而成。《雲林縣采訪冊》云：「清水溝圳，在縣東四十餘里。引清水溝溪水入圳，灌清水溝等處山田；圳長里餘，寬三、四尺，溉山田二十餘甲。嘉慶二十四年，農民廖阿禮開築。」

▲坪仔頂圳

在今鹿谷鄉鹿谷村，道光元年（1821），竹山社寮業戶張天球興築，引清水溝溪水，灌溉象寮灣、坪仔頂一帶山田。《雲林縣采訪冊》云：「坪仔頂圳，在縣東四十餘里。引清水溝溪水入圳，灌象寮灣、坪仔頂等處山田；圳長約五里，寬四尺，溉山田二十餘甲。道光元年，業戶張天球開濬。」

▲山邊圳

位於今竹山鎮鯉魚里山邊部落附近。道光十年（1832）興築，引清水溪水灌溉山邊一帶田園三十餘甲，[註11] 開鑿者不詳。

▲四堀潭圳

又名鯉安圳。位於今竹山鎮鯉魚里，道光十五年（1835）興築，開鑿者不詳，引清水溪灌溉四堀潭一帶農田十八甲。[註12]

▲三角潭圳

位於今竹山鎮延正里、下坪里一帶，今稱街尾圳。引三角潭仔溪（今稱街仔尾溪）水灌溉五里林、下坪等地田園。據《雲林縣采訪冊》云：「三角潭圳，在縣東二十五里。於三角潭仔北引水入圳，溉五里林、下坪等處田；圳長四里餘，寬六、七尺，溉田三十餘甲。道光二十四年，訓導陳希亮開築。」
[註13]

▲大坑圳

位於今竹山鎮秀林里。道光二年（1822），由葉見開鑿。於大坑附近瀰羌仔寮溪之水為堰，引之灌溉大坑及竹山街近郊田園。原引水者每甲地需納六斗之水租。咸豐二年（1852），被嚴重沖毀，葉見無力修復而被廢棄。後來莊民加以修復，引水者仍須繳水租予修繕者。[註14]

〔註11〕 臨時台灣土地調查局編，《台灣土地慣行一斑》，第二篇，頁 562。
〔註12〕 臨時台灣土地調查局編，《台灣土地慣行一斑》，第二篇，頁 562。
〔註13〕 倪贊元，《雲林縣采訪冊》，頁 156～157。
〔註14〕 臨時台灣土地調查局編，《台灣土地慣行一斑》，（臺北：臨時台灣土地調查局，1905），第二篇，頁 562。

　　清代漢人沿濁水溪中游拓墾，首先拓墾者爲南岸之竹山、鹿谷，接著便是北岸的名間和集集。名間鄉屬濁水溪流域者僅其東南隅之名間街區及鄰近之新民村及濁水村一帶，但其位於集集之下游，在乾隆二十五年（1760）時大部分地區已開放漢人入墾；而集集卻仍屬「界外番地」，因此，名間水利設施之闢建也較集集爲早。乾隆十八年（1753），名間莊及濁水莊一帶農民於今濁水村一帶引濁水溪水灌溉今名間街區及濁水等部落田園，稱爲協興圳。

　　乾隆三十六年（1771），漢人始進入集集拓墾，披荆斬棘，化田野爲阡陌，至乾隆四十八年（1783）左右已墾成田地七十四張（張犁之簡稱），約三百七十甲。但土地開拓後衍生灌溉水源不足之窘境，因此先後有集集大圳、橫圳、洞角圳、吳厝南圳、吳厝北圳、五張埤圳、草嶺腳圳、山腳洪圳及田寮圳等陂圳之興築，〔註15〕使集集由林野化爲畦畦水田。茲將清代今名間和集集地區水利之興築情形，依年代先後分別述之於後。

▲協興圳

　　又名永順圳或同源圳。取水口在名間鄉濁水莊渡船頭（又名永濟義渡）。乾隆十八年（1753）由當地農民共同出資開鑿，故稱協興圳。乾隆三十年（1765），濁水莊士紳吳三枝向農民收買圳權，收取水租改善圳路，改稱永順圳。〔註16〕其主幹線長 2,845 公尺，灌溉面積 2,363 甲，灌溉區域包括濁水、湳仔、番仔寮、土牛、虎仔坑等地（以上均在今名間鄉境內）。乾隆中葉，有匠首於大坪頂（今鹿谷）採製軍工物料，常放運圳道，以致容易沖毀圳道。乾隆三十年（1765），臺灣知府蔣允焄乃勒碑於濁水村田野中，〔註17〕禁止匠首於圳道放流軍工物料，以免沖毀圳道，有礙農田。

▲集集大圳

　　位於集集鎮。乾隆四十八年（1783），集集鎮之大租戶楊乙舍（即楊振文，號怡德，墾號楊東興）招集小租戶石井、陳坑及各佃人於該年九月十日商議，每甲土地出資二十元，由當時最早墾成之五十四張農田共出資五千四百元，鳩工開鑿集集大圳，以灌溉集集一帶田園。〔註18〕工程於乾隆四十八年（1783）

〔註15〕陳哲三主編，《集集鎮志》，（集集：集集鎮公所，1988），頁 705～頁 710。

〔註16〕南投農田水利會編輯委員會，《南投農田水利會會誌》，（南投：南投農田水利會，1996），頁 21～25。

〔註17〕〈阻滯水道示禁碑〉，載於《台灣中部碑文集成》，（南投：台灣省文獻會，1994），頁 70～72。

〔註18〕不著撰人，《集集古誌》，〈集集堡大圳沿革紀略〉，日文抄本，未刊，無頁碼。

十月十二日興工，次年十二月十日竣工。該圳取水於油車坑口牛稠湖之濁水溪北岸，然後以人工開鑿隧道約一千公尺，於洞角附近之蜥蜴寮出土，再流經柴橋頭莊、八張莊、吳厝、集集街、林尾莊，於獅子頭附近注入濁水溪。幹線全長 4,393 公尺。另有橫圳、中溝支圳及竹仔腳等支圳，溉田共二百八十二甲。

▲洞角圳

址在集集鎮富山里洞角部落附近。清代由當地農民築攔水堰引清水溪上游之水西流約一百公尺，再分汴成南、北圳，全長 2,855 公尺，分別灌溉洞角附近之單季旱田約二十餘甲。

▲吳厝南、北圳

位於集集鎮內。清代當地農民於今集集國中東北方築埤攔清水溪之水灌溉。分南、北兩圳，北圳向西流，灌溉大眾爺祠北側之農田，於雞籠山腳注入清水溪之支流，全長 770 公尺。南圳則南流，灌溉集集里至玉映里一帶農田。

▲五張埤圳

位於集集街附近。清代當地農民於集集街尾之清水溪築堰攔水，再引之西流及南流，全長 760 公尺，終止於林尾里，灌溉和平里及林尾里之部分農田十餘甲。

▲草嶺腳圳

位於集集鎮草嶺腳。清代當地農民於今集集橋下方 100 公尺處之清水溪築堰攔水，灌溉林尾里草嶺腳一帶農田約十餘甲。

▲山腳洪埤

位於集集鎮林尾里。清代當地農民於集集橋下引清水溪之水，灌溉公館、劉厝一帶農田約六、七甲。

▲田寮圳

位於集集鎮田寮里。清代當地農民於今田寮里兵工廠附近築埤瀦大石公坑之山澗水，南流至今鐵路附近分為南、北兩圳。南圳南流、北圳西流，分別灌溉今田寮里一帶農田約十餘甲。

水里、日月潭地區之開發較晚，至嘉慶、道光年間，漢人始陸續進入水

里、日月潭地區拓墾，雖然郭百年事件造成拓墾稍受影響，但漢人仍不斷進入此一地區拓墾，水利陂圳亦次第興築，先後有竹仔腳圳、牛輴轆圳、社子南圳、石灰窟圳等水利設施，灌溉今水里街區附近及濁水溪南岸之永興村地區。清光緒年間，清廷解除入山禁令並推展「開山撫番」政策後，此區土地之拓墾與水利之興修更為積極，漢人已經將日月潭附近拓墾，並開鑿五城圳，灌溉今魚池鄉之五城地區。茲將清代此區水利之興修，依年代先後分別述之於後：

▲竹仔腳圳

位於今水里鄉永興村。相傳有泉籍墾戶林評，渡臺後居鹿港，於嘉慶十六年（1810）集資招佃入墾水里牛輴轆、竹仔腳山南麓，開渠引濁水溪水灌溉田園一百餘甲，數年後被濁水溪水淹沒，林評不屈不撓，繼續墾荒，建成村莊後遇番害而亡。〔註19〕

▲牛輴轆圳

在今水里鄉永興村，嘉慶年間，由林明觀所開鑿，引濁水溪水灌溉牛輴轆（今永興村）一帶農田約 30 甲。〔註20〕

▲社子南圳

位於今水里鄉。道光年間，由陳彩雲及其他業主於水里之麒麟山附近引濁水溪之水灌溉水里市區及近郊農田約 80 甲。〔註21〕

▲五城圳

位於今魚池鄉五城村。光緒年間，由當地墾民利用水里溪上游水社水尾溪之水築圳灌溉五城、車坪崙一帶農田約七十甲。〔註22〕

▲石灰窟圳

位於今水里鄉龜仔頭莊（今玉峰村）。嘉慶六年（1801），開拓當地之墾民集資開築，引濁水溪之水灌該莊田園，後因山崩導致圳道雍塞，無法通水。由富戶楊裕隣出資修築，埋設瓦管為圳道使其暢通。水圳歸楊家掌管，引水

〔註19〕洪敏麟，《台灣舊地名之沿革》，第二冊（下），（台中，台灣省文獻會，1984），頁 514。

〔註20〕洪敏麟，《台灣舊地名之沿革》，第二冊（下），頁 514。

〔註21〕黃耀能，《南投縣志卷四經濟志水利篇》，（南投：南投縣政府，2002），頁 74。

〔註22〕黃耀能，《南投縣志卷四經濟志水利篇》，頁 76。

者每年付水租給楊家。光緒十年（1884）楊之子孫將圳權賣給陳鳥登，改由陳家管業。〔註23〕

　　由上可見，清代濁水溪中游農田水利之開發，就埤圳之數量而言，以竹山、鹿谷地區數量最多；其次為名間、集集地區；最少者為水里、日月潭地區。其所以如此，主要與各地的開發先後有關外；各地區地形及可耕地面積的差異也有關係。大致而言，竹山、鹿谷地區開發最早；地勢較平緩，可耕地較多；相反地，水里、日月潭地區，因為開發較晚，地勢較陡峭，可耕地較少，埤圳的數量當然最少。

　　另就農田水利設施開鑿之年代而言，濁水溪中游水利設施的開鑿以乾隆、嘉慶、道光三朝為最多，各約六條埤圳以上；其他時間開鑿者甚少。此乃因濁水溪中游的開發以乾隆、嘉慶及道光三朝時期為最盛，故水利設施亦大多於此時開鑿，亦即乾隆年間以後，濁水溪中游地區之可耕地已經逐漸水田化。

　　清代水利設施，有官有、公有、私有之別。由官方投資開築者，或沒收民產、叛產、或充公缺租難抵償等而歸官方管理者為「官有」。凡水利工事屬公同開築者為「公有」。人民私自開築者為「私有」。然而其所有權常因時代之變遷，有原為官有而轉化為公有者，或原為私有卻因人民鳩出圳費而轉為各佃農之共有者。

　　清代濁水溪中游地區之水利設施，幾乎全為公有或私有者，並無官方修築者，其所以如此，乃因清代政府對於台灣水利的修築，一向只站在監督之角色；而不是投資者或經營者之角色。雖然竹山地區早期曾設有官莊，其中灌溉官莊之隆恩圳雖由巡臺御史李宜青捐銀倡議興築，但係由眾佃合力築成，應屬公有。後因圳道被沖毀，才由張天球、陳國陞等五位股東出資修築完成，修築完成後，佃農須繳水租給上述五位股東，隆恩圳表面上成為私有埤圳；但五位股東在修築過程中、曾與佃農約定，若耗工超過二百日以上，超出部分費用由佃農負擔；二百日以內竣工，則工資由五位股東負擔，在法理而言，其應屬公有之性質。茲將濁水溪中游各埤圳知所有權分為私有或公有分別列表於後：

〔註23〕臨時台灣土地調查局編，《台灣土地慣行一斑》，第二篇，頁562。

表 3-1　濁水溪中游清代埤圳表

埤圳名稱	修築方式	備註
大水窟陂	業佃合築	相傳係鹿谷地區邱、黃兩姓開築，後凡有修築，佃民鳩工自行重修。
協興圳	眾佃合築	原為今名間地區農民共同出資開築之公有埤圳。後被沖壞，圳權被吳三枝收買而成私有埤圳。
集集大圳	業佃合築	由彰化大租戶楊乙舍（楊振文）召集集集地區小租戶及佃人共同出資修築。
洞角圳	眾佃合築	集集地區農民共同修築。
吳厝南、北圳	眾佃合築	集集地區當地農民共同修築。
五張埤圳	眾佃合築	集集地區當地農民共同修築。
草嶺腳圳	眾佃合築	集集地區當地農民共同修築。
山腳洪埤	眾佃合築	集集地區當地農民共同修築。
田寮圳	眾佃合築	集集地區當地農民共同修築。
五城圳	眾佃合築	在今魚池鄉當地農民自行共同修築
石灰窟圳	眾佃合築	原由今水里地區，由當地農民共同開築。後因崩毀無力修復，改由富戶楊裕隣出資修築並掌管，成私有埤圳。
隆恩圳	眾佃合築	原由巡臺御史李宜青捐款眾佃共同開築。後被沖毀，改由社寮地區張天球等人修築，變成私有埤圳。
和溪厝圳	眾佃合築	乾隆三十年（1765）左右，和溪厝地區眾佃合築。
山邊圳	眾佃合築	在今竹山鯉魚頭地區，由當地墾民開鑿。
四堀潭圳	眾佃合築	在今竹山鯉魚頭地區，由當地墾民開鑿。
猴仔寮陂	墾首或業戶開鑿	在今竹山地區，由業戶葉初開築。
東埔蚋圳	墾首或業戶開鑿	原由竹山地區劉宰予、陳福生、楊籃、劉玉崑四人合股開築，後被沖毀，改由劉宰予獨資修築管業。
車店仔圳	墾首或業戶開鑿	在今竹山地區，由陳嬉等人開築。
清水溝圳	墾首或業戶開鑿	在今鹿谷地區，由廖阿禮自行開築。
坪仔頂圳	墾首或業戶開鑿	由社寮地區之大租戶張天球在今鹿谷鄉開鑿。
大坑圳	墾首或業戶開鑿	在今竹山地區，葉見私自開鑿。
社子南圳	墾首或業戶開鑿	在水里地區陳彩雲及其他業主開鑿。
竹仔腳圳	墾首或業戶開鑿	在今水里地區，相傳墾民林評開築。
三角潭圳	墾首或業戶開鑿	在今竹山地區，訓導陳希亮開築。
牛輼轆圳	墾首或業戶開鑿	在今水里鄉永興村，嘉慶年間，由林明觀所開鑿。

資料來源：周璽，《彰化縣志》。倪贊元，《雲林縣采訪冊》。陳哲三主編，張永楨撰稿，《集集鎮志》。以上各書水利部分。

　　由上可見，清代濁水溪中游農田水利之開發過程中，所修築之陂圳，有文獻可稽者共約二十餘條，數量不少。就開鑿者而言，主要以民間私自開鑿為主。其中又以眾佃合築者較多；其餘為業主所開鑿。其所以如此，乃因此處原屬番地禁區，較少大墾戶，不少土地係由小農戶自行開墾或偷墾而成，加上地屬山區，缺乏大面積之平地，土地較為零星，因此，大多由農民合力開鑿小型埤圳灌溉，甚少大規模之水利設施。故此地區除集集大圳、和溪厝圳及隆恩圳灌溉面積超過一百甲之外，其餘各圳之灌溉面積都僅數十甲或數甲而已，不像濁水溪下游平原地區，部分水圳之灌溉面積達數百甲，甚至數千甲。

　　清代水利埤圳常因性質不同及規模之大小，在管理上稍有差異。一般而言，埤圳由埤圳長管理，下設有總巡及埤丁。官有圳：由官方推薦對該埤圳有較深淵源者為埤圳長。公有圳：例由業佃互舉或由佃人薦舉業戶管理。私有者：由私人管理，或由享用該圳之業佃間互選。埤圳長之職責是掌理水利分配，調解爭水糾紛，指揮並監督總巡、埤丁，及巡視埤圳等。茲舉本區域「集集大圳」為例，述其經營管理如下：

　　集集大圳於清代築成時，即將集集街附近五十四張土地（約 270 甲）分成三部分，每一部分十八張，於十八張田地之耕作人中每三年選拔忠實謹慎者一人為圳長，合計共三人，每人輪流擔任集集大圳之圳長一年，合計共三年。圳長之任務為：水圳遭水害時，必須雇工修繕，並負責水資源之調配。每年十一月底舉行新舊圳長交接，惟第三年則於年底最後一天交接，當日並由三位圳長共同準備豬羊及祭品，以祭祀眾神及土地公，稱為三獻禮。圳長於神明前將埤圳事務向大眾及神明報告，並致謝詞。

　　圳長除負上述任務外，必須負責徵收水租，每甲二石三斗，共約六百石左右。又每月初二及十六日，必須準備金紙祭祀土地公，稱為「做牙」。圳長手下可置苦力頭（監督）一名，副苦力頭一名，書記一名，伙夫一名，以協助圳長工作。至於圳道之修繕，除臨時之修繕外，每年固定於農曆十一月底至翌年春耕期間，將圳道整修，以維持水源之豐沛，平時圳長必須巡視圳道，以維持其通暢。

　　至於集集大圳之經費運用情形大致為：水租年收入六百四十二石穀，支出圳長年俸六十石，苦力頭一名，年俸六十石。副苦力頭一名，年俸五十石。書記一名，年俸五十石。伙夫一名，年俸五十石。又往昔集集堡之中一部分

（一柱）之費用，年費八十石，至日治初期始由總務課長平松雅夫予以廢止。
其每年農曆十一月秋收之後，舉行謝土祭典，殺豬宰羊，日費一百元以上，
祭完之後，邀集各耕作人共同飲宴。故年費餐飲費五十石，油料及柴薪費用
年五十石，每年祭土地公二十四回，每月二回需費五石。年底土地公謝土祭
費用八十石，埤圳修繕費每年一百三十石，綜上所列，集集大圳每年支出約
六百三十石，故大致維持收支平衡而已，所剩無幾，若有不足，則由圳長負
責。若圳道崩壞，修繕費在百元以內者，則由圳長全權，以水租剩餘剩餘基
金修繕，若修繕費超過百元者，則由圳長召集眾佃集資修繕。〔註24〕

以上係集集大圳經營管理之方式，其他大型埤圳之管理可能與此大同小
異。至於其他較小之公有埤圳，則由各受益之耕作人共同維護。崩壞需修繕
時，則共同出資雇工或以做「公工」之方式共同修繕。另外，私人所有之埤
圳，其管理與維護則由圳主自行負責，但引水灌溉者必須付給水圳圳主水租。

清代政府對於水利事業之興修與管理，大多由地方官負責。官府對於人
民水利事業的經營，負有管理與監督之責，但只有消極的限制，不會有太大
干涉，因此清代臺灣陂、圳水利事業之開發，絕大部分由民間的力量所興修。
開圳工程費之負擔，一般係「主四佃六」或「業三佃七」。也有圳大汴由墾戶
辦理，各小水汴才由耕佃自備，再視其開發埤圳費用由何人負擔，而訂其佃
租或另收水租。因此，清代臺灣水利之開發，雖然勉強可分為官修、官助民
修、資本家（業戶）投資，業戶和佃民合築，番業戶和漢佃合築、漢人與各
族民合築，各族民自築等，但臺灣規模較大之水利設施很多均為資本家所投
資興築。不過一但發生重大水權糾紛時，官府會出面仲裁，解決紛爭。例如
道光年間，竹山之「和溪厝圳」因竹山和斗六農民爭奪水源而引發紛爭，結
果彰化知縣及嘉義知縣均曾先面出面仲裁，並出示曉諭，茲引「和溪厝分水
碑」〔註25〕為證：

　　　　特調臺灣府彰化縣正堂加三級軍功加一級記大功十次李，為亷
　　斷架翻等事。

　　　　案據沙連保和溪厝莊張九，曾河南、蔡武夷等呈稱：和溪厝莊
　　田業，歷自乾隆二十八年間蒙前主韓勘明，詳請前憲鑒□嘉屬交界
　　之清水溪，以資灌溉；並蒙前主□給勒碑記在案。迨道光七年間，

〔註24〕不著撰人，《集集古誌》，〈集集堡大圳沿革紀略〉，日文抄本，未刊，無頁碼。
〔註25〕見何培夫《台灣地區現存碑碣圖誌》，頁 92～93。

突有嘉邑九芎林莊張歐等恃爲抄產管事，填塞九等圳道。本莊埤長
蔡令同九等各佃赴仁爺□□內呼控，經蒙會同前嘉邑陞憲王親臨詣
勘，就地訊斷：該處圳道永照現勘情形，嘉屬得水六份、彰化得水
四份，永著爲例，毋許將來混爭滋事等因；並取具二比依結，案卷
煌煌確據。不意本年三月間又旱，詎嘉邑蔡子張等竟以彼處抄田乏
水，架赴嘉邑主張、府憲王控誣九等佔埤奪水，□蒙府憲筍行仁爺
會勘；□□□案經勘斷，九等凜遵，俱各照份得水，罔敢混爭。奈
逢天旱，九等各田並皆灌溉無水，何獨張等抄田之水，灌禾□□，
膽敢藐斷架翻，□□□移，非蒙給示，竊恐將來遇旱乏水，勢必混
爭釀禍，九等貽□□□。合亟遵照前斷，相率籲呼，並粘□前依結，
叩乞始終全恩，賜准給示詳覆，以垂永遠，無貽後患等情。

　　據此，除批示外，合行示禁。爲此，示仰沙連保和溪厝莊等處
佃民人等知悉：爾等如有承耕該處圳水田園，務須遵照前斷，引水
灌溉，毋許藉端滋事。倘敢抗違混爭，許該佃民具稟赴縣，以憑嚴
究。各宜凜遵，毋違！毋違！特示。
　　道光十一年八月二十一日給。

由上面碑文可以看出，嘉義縣屬之斗六九芎林莊（今雲林縣林內鄉，以下同）
與彰化縣屬之林杞埔（今竹山鎮）和溪厝莊爲爭奪清水溪之水源灌溉而於道
光七年（1827）發生衝突。九芎林莊民甚至率眾填塞和溪厝圳圳道，後來和
溪厝圳埤長前往彰化縣控訴，經彰化及嘉義兩縣令親臨會勘訊斷，嘉義縣分
得水源六份，彰化縣四份。怎奈道光十一年（1831）三月，又因天旱缺水，
嘉義縣民又往嘉義縣府控告彰屬之和溪厝圳圳長佔埤奪水，最後又勞動彰化
縣親往會勘仲裁，並勒碑示禁。由此可以看出地方官對水利之重視，以及政
府在水權糾紛時所扮演之角色。

　　總體而言，濁水溪中游地區在清代水利之開發以竹山地區爲最早；埤圳
之數量亦以竹山爲最多，其次依序爲集集、鹿谷、水里、日月潭地區。其所
以如此主要與各地區之地形有關，因竹山、集集地區之平地較廣，適合水田
耕作；其餘地區則山坡地較多，較不適合水田耕作，水源取得亦較困難。此
外，水利的開發與各地之拓墾先後也有關係。大抵開發越早者水利事業越發
達。濁水溪中游之拓墾主要在乾隆、嘉慶、道光年間，故此地區之水利開發
也以乾隆、嘉慶、道光三朝最盛。至於各水利設施之分佈情形如下圖（參看
附圖 3-1）。

圖 3-1　清末濁水溪中游水利埤圳分佈圖

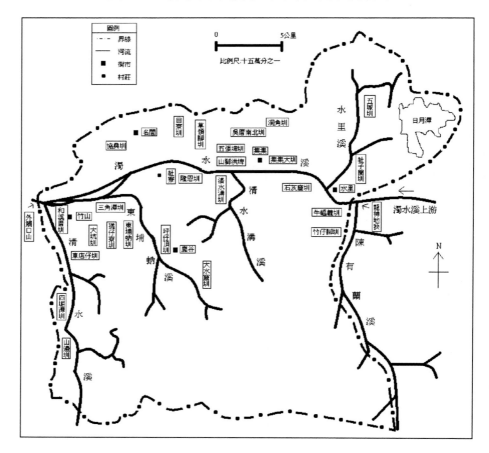

第二節　農墾組織與農作經營

　　臺灣早期為各族群所居，因此早期土地大多為各族群所有之「番地」或無主荒地。荷蘭治臺時期，將所征服族群土地歸荷屬東印度公司所有，稱為「公司田」或「王田」〔註26〕，招佃開墾，而成官田制度。其後鄭氏驅荷治臺，將王田改稱「官田」，由佃耕墾，仍為「官佃制」，又命軍士於臺灣南部開墾種田，稱為「屯田」。此外，當時之文武百官、鄭氏宗室及有力人士得圈墾田地，招佃耕作，是為私田，使土地私有化。濁水溪中游之林圯埔（今竹山鎮），相傳鄭氏部將林圯曾率眾屯田於此，但被族民所殺，其拓墾之情形，

〔註26〕公司田又稱「王田」，表示為荷蘭國王之統治之地。

因缺乏可信史料佐證，難以詳考。

　　清廷治臺以後，臺灣之土地，依其所有權來分，大致可分為官有地（即政府所有之土地及無主荒地）、民有地（漢人私人所有土地）和「番地」（即，各族群所有之土地）三大類。濁水溪中游之土地，在清代大部分屬無主荒地，或各族群（布農族、邵族、鄒族）之土地。但清治康熙末年以後，漢人不斷進入濁水溪中游拓墾，因此，至清末臺灣改隸日本前夕，濁水溪中游之可耕地已被拓墾將盡，本節所述為此一地區農墾組織與農作經營之情形。

農墾組織方面

　　濁水溪中游地區土地之拓墾，在清代由於墾民之傳統習慣，或因政治之因素，或因經濟需要，或因社會文化差異。其拓墾組織稍有不同，大致可分為民招民墾、官招民墾與屯田三種。

民招民墾

　　可分為墾首制與自墾自耕制兩種。墾首制係由墾戶招佃農開墾土地，墾成後交由佃戶耕種，墾首向承墾之戶收取租金；自墾自耕者為小農戶自行開墾荒地，墾成後自行耕種，未租予他人者。

　　清政府治臺初期，濁水溪中游皆屬草萊未闢之荒野。按大清《戶部則例》，「各直省實在可墾耕地，無論土著流寓，俱准報墾。」〔註27〕據此，則臺灣除各族民所有之「番地」外，其餘無主荒地，皆准報墾。但康熙中葉以後，移墾之民日多，瞨耕「番地」之情形日益嚴重。康熙六十一年（1722），清廷採取「封山政策」，禁止漢人進入北起今汐止、南迄今屏東林邊一線以東之山區拓墾。但潮流所趨，越墾「番地」之情形仍然嚴重，朝廷遂於雍正二年（1724），官方不得不開放「各番鹿場閒曠地方，曉諭地方官聽番租與人民耕種」。但此一禁止移民侵墾「番地」之禁令，直到清同治十三年（1874）牡丹社之役以後，才完全開放「番地」讓人民拓墾。

　　按清朝《戶部則例》規定，凡開墾土地，必須向官府報准許可方得開墾，即「凡報墾必開縣界址土名，聽官查勘，曉諭後五個月，如無原業呈報，地方官即取結給照，限年陞科」，「墾戶不請印照，以私墾論。」〔註28〕因此，在臺灣開墾土地，均必須經過此一報墾手續，取得「墾照」，才算合法開墾，

───────────────

〔註27〕臨時台灣舊慣調查會，《台灣私法附錄參考書》，第一卷上，頁248～249。
〔註28〕臨時台灣舊慣調查會，《台灣私法附錄參考書》，第一卷上，頁248～249。

否則便算是私墾。請墾者取得墾照後,稱為「墾首」或「墾戶」,隨即召集墾丁前來開墾土地,於一定期限內墾成陞科(通常水田六年、旱田十年),在法律上取得業主資格時稱為「業主」或「業戶」。由於通常所請墾之土地非常遼闊,非一己之所力所能開墾,故多另行另佃開墾,此種開墾組織即所謂「墾首制」。

　　清代濁水溪中游地區土地之拓墾,墾首扮演極重要之角色,例如社寮之張天球、集集之楊乙舍(即楊振文,墾號名楊東興)、陳坑、石井、鹿谷之許萬青(墾號名許廷瑄)等即是。茲舉鹿谷之墾首許廷瑄招佃開墾今鹿谷溪頭地區之契約《招耕書》〔註29〕一紙為例:

　　　　本戶承得業戶施國義奉

　　憲開墾水沙連保草地招耕書,納課疊蒙飭,催報墾陞科。今於南勢觀音樹湖踏出荒山場壹所,給與葉祈水、葉文能、葉養生、許麟、許結等自備工本農棋種籽前去開闢耕作。約明首年、次年暫且依例費壹九五抽的;三年以屆,既成田園,每甲水田酌納租穀捌石;每甲旱田酌納租穀肆石。聽本戶到處交明甲聲取具,各佃丁認耕定額,彙冊繳報,請領墾照,丈量陞科。其租穀屆季,佃人自行車運赴倉交納領單執炤。倘有負約欠租,該田園仍歸業主收管招佃別耕,不得藉端佔據,更奉憲清查奸匪,各佃丁如有窩藏遊棍,開設賭場,不遵約束者,一面稟明縣主究逐外,其田園悉聽本戶召佃別耕,不得異言。至於佃耕田園如或轉手典賣,應赴館報明轉售何人?將契賣驗蓋用業主戳記為憑,不得私相授受。違者呈官究治,今欲有憑負執為炤。

　　　　批明界址:東至杉林大路;西至陳全貴蔴竹各栽各掌;南至大崙頭分水;北至竹凹頭,各四至明白為界,批炤。

　　　　年配納大租銀壹元,仍歸許結收入,再炤。

光緒拾貳年七月　　日

　　　　業主許　　　　　　 沙連保業戶許廷瑄戳記

　　註:此土地坐落地點:南勢觀音樹湖,位於今鹿谷鄉台灣大學實驗林溪頭風
　　　　景區之大學池附近。

〔註29〕鹿谷鄉溪頭莊浚鑫藏古文書。

此契約中，葉祈水等五位佃戶前去開墾後，每年必須繳納大租銀壹園給業主外，最初兩年，必需繳納收成穀物十分之一給業主，第三年以後，水田繳納租穀每甲八石；旱田四石給業主，即所謂「大租穀」。業主為了管理田業及收租，常設有租館（又稱公館），例如業主許廷瑄曾築租館於鹿谷新寮，稱為「瑞豐館」。業主會派「管事」負責收租及其他雜務，並設倉貯存租穀，佃農必須將租穀準時「車運赴倉交納，領單執炤，倘有負約欠租，業主得招佃別耕，不得藉端佔據」。而業主與佃農亦有共同維護治安之任務，故契約中又申明「更奉獻清查姦匪、各佃丁如有窩藏遊棍、開設賭場，不遵約束者，一面稟明縣主究逐外，其田園悉聽本戶召佃別耕，不得異言。」另外，「至於佃耕田園如或轉手典賣，應赴館報明轉售何人，將契驗蓋用業主戳記為憑，不得私相援受，違者呈官究治。」由此可見佃農若無違法欠租，業主不但不能任意撤佃，可以說是享有永佃權。而且佃農竟然可以將田園典賣他人，只要事後向業主報備典賣何人，將契約送給業主蓋用戳記而已。可見佃農與業主之關係，不只是單純之租佃關係而已，佃農之耕佃權甚至已被當作物權可以拿來加以典賣處分。墾首之招佃拓墾，不但促使土地之開發，也促使聚落之形成與街莊之繁榮。因為墾首招佃開墾土地，佃農乃於田地上築寮而居，時日既久，漸成聚落。聚落愈多，交易之需求日殷，店肆逐漸出現，最後繁榮成街市。

清代臺灣土地之拓墾組織，除墾首制外，亦有不少小農在自墾自耕下進行土地開墾，而且大部分屬於私墾者，並未報請陞科。不過其開墾之土地大多屬邊際貧瘠土地、山坡地或河邊沙地，因平疇沃野大都被資本雄厚之豪紳所請墾，財勢不如人之小農，只好尋覓山上、溪邊之剩餘土地進行拓墾，以求安身立命，養家餬口，同時也使得土地被充分利用與開發。例如道光元年（1821），沙連保三塊厝莊（今竹山鎮桂林里）歐江之〈立杜賣盡根契〉〔註30〕中提到「有自墾溪邊沙園一坵」，「保此園係江自己溪邊開墾之業，不干他人之事，以及來歷不明等情」，可見其田園為自墾自耕之溪邊貧瘠沙園。

官招民墾

亦為清代漢人在濁水溪中游地區之拓墾方式之一。官招民墾之開墾組織又可分為官莊制、墾首制、自墾自耕制三大類。

〔註30〕竹山鎮陳文學藏古文書（詳參附錄三十二）。

▲官莊制

所謂官莊，據《彰化縣簡明總括圖冊》云：「僅查官莊係各衙門養佃給種，墾成田園，應徵租栗、芝麻、白糖、青糖、糖廍、蔗車、牛磨、魚塭各色不一，均係折納租銀。」〔註31〕由此可見官莊係政府土地，招佃開墾，墾成之後，徵收租栗或蔗車、牛磨等租，以實物折納租銀繳納。按清代官莊之起源為清廷治臺之初，大將軍施琅以土地肥沃，土曠人稀，奏請設置官莊，招民開墾，按其所入，以資經費。康熙四十九年（1710），兵備道陳璸以其有弊，奏請廢置。雍正元年（1723），藍鼎元上書巡臺御史吳達禮請復，以為臣子養廉之資，許之。於是總兵藍廷珍墾貓霧捒（今臺中市）之野，名曰藍興莊，每甲歲可得穀百石。雍正八年（1730），總兵王郡奏以臺灣賞恤兵丁之款，購置產業，而收其利，照例納租，由鎮理之，派員徵收；其後官莊一百二十五所。而奸猾之徒，常勾結武弁，藉名官莊，侵墾「番地」，乾隆九年（1744），詔令禁止，乾隆十七年（1752），更立石「番界」，禁止侵墾；但侵墾者仍多，遠至內山。乾隆五十五年（1800），頒行清丈，凡侵墾「番地」者，土地被沒收入官，稱為官莊。

清代濁水溪中游之官莊，主要分佈在沙連保，即今竹山鎮境內。其由來係乾隆十五年（1750），居住在今竹山下坪之武舉人李朝龍、武生李光顯與水沙連通事陳蒲為爭墾土地，引發聚眾械鬥案。翌十六年，清廷派總兵李有用往水沙連查辦此事。結果查出該地已經聚居不少百姓，墾成不少田園，若將佃人全部驅逐，把墾成田園另給他人報陞管業，日後還是難免有爭墾事端，給與佃戶陞科管業的話，又恐「愚民無知，佃戶得業轉啟效尤私墾之漸」，最後基於「絕奸民覬覦之端，且可免數千佃丁流離失業之苦」之考量，乃將該地「荒熟田園悉行歸公，照官莊之例，佃戶歲納租利，已充通省公用」，此即「水沙連官莊」之由來。

清代水沙連官莊之實際面積及分佈情形，因乾隆五十一年（1786）林爽文事件時檔案悉被焚燬而難以詳知。但從現存之古文書追查，其分佈除在竹山社寮之前、後埔仔莊外，亦分佈於竹山市區附近之三角潭及下崁地區之和溪厝一帶。不過乾隆四十四年（1779），已有「水沙連保前、後埔仔等官莊陳龍等報墾下則田：三十一甲三分一釐九毫八絲一忽二微，又下則園：七十甲

〔註31〕錄自《清代台灣大租調查書》，頁989。

九分一釐二絲九忽二微，徵粟一百七十六石八斗四勺」〔註32〕之陞科紀錄。

為因應水沙連官莊之設立，以及陞科後課納租穀之貯藏，乃有「沙連倉」之設立，《雲林縣采訪冊》云：「沙連倉，在林杞埔街文祠前（縣治東二十五里）。初建二十間，今存十一間，餘皆廢壞。傳聞乾隆十六年，里眾佃民請有司，官准眾民捐貲鳩工共建，為收貯課租之所，有案可考。」〔註33〕水沙連官莊之設立及「沙連倉」之建置，均說明官招民墾，官為地主，民為官佃之事實。

▲自墾自耕制

主要實施於清光緒年間，朝廷為推展「開山撫番」，促進水沙連六社及臺灣後山之開發，政府先後曾設立招墾局或撫墾局，至唐山閩粵地區及臺灣本島西部，招募人民前往水沙連及臺灣後山地區拓墾。其方法是由政府招民開墾，官方貸給口糧、農具及種籽等資本，命其前往官方所分配之土地開墾，開墾成熟後，田歸民業，但陞科後必須按年償還官方貸給之資本，並繳納正供，迨資本還清後，墾民即成自耕農，日後只要繳納正供即可。若無法償還資本者，始於正供外，加納官租若干，而有類似官為業主，墾民為佃戶之官佃性質。故有些官招民墾之租佃關係，乃是介於官田與民田間之特例。

光緒年間，官招民墾之成效不彰。根據臺灣道夏獻綸之報告，光緒三年（1877），漢人在水沙連六社拓墾者有二千六百餘人，而且可開墾土地已佔三分之二。夏氏擬請中路撫民理番同知彭鏊於彰化一帶就近招徠開墾。據史料顯示，在光緒三年（1877）至七年（1881）間，大約有二百餘人入墾埔里社。至於濁水溪流域之日月潭附近之官招民墾情形以史料缺乏，難以瞭解。

▲官招民墾之墾首制

乃是官方提供土地，招來墾首募佃開墾，但官方又提供牛隻、種籽、農具等。但開墾完成後，必須按年還本及陞科、繳納正供，但土地為墾首所有。其租佃關係與民招民墾之墾首制相同。

臺灣屯田之制，肇始於明鄭時期。鄭成功率兵驅逐荷蘭後治理臺灣，為解決軍需糧食，即令軍士於南部各地屯田，農閒教兵，有事備戰，寓兵於農，為臺灣屯田之始。

〔註32〕周璽，《彰化縣志》，卷六〈田賦志〉，頁168。
〔註33〕倪贊元，《雲林縣采訪冊》，頁153。

清廷統治臺灣亦實施屯田，但分為軍屯與番屯兩種，其軍屯乃光緒年間施行於臺灣後山（東部）地區。「番屯」之設，始於乾隆五十三年（1788）大學士福康安戡定林爽文抗清事件，因各社「熟番」隨同官兵討伐有功，議照四川屯練，擇各族群之壯丁，出任屯丁、屯弁，分給界外民墾丈溢田園，歸屯納租，每粟一石，折徵「番」銀一元，由官徵收，按照二、八兩月支放；仍給未墾埔地，使之自耕而食。全台分設大屯四處，每處四百人；小屯八處，每處三百人，共社屯十二處。當時水沙連六社曾挑選番丁九十名為屯丁，撥給集集八娘坑埔地九十甲為養贍埔地。「屯丁一名，給埔地一甲，使墾而耕焉，數口之家，亦可無餓矣。無如所給之埔，皆遠其所居之社，勢難往耕，不得不給佃開墾，而歲收其租稅。於是鱷弁盜為給贌者有之；虎佃抗其租穀者有之；蠹胥為埋沒者有之；此埔地之無實也。」〔註34〕由於養贍埔地遠離屯所，加上各族群民不諳耕種，因此埔地都被社丁與通事招佃耕墾，收租養贍而已。例如水沙連所配給之集集八娘坑養贍埔地於嘉慶、道光年間先後被贌墾殆盡。

清代每各屯丁發給「屯餉」八圓，係乾隆五十五年（1790）界外溢丈或偷墾被查出之田園歸屯納租而來。此種由佃農耕墾，需納屯租，歸屯管理之屯田，其位於濁水溪中游者分別有集集埔（今集集鎮）、八娘坑（今集集鎮隘寮里及田寮里）、清水溝（今鹿谷鄉清水溝溪一帶）和龜仔頭（今水里鄉玉峰村）等四處。

農作經營方面

濁水溪中游為內陸地區，又大部分為山地，因此自古以來居民之主要經濟以農業為主。漢人入墾此區域前，各族群散居其間，過者刀耕火種的粗放式遊耕農業，兼以狩獵及捕魚來維持生計。但自清初漢人大量入墾此區域後，土地逐漸被拓墾，同時也帶來了漢人之農作及經營方式。各族群傳統獵場被墾成水田或旱園，集約式的水田稻作取代了粗放的小米、陸稻及山芋，各族群之原始漁獵、農耕並重經濟，被漢人之農業經濟所取代。

濁水溪中游地區的農作經營，在清代由於當時並未做完整之調查或紀錄資料、因此無法全面瞭解當時之作物經營情況，但仍可由目前保存之古文書或史書史料中去耙梳，以重建清代此地區農作經營之梗概。根據古文書及文

〔註34〕周璽，《彰化縣志》，卷七〈兵防志〉，頁 225～227。

獻資料顯示，清代濁水溪中游之作物以稻米爲主，其次爲甘藷、竹與筍、茶、李子、香蕉、檳榔等作物。

▲稻　米

爲臺灣漢人最主要的糧食作物，也是清初臺灣最大出口商品。稻爲熱帶作物，高溫多雨的臺灣、隨處均可種植，一歲兩熟，因而有「雙冬」之稱。臺灣所產稻米大致可分粳稻與糯稻兩種。粳稻即食米，種類甚多；糯稻即朮，用以釀酒、並製糕餅，性黏，品種亦多。一般農民均以種粳稻爲主，糯稻甚少。其分佈以濁水溪及其支流之沿岸沖積平原爲主。另外有水利設施之山坡梯田亦有種稻。故《彰化縣志》載：「乾隆二十年，水沙連報陞下則田；三百五十一甲八釐一毫四絲。乾隆二十八年入額，廣福寮等處中則田：四十九頃八十二畝一分二釐，又下則田七頃三十五畝六分四釐七毫八絲八忽。乾隆四十四年，水沙連前、後埔仔等官莊陳龍等報墾下則田：三十一甲三分一釐九毫八絲一忽二微。」〔註35〕即爲稻田陞科之紀錄。

另外，《雲林縣采訪冊》中有「和溪厝圳，計溉田一百六十餘甲；東埔蚋圳，溉田二百餘甲；坪仔頂圳，溉山田二十餘甲；清水溝圳，溉山田二十餘甲；三角潭圳、溉田三十餘甲；大水窟陂，計溉田共七十餘甲；猴仔寮陂，計溉田八十餘甲；車店仔陂，計溉田七十餘甲；隆興陂，溉田四百四十餘甲」〔註36〕之記載。又《集集古誌》中提到集集大圳灌田五十四張共二百七十餘甲。此外，乾隆十六年（1751），「沙連倉」二十一間的興建，也說明水沙連官莊及抄封地稻米產量不少，課租必須建倉貯存之現象。

▲甘　藷

又稱蕃薯，爲早期臺灣居民之糧食之一，尤以貧苦人家，甚至以甘藷爲主食。濁水溪中游地區甘藷之生產以今竹山地區最有名，《雲林縣采訪冊》載：江西林山，「山麓居民錯處，厥土丹赤；所產地瓜大異尋常，味甘如飴，質若塗朱，時稱佳品。」〔註37〕農民常於山坡地及旱園種甘藷，亦有以之爲水稻裡作，故至今甘藷仍爲竹山地區之名產。

▲竹及副產品

爲濁水溪中游地區最重要之經濟作物。其種類以桂竹、麻竹及貓兒竹（又

〔註35〕 周璽，《彰化縣志》，卷六〈田賦志〉，頁 166～170。
〔註36〕 倪贊元，《雲林縣采訪冊》，頁 156～158。
〔註37〕 倪贊元，《雲林縣采訪冊》，頁 146。

作貓茹竹或孟宗竹）爲最多。《彰化縣志》云：「筁竹，有大小二種，大者茅屋取以爲桷，小者用以編籬，產於水沙連。」〔註38〕其中產於今竹山及鹿谷境內最多。《雲林縣採訪冊》載：大人嶺山，「筁竹成林，樟樹茂盛。」「鳳凰山，所產大竹，可以編筏，蓋屋、製紙，筍則製以爲脯，民賴其力。」〔註39〕由此可見，在沙連保（今竹山、鹿谷）山區竹林遍佈，竹子爲當地居民重要經濟作物，爲人民生計之所賴。而且孟宗竹（貓兒筍）早在清代即引進濁水溪中游。竹可以製紙、編筏、蓋屋，竹筍則製成筍乾，供食用及販售。由於竹筍經濟價值高，因此盜採竹筍之事實常發生。咸豐十一年（1861）三月，今竹山延平里沙東宮一帶竹農爲保護竹筍，乃立〈嚴禁竊盜竹筍〉碑於廟後竹林邊。其文曰：「公禁藤胡龍山、粗坑、四十九日烏竹林，每爲哨黨盜伐，爰公議演戲公禁。如有敢盜筍、砍竹，查獲罰戲二棚，並出封賞，如場獲交公，賞錢乙千，倘被獲，恃獲恃強不遵傷眾，送官究治，絕不姑寬。眾竹戶同立石。」〔註40〕由此碑文可知在今竹山，鹿谷交界之粗坑、藤湖山及四十九日烏一帶竹林很多，但竹筍被盜採嚴重，竹農乃公議對盜採者處罰之方式及查獲盜採者之獎賞，亦爲古代鄉約之重要文獻。

清代沙連保地區民眾，不但種竹採筍，或伐竹造紙外，更將竹子砍下後結成竹桸，放流於清水溪及濁水溪，運至下游之東螺（今北斗）、溪洲、西螺，甚至遠達鹿港、安平等地販售。今竹山鎮媽祖廟連興宮尚存有〈嚴禁勒索竹桸碑記〉（詳參附錄三十五），係道光四年（1824），彰化知縣李宜青因竹山之竹農利用濁水溪將竹材運銷至下游，常被溪洲地區匪徒勒索，故特立石碑告示，赫阻歹徒。可見當時竹材產量及外銷數量驚人，才會招來歹徒覬覦。

另外從古契約文書中可以看出今竹山地區種竹子起源甚早，例如乾隆十九年（1754）二月之陳卿郎〈立永杜賣契〉〔註41〕中載：「另牛埔壹所，並竹苞菓子什物一完在內，坐落沙連後埔仔莊」可見乾隆初年，今竹山中央里後埔仔已有農民種竹林。

▲茶

爲濁水溪中游地區爲臺灣極重要之產物，也是最早產茶及製茶之地。康

〔註38〕周璽，《彰化縣志》，卷十〈物產志〉，頁 328。

〔註39〕倪贊元，《雲林縣采訪冊》，頁 147～149。

〔註40〕錄自台灣省文獻會編，《台灣省文獻委員會五十週年慶碑碣拓本展覽專輯》，（南投：台灣省文獻會，1999），頁 183～186。

〔註41〕竹山鎮黃文賢藏古文書。

熙五十六年（1717）刊行之《諸羅縣志》云：「水沙連內山茶甚夥，味別色綠如松蘿。山谷深峻，性嚴冷，能卻暑消脹。然路險，又畏生番，故漢人不敢入採，又不諳製茶之法。若挾能製武夷諸品者，購土番採而造之，當香味益上矣。」〔註42〕可見康熙年間，濁水溪流域已有野生茶樹，但未被採製烘焙。但雍正年間，已開始有人採製。黃叔璥所撰《臺海使槎錄》云：「水沙連茶在深山中，眾木蔽虧，霧露濛密，晨曦晚照，總不能及，色綠如松蘿，性極寒，療熱症，最有效，每年通事與各番議明，入山焙製。」〔註43〕又藍鼎元所著《東征集》亦云：「水沙連內山產土茶，色綠如松蘿，味甚清冽，能解暑毒，清腹脹，亦佳品云。」〔註44〕由此可見，雍正年間，民眾已進入濁水溪中游之水沙連地區採野生茶焙製，用以解暑療疾。

　　光緒年間成書之《雲林采訪冊》云：「崠頂山，在縣東三十八里。」「山二、三里，高低不一；森然屹峙，明媚幽雅；巖頭時有白雲封護。居民數十家，自成村落。巖限區徑，多植茶樹。昔藍鹿州遊臺，曾到沙連，稱此茶為佳品；謂氣味清奇，能解毒暑、消腹脹，邑人多購焉。」〔註45〕由此可見，清治時期，今鹿谷鄉之崠頂山已遍植茶樹，而非野生茶，表示茶葉的栽培已是凍頂山一帶重要作物。凍頂烏龍茶目前是臺灣名聞遐邇之茶品。而崠頂山植茶之起源係《雲林縣采訪冊》所云，係藍鹿州（鼎元）所記之水沙連野生茶，加以改良及推廣；或由唐山直接傳入；還是清末由台灣北部地區傳入，目前因史料有限，難以詳考。

▲李　子

　　亦為本地區之重要水果，《彰化縣志》云：「李，春花夏熟，有黃、赤、紅三種，水沙連尤盛。」〔註46〕可見李樹為此區重要作物，至今李子尚有品種為「沙連李」者，味苦澀南下嘸，產於濁水溪中游之內山坡地，多做成蜜餞。

▲香　蕉

　　盛產於臺灣中部之山坡。日治時期，濁水溪流域中游之集集所產最享盛名。清治時期，此地區香蕉之栽培情況因資料缺乏，難以瞭解。但從光緒年

〔註42〕周鍾瑄，《諸羅縣志》，卷十二〈雜記志〉，頁295。
〔註43〕黃叔璥，《台海使槎錄》，卷三〈赤嵌筆談〉，頁62。
〔註44〕藍鼎元，《東征集》，〈紀水沙連〉，頁86。
〔註45〕倪贊元，《雲林縣采訪冊》，頁147～148。
〔註46〕周璽《彰化縣志》，卷十〈物產志〉，頁321。

間一份分產鬮書中，〔註47〕可發現今鹿谷鄉廣興村一帶有「芎蕉林」（即香蕉園）之紀錄，茲引之如下：

> 立鬮書人長房張招天、次房張招萬兄弟等竊爲七世同財、濟北之修風未泯。十代合食、浦江之雅誼長昭、我兄弟承先人遺蔭，本不應分析，奈生齒日繁、難以獨理，爰邀請公親族長到家相商，議定將前祖父有建置水田一段、址在車路口，抽出壹半永遠收租存爲公用諸費，餘外田園竹林厝宅物業等件作貳房各半均分，粘鬮爲定，各分各掌自此成家致富、不得爭長競矩，日後子孫亦不得異言生端，業雖分、其心則一切恪守先人遺訓而克紹箕裘也，口恐無憑，仝立鬮書貳紙一樣，各執一紙、永爲存炤。

> 壹鬮長房昭天粘鬮應得**芎蕉**田園一半、車路口田壹半、城門口田壹大段，崁頭園一段，崩崁**麻竹林**乙片、圳路**麻竹林**乙片、橫屏頭**茅茹林**共三片、崙仔尾**茅茹林**乙片、橫屏**桂竹林**貳所、舊城園乙處、公林**茅茹林**乙片、內胡口圳頂**桂竹林**乙半。

> 貳鬮次房昭萬年鬮得濁水坑水田乙段、**芎蕉林**田園乙半、城後水田乙段、圳頭湖**麻竹林**乙片、橫屏頭**茅茹林**乙片、又**茅茹**連**桂竹林**乙片、崙仔尾**茅茹**連**桂竹林**下勢平乙所、柯樹平崁**麻竹林**乙片、收討張唐儀佛銀陸拾元、內胡口圳頂**桂竹林**乙片、大圳頂園四垺，圳路坑大芊林**麻竹林**貳所、溪坪**桂竹林**乙所、橫坪前典過楊亮居**麻竹林**乙片、山羊洞**麻竹林**乙小處、舊城大路腳田乙片。（下略）

光緒拾壹年三月　　日

此鬮書係今鹿谷鄉民所有，土地坐落於該鄉境內。可見清末當地之作物中種植竹類者甚多，包括麻竹、桂竹、茅茹竹（即孟宗竹）等；亦有種植香蕉者。

▲檳　榔

爲熱帶植物，早期各族群民嗜食之。《彰化縣志》卷九〈風俗志〉，〈番俗〉云：「客至，出酒以敬，先嘗而後進。香罏瓷瓿，悉爲樽罍。檳榔熟則送檳榔，必采諸園，不以越宿者餉客。」又云：「舍前舍後多植檳榔，森秀無旁枝。修聳濃蔭，亭亭直上。夏月酷暑，掃除其下，清風徐來，令人神爽。漢人近亦廣植之，射利而已。」〔註48〕可見不只各族群民喜歡吃檳榔、種植檳榔，「漢

〔註47〕鹿谷鄉溪頭莊浚鑫藏古文書。
〔註48〕周璽，《彰化縣志》卷九〈風俗志〉，〈番俗〉，頁305。

人近亦廣植之」，不過不是種給自己吃而已，而是「射利而已」。亦即把它當作經濟作物販售。同書〈漢俗〉中亦云：「惟檳榔爲散煙瘴之物，則不論貧富，不分老壯，皆嚼不離口，所以有黑齒之譏也。」〔註49〕可見清代漢人吃檳榔的風氣甚盛，而且傳說檳榔有避瘴氣之功效，因此亦有將檳榔當經濟作物栽種者。茲引光緒四年（1878）陳添丁等人〈仝立胎借字〉〔註50〕中，即有栽種檳榔之情形：

> 仝立胎借字陳添丁、廣成、姪拔萃、開勳等有承父明買過林安然水田壹段，只在圳頭坑。又明買過鄭有梅水田壹段，並山場厝地比連壹所，址在咬狗藔共兩段，水份以及四至界址內，帶水溝、水窟、菓木、檳榔、竹笆諸物，並年配納課租俱載上手契內。（下略）
>
> 　　光緒四年拾壹月　　日

此契中之土地坐落於圳頭坑及咬狗寮在今竹山鎮延山里，地上種有檳榔，雖數量不詳，但種檳榔則是事實。

第三節　土地所有型態與租佃關係之演變

清代臺灣在漢人不斷移墾下，原爲政府所有之「官有地」及番社所有之「番地」，乃逐漸被拓墾陞科而成「民有地」。同時土地所有型態亦漸漸產生變化，出現「大、小租制」及一田二主，甚至一田三主之現象。

清初臺灣之土地，就所有權而言，可分爲官有地、番地和民有地。其中民有地係清治臺灣之前已被開墾之舊額田園。至於新墾田園，若想取得土地所有權，必須經由報墾，取得墾照後開墾陞科之手續，因此豪紳常藉此報墾之合法手續取得土地所有權，亦有利用請領墾照藉以霸佔別人田園者。例如彰化之楊東興墾號（楊乙舍，即楊振文）將集集劉、吳、黃、許四姓佃戶所墾之土地請領墾照後，霸佔成自己產業。

漢人除請墾官有地及霸佔他人土地外，拓墾番地亦爲取得土地所有權之另一途徑。官府原本禁止漢人入墾「番地」，但由於臺灣移民日多，官有之荒地逐漸被拓墾殆盡，漢人乃屢次侵入番地從事開墾。漢人入墾番地，大多與各族民或「番社」訂立合約以取得開墾權。但漢人往往必需付給番社或各族群民「番

〔註49〕周璽，《彰化縣志》卷九〈風俗志〉，〈漢俗〉，頁289。
〔註50〕竹山鎮茆庸正藏古文書。

租」，做為取得土地開墾權利之報償，其性質與民有地之大租幾乎完全相同（除
阿里山「番租」含有「撫番」費用外），因而所納之「番租」又稱「番大租」（漢
人墾戶向佃戶收取大租稱為「漢大租」）。另外，亦有漢大租之上還有「番租」
之情形，此乃漢墾戶向番社或各族民承墾荒地後再招佃開墾該荒地之故。

　　清代漢人除以訂約等和平手段取得番地外，更利用侵佔的方式以取得
「番地」。其侵佔之手段層出不窮。根據伊能嘉矩之研究，〔註 51〕其手段大
致分兩種：一是採積極手段，以武力公然霸佔土地，強迫各族群民他遷。如
嘉慶年間發生於水沙連地區之「郭百年事件」即為一例。另一則是採消極手
段，用和平方式取得土地。如婚姻、土地交易及騙取土地等。其中尤以武力
佔領行為較為盛行，也往往造成漢番的衝突。但「番地」被佔領墾耕之後，
官方之態度，除極少數採取驅佃還地之政策外，大多為恐「驅逐佃民，土地
拋荒」，會帶來失業遊民之社會問題，因此最後總是承認既有事實而給予漢
人土地之支配權，各族群終究還是失去土地。

　　濁水溪中游地區，在清代拓墾初期，採取民招民墾、官招民墾及軍屯等
方式拓墾下，其租稅關係如下圖：

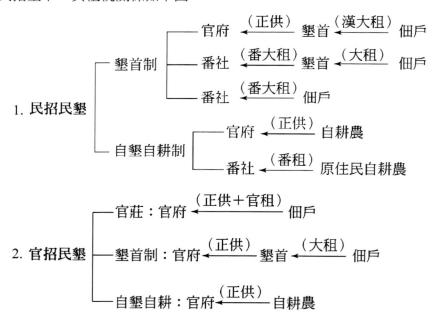

〔註51〕伊能嘉矩，《台灣蕃政志》，溫吉譯，《台灣番政志》，（台中：台灣省文獻會，
　　　　1957），頁 300。

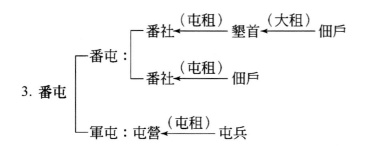

上表中，土地所有權者（即業主權）乃墾首、官莊、番社、自耕農及屯營，佃戶需繳大租或屯租給墾首或番社、繳官莊租給官莊；墾首則繳納正供給政府或繳番租或屯租給番社。

　　清代濁水溪中游土地之租稅關係除上述之漢大租、番租、屯租、官莊租外，上有抄封租、留養租、寺廟租、義渡租等，茲分述之。

▲抄封租

　　係指乾隆五十一年（1786）林爽文抗清事件及同治元年（1862）戴萬生等抗清事件中，參與抗清者之財產被沒收充公者稱爲「抄封地」。政府將此類田地租予佃農開墾耕作而收其租穀，稱爲「抄封租」，濁水溪中游之今竹山鎮大坑往頂林之中途。有地名爲「抄封」，〔註52〕即爲林爽文事件同黨被沒收之土地。據前引道光六年（1821），竹山三塊厝莊歐江之〈杜賣盡根契〉中亦有「南至賴家田，北至抄封田，四至分明爲界」之語，證明在竹山市區南郊有抄封田。其土地所有權屬官府，耕種之佃農需繳租給官府，稱爲「抄封租」，與「官莊」類似。

▲留養租

　　係清代留養局（類似今日遊民收容所）之土地租給佃農耕種之租。清代彰化縣城內設有留養局，善心人士往往捐錢或捐地給留養局，再贌租給佃農耕種，所收租金充作留養局經費，以收養鰥寡孤獨者。清代位於林圯埔之香員腳（位於今竹山鎮下坪里之濁水溪中沙洲）有彰化留養局之土地，係乾隆年間由知縣胡應魁向業戶勸捐而來，至光緒年間卻發生佃戶抗租情形，該局稟請彰化知縣追討〔註53〕（詳參附錄三十四）。由此稟承中，可看到土地所有權者（大租戶）留養局與佃戶之間的租佃關係，也顯示出當時有部分佃戶竟

〔註52〕在今竹山鎮秀林里。
〔註53〕臨時台灣土地調查局，《清代台灣大租調查書》，頁956～957。

然抗繳大租給大租戶留養局，可見大租戶逐漸喪失土地之支配權。

▲寺廟租

係指信徒捐資或土地給寺廟，寺廟將信徒所捐款項購置土地，將這些土地出租給佃農耕作，收取租金，稱為「寺廟租」。充作寺廟香燈祭祀等費用，因此寺廟乃成為業主。清代濁水溪中游之寺廟擁有「寺廟租」者分別為今竹山鎮之連興宮、德山巖寺及社寮之開漳聖王廟。

▲連興宮

古稱「媽祖廟天上宮」，位於今竹山鎮下橫街 28 號。《雲林縣采訪冊》載：連興宮，「乾隆中，里人公建。前彰化縣邑令胡公邦翰捐置山租若干，為寺僧香火之資。」〔註54〕可見乾隆年間，彰化之縣胡邦翰曾捐置山租若干，為寺僧香火之資。但對於胡氏所捐「山租」之詳細內容卻未明述。今連興宮中存有一乾隆四十三年（1778）之斷碑。為當時彰化知縣馬鳴鑣的告示。碑文中殘存有「例配入天后宮抽的作香油」及「稻穀配入媽祖香燈按一九之」等文字。依碑文來看，胡氏所捐山租，應是全部水沙連官莊田園，經胡氏籲請豁免減則後，都須抽的做為媽祖廟香燈租。另據乾隆三十九年（1774）林圯埔莊劉西所立之〈杜賣契字〉〔註55〕有「立杜賣契人劉西，有承父前年開墾樹頭林林地壹所，坐落土名新莊之莊仔前山面，東至山，西至崁邊，南至賴宅竹林，北至坑，四至明白為界，遞年付媽祖宮抽的」等語。證明有媽祖宮「寺廟租」之存在。又契中土地坐落於「新莊仔」，地址在今竹山鎮三塊厝一帶（今桂林里）。天后宮山租除了上述位於「新莊仔」之外，亦分佈於社寮、圳頭坑（今竹山鎮延山里）及猴仔寮（今竹山鎮秀林里）、中心崙（今竹山鎮延山里）等地。

▲德山巖

位於竹山鎮德興里德山巷七號。同治九年（1870），林圯埔街總理陳朝祥因供奉長生祿位而逐年喜捨租穀十三石，以為香燈及佛誕演戲開支，係中崎莊（今竹山鎮中崎里）樟仔腳水田一段之贌租收益，但並未盡根轉移地權。同治十三年（1874）五月，該寺住僧緣德者，將平日所積三十金，買過巖前

〔註54〕倪贊元，《雲林縣采訪冊》，（南投：台灣省文獻會，1993），頁159。
〔註55〕竹山鎮茆庸正藏古文書（詳參附錄八）。

旱田一段，捐作寺產、做為該寺油香之資〔註56〕。

▲開漳聖王廟

地址在竹山鎮社寮里集山路一段 1738 號。嘉慶二十四年（1819），水沙連通事社丁首黃林旺（即郭百年事件主角之一）等，將清水溝（今鹿谷鄉清水、瑞田村）西勢山場施給開漳聖王廟，以為油香之資。茲引該廟旁所立〈開漳聖王油香碑〉碑文如下：

> 施主水沙連社通事社丁首黃林旺等，有本社界內清水溝西勢山場，自丹芳坑起、至潦水仔坑址；東至清水溪、西至山巔，凡水流歸一帶山面、溪洲、清水□、牛埔厝、頂寮止，烏塗起、頂厝止。施落聖王廟，以為油香之資。隨即給墾，交僧執掌，永遠抽收，以為廟祀之費。勒石存據。
>
> 嘉慶二十四年花月□□日立。

此廟地之施主黃林旺，為郭百年事件主犯之一，嘉慶二十二年六月被縛至郡會訊，與郭百年枷杖，其餘宥之。由於本碑，可知事後黃氏復遷入水沙連，仍擁有雄厚實力；並捐地給開漳聖王廟，或許感謝神明保佑其大難不死。

此外，光緒十八年，社寮莊民陳玉峰首倡，釀資買過社寮、後埔仔、溪洲仔等處水田約七分，旱田二甲餘，房地一分餘，原野三分餘，捐為廟產，充為該廟所祀五穀王及開臺王二位神明聖誕演戲費用，並立「祀田碑」〔註57〕於開漳聖王廟旁。

▲義渡租

〔註56〕 參看同治十三年（1874）所立〈德山巖香燈碑〉內文曰「立石碑字，德山巖在□□□，□納油香，以垂永遠事。緣德齋心居刹，久蒙庇佑因□山□以□，僧難久居。朝夕禮祀，願發虔誠，將平日所積三十金過□聲陳朝魁旱田埔園一段，址在巖前，東至竹圍外、西至崁下、南北俱至崁，界址明白。今欲奉為佛祖永遠油香，庶獲慈悲。日後凡有僧道持鉢，不許變賣此業。倘敢故違，神人共殛！□□遵合立碑記。同治十三年五月□□日立。」碑立於今竹山鎮西郊德山巖前。

〔註57〕 該碑已佚，但文收錄於日治時期陳鳳儀所撰《竹山郡管內概況》一書中（日文稿本，未刊，昭和 7 年）。並云：「在社寮，高四尺二寸，寬一尺八寸」。碑文內容為：『立石碑人，隆興碑圳長陳玉峰。為敷施布德，人之大經也。但我十莊諸神壽誕，各有定緣演戲；惟有五穀王、開臺王二位聖誕，缺額緣金，未得恭演千秋。是以□當隆興碑長，願將此大橋腳七甲七分全年水穀二十三石一門，配八二位聖誕千秋演費，光緒十八年正月□□日立』。

　　光緒五年（1879），今名間鄉濁水莊童生董榮華倡建「永濟義渡」於濁水莊（今名間鄉濁水村）與社寮莊（今竹山鎮社寮里）間之濁水溪上，由總兵吳光亮與舉人簡化成及地方士紳董鍾奇等人，捐銀二千八百員，購置田地十段，給佃耕種，收租四百石，充作義渡經費，並立「永濟義渡碑」〔註58〕誌之。

　　在清代前期，濁水溪中游地區土地之所有者，不論是「番社」、屯營、官莊、墾首、自耕農、寺廟、留養局或義渡，其土地大多招佃墾耕或自墾自耕，其土地所有型態為「一田一主」，或為「一田二主」。但是隨著時間及環境之變遷，土地所有權亦隨之產生變化。康熙五十六年（1717），諸羅知縣周鍾瑄已看出臺灣土地所有權蛻變之端倪。其在《諸羅縣志》云：「若夫新舊田園，則業主給牛種於佃丁而墾者十之六、七也，其自墾者三、四而已。乃久之佃丁自居於墾主，逋租欠稅；成業主之弊，又佃丁以田園典兌下手，名曰田底，轉相授受，有同買賣，或業主已易主，而佃仍虎踞，將來必有一田三主之弊。」〔註59〕由此可見，康熙末年，臺灣土地所有型態已在蛻變中。其所以如此，一方面是因佃人勢力抬頭，使業主無法行使「換佃別耕」之權；另一方面，則因漸有佃權互賣、私相授受之現象。結果逐漸產生大小租關係。大租戶逐漸沒落，小租戶勢力逐漸抬頭，至嘉慶、光緒年間，大小租制極為興盛。

　　清代中葉以後，臺灣土地所有權發生蛻變的原因很多。首先是墾首大多為富紳豪強，彼等田連阡陌，佃僕成群，又有維護社會治安及收租之權力，猶如一方之霸。但他們常安居街市，坐收租穀，時日一久，漸與土地失去直接關係；加上家道殷富，耽於逸樂，以致後來潦落破產，將家產出典變賣。尤以道光二十三年（1843）清廷將田賦由納穀改為納銀後，賦率大漲兩倍，墾戶之負擔更為沉重。至於佃戶，原本只有擁有土地之耕種權，但具有永佃權，不得任意撤佃。加上佃戶多勤儉持家，財富日積月累，日久甚至超越墾戶，加上其與土地有直接關係，乃自行招佃耕墾。雖然墾佃契約原本規定佃

〔註58〕碑分立於竹山社寮紫南宮及名間濁水村福興宮前。碑文大略曰：「董君郁文，家濁水之濱：深痛其事，嘗與化成董業師大經論興義渡。師勸而勉之，董君逐倡捐佛銀六百員。時有吳君聯輝、陳君再裕等同心贊成，而董君遽逝，事遂中停。茲其令嗣鍾奇心存繼志、念切扶危，再邀吳君朝陽等協力勸捐，共得銀二千八百員，買至美田十段，歲收子粒四百石，逐年完租納稅，給發工貲、修理船具。議定章程，臚列於左。（下略），光緒五年（歲次乙卯）月　日董鍾奇等同立碑。」

〔註59〕周鍾瑄，《諸羅縣志》，卷六〈賦役志〉，頁95～96。

戶轉租土地須徵得業主認可，但佃戶擅自將土地出典或瞨耕者亦所在多有，佃戶乃漸成新的小地主。

其次，臺灣部分墾戶係以霸佔手段取得大租權。因此佃戶繳納大租情非所願，故常有欠繳大租之情形。但墾戶若因佃戶欠租而撤佃，佃戶常糾合起而抗爭。當然亦有不少故意欠租不繳之情形，故清代古文書中常有「虎佃抗租」之記載，墾主在無法撤佃之情形下，只好求助於官府仲裁。例如前引彰化留養局位於沙連保香員腳、羌仔寮莊之大租，遭佃戶葉智仁等藉詞抗納，最後移請彰化知縣飭追之事即為一例。

此外，清代中葉以後，臺灣土地開墾已近飽和，人口壓力日趨嚴重，加上水利之興修，水田耕作走向集約化，需要更多人力，因此，佃戶將田轉瞨典賣之情形日漸嚴重。茲引嘉慶二十二年（1817），集集田寮莊民莊魁之〈立杜賣盡根契〉﹝註60﹞中有「保此係魁自墾物業，與房親及外人無幹，亦無典掛他人財物，以及拖欠大租，來歷不明等弊」等語，由「拖欠大租」一語，即知其為佃農莊魁已將佃權視為物權來買賣將地主之土地轉賣。由於耕佃將田園轉租或典賣之情形日益嚴重，結果乃出現大小租制。「原佃人」將土地轉租給「現耕佃人」，但仍承認墾戶（業主）有收納大租的權利，而「原佃人」卻成了「小租戶」，向「現耕佃人」收納小租。就墾戶（大租戶）而言，得向「小租戶」收取「大租」，具有「大租權」。至於「番大租」係收取自大租戶。總之，大租戶除向政府繳納正供，或向「番社」繳納「番租」，別無其他義務。換言之，大租戶除擁有「大租權」外，並無其他權益。但小租戶除需繳納大租外，對土地擁有支配權（含使用、收益及處分權），可以自行招佃，並將佃權轉移。不但超過原來佃人之權力，而且取代大租戶的大部分權力與地位，最後乃變成大租戶僅有收租之權，法律上為繳納正供之業主，但實際上掌握土地實權者是小租戶，因此，小租戶亦被稱為「業主」、「佃主」或與墾戶同樣被稱為「頭家」。

濁水溪中游地區，雖然土地拓墾較臺灣西部平原為晚，但清末已出現大小租制，茲引光緒十九年（1893），彰化知縣與雲林知縣共同出示之曉諭中提到：「照得業戶莊群等急公好義，樂善捐充彰邑留養局大租，坐落該莊，歷收百載餘。迨全臺清丈，奉憲議定章程，大租戶實收六成，留四成貼小租戶完糧。是彰轄分治之後，該莊錢糧雖由雲林縣征解，而此項大租仍應歸彰收納。

─────────────

﹝註60﹞台中董俊寰藏古文書（詳參附錄三十四）。

乃該佃戶每多藉詞推諉，以致留養局費短絀，各孤貧待哺嗷嗷，實屬刁玩可恨。現據經書林超英以佃戶葉智仁等仍然抗納，稟請移追示諭等情前來，除派經書並飭差協同徵收外，合行出示曉諭」〔註61〕。上面所引曉諭中大租土地坐落今竹山鎮下坪里香員腳，文中提到小租戶葉智仁對大租戶（留養局）抗繳大租之現象，最後只好由官府出面裁決，文中提到「彰邑留養局大租，坐落該莊，歷收百載餘。迨全臺清丈，奉憲議定章程，大租戶實收六成，留四成貼小租戶完糧」等語，證明當時存在大小租之現象。

雖然清末濁水溪中游地區土地之租佃關係已出現大小租制和一田二主之現象，但是由於此地區開發較臺灣西部其他地區為晚、而且不像西部平原地區，墾戶之土地常連綿數千甲或數百甲，此地之墾戶土地大多只數十甲或數百甲而已，又多屬地形起伏較大之山坡地或河階平原，加上人口壓力較小，因此土地之移轉較單純，所有權之分化亦較西部平原單純，故雖出現一田二主之情形，但從現有文獻追查，很少出現一田三主之情形。不過大小租出現後，小租戶之勢力愈來愈大，甚至毋需經由大租戶之許諾即可自由處分土地所有權。所有權分割結果，買賣出典之現象越加普遍，大租戶幾乎無牽制之力，而且常有拖欠大租之事，也影響到大租戶繳納正供之能力，使得政府財政受到影響。因此，政府為了防止佃戶欠租，引發事端、影響財政，故常有保護大租之舉。

光緒十四年（1890），劉銘傳擔任臺灣巡撫時，為解決台灣財政問題，清理田賦。希望藉由清賦之舉，消除大租，使土地所有權單純化，但卻遭到大租戶之抗拒，甚至引發「施九緞事件」〔註62〕，劉氏不得已，乃改採較溫和之「減四留六」辦法。小租戶只繳大租之六成給大租戶，保留四成大租給小租戶，但改由小租戶繳納正供給政府，等於法理上將土地所有權歸小租戶所有。大租權之真正消滅，則必須等到日治時期。

〔註61〕詳參臨時台灣土地調查局，《清代台灣大租調查書》，頁962。
〔註62〕彰化埔心莊之施九緞為大地主，因不滿劉銘傳之清賦措施，率眾包圍彰化縣城，要求燒燬丈單，官方不為所動，施氏之抗租事件後被林朝棟等人所敉平。

第四章　漢人社會的建立

第一節　聚落之形成與街莊的發展

　　濁水溪中游地區，早期爲各族群之部落及獵場，經過清代漢人不斷拓墾下，至清末已是漢人優勢的社會。各族群之社地，變成漢人之街莊。在政治上，亦由清初設立沙連保，到清末之雲林縣設治。清末之濁水溪中游地區，經漢人二百餘年之拓墾，已是街莊繁榮，交通發展，人文勃興，呈現一番新風貌。

　　濁水溪中游地區之拓墾以今竹山地區爲最早，肇始於鄭氏時期，鄭氏部將林圯率兵屯墾於此。惟當時竹山地區仍爲鄒族阿里山社和邵族、布農族之居處，林圯之率眾入墾，竟遭各族群之抗拒遇害。可見當時各族群之勢力甚強，漢人之拓墾極爲困難，更遑論街莊之形成。

　　台灣入清版圖以後，清政府於雍正二年（1724）廣納各方意見後決定「福建台灣各番鹿場閒曠之地方，可以耕種者，曉諭地方官聽各番租與民人耕種。」此一將平埔族土地開放給漢人耕種之政策，對於台灣沿山地區的拓墾頗有助益。故此時有不少漢人入墾竹山。如雍正八年（1730），廖科應、廖連應定居硘磘；乾隆五年（1740），則有葉初進入林圯埔開墾，另有張創亦於乾隆年間入墾社寮。隨者漢人之入墾與日俱增、拓地日廣，至乾隆年間，漢人村落已在竹山逐漸建立。據乾隆十六年（1751）福建台灣總兵李有用之奏覆中即有「水沙連地方逼近生番，久經定界，」「現在民番寧靜，並無驚擾情事。轉恐

滋擾，請將大小二十四莊，開成田園一千五百七十一甲，未墾荒地二百六十餘甲一併入官，令該佃照例輸租，以杜爭競。」〔註1〕之記載。由此可知，乾隆十六年（1751），水沙連地區（即今竹山鎮）已形成漢人聚落「大小二十四莊」，並墾成「田園一千五百七十一甲」。可見當時竹山地區的開墾已粗具規模，漢人社會已告確立。由於漢人入墾者眾，清政府為了加強此地之管理，旋於乾隆二十年（1755）成立保甲制度，茲據《清高宗實錄》之記載云：「今查水沙連離生番三十餘里，山徑崇峻難越。」「所有墾屯田園，應照例征租。」「該處耕種男婦編立保甲，設備防守，不時稽查。」〔註2〕由此可見「水沙連保」於乾隆二十年（1755）正式成立。保甲制度之成立，雖為輔助地方官治理之民間組織，但亦為推動街莊建設之重要民間力量，也反映漢人勢力之奠立及官治組織之強化。

乾隆二十五年（1760）以後，隨者漢人入居者眾，林杞埔地區（今竹山市區附近）已是「近日人煙稠密，商賈往來不絕，奸匪潛匿，搶竊時聞。」〔註3〕清廷不得設兵汛駐紮以維持治安。至乾隆中葉「林杞埔街」已經形成，故乾隆二十九年（1764）撰成之《續修台灣府志》已首度出現「林杞埔街，在縣東□□里」〔註4〕之記載。

乾隆中葉林杞埔街之形成，代表竹山地區商業之繁榮及人文之勃興。而市街之公有建設亦迎運而起。例如：乾隆十六年（1751）「沙連倉」之興建，即代表拓墾之有成，農業之發展，政府所課租穀甚多，必需建倉貯存。《雲林縣采訪冊》云：「沙連倉，在林杞埔街文祠前（縣治東二十五里）。初建二十一間，今存一十間，餘皆廢壞。傳聞乾隆十六年，里眾佃民稟請有司，官准眾民捐貲鳩工共建，為收貯課租處所；有案可考。」〔註5〕，可見當時興建二十餘間倉儲，以貯藏所課租穀。除了倉儲之興建外，開發大致就緒後，經濟能力日漸雄厚，寺廟之興建乃隨之而興。《雲林縣采訪冊》云：「連興宮，在林杞埔街。宮殿三座，祀天上聖母。乾隆中，里人公建。」〔註6〕可見乾隆中葉，林杞埔街民已創建連興宮做為民眾信仰中心。

〔註1〕《大清高宗純皇帝實錄》，卷三百八十七。
〔註2〕《大清高宗純皇帝實錄》，卷四百九十六。
〔註3〕《大清高宗純皇帝實錄》，卷六百二十。
〔註4〕余文儀，《續修台灣府志》，頁89。
〔註5〕倪贊元，《雲林縣采訪冊》，頁153。
〔註6〕倪贊元，《雲林縣采訪冊》，頁159。

　　乾隆中葉之林圯埔街市況，因史料缺乏難以詳考。除林圯埔街外，當時今竹山地區村落之情形，根據乾隆年間之古契約，已經分別出現鯉魚頭保、加走寮莊、前後埔仔莊、後埔仔莊、水底寮莊等村落。另乾隆年間之古地圖則出現埔尾、五里林、跋死鹿、江西莊、東勢厝、東埔蠟、木屐寮、香員莊、後埔仔寮、後埔仔莊、水底寮、新社等地名及聚落。〔註7〕而嘉慶年間之契約則出現「木瓜潭莊」之地名。〔註8〕至於道光年間成書之《彰化縣志》則列出今竹山境內有二十三莊，其分別為：林圯埔、三角潭、埔心仔、江西林、香員腳、下坪莊、冷水坑、花溪厝、中崎莊、柯仔坑、磁磘厝、豬勝椶、東埔蠟、圳頭坑、筍仔林、社寮莊、籐湖莊、木屐寮、他里溫、水底寮、頂埔莊、下埔莊、水車莊。〔註9〕可見道光年間聚落發展極為快速，今日竹山地區之傳統聚落幾乎均已出現。

　　清代因漢人入居林圯埔愈來愈多，生齒日繁，街莊發展愈快，寺廟之興建乃成為街莊建設之要務，使成為莊民信仰中心及精神寄託，如：乾隆十年（1745）社寮建紫南宮土地祠，乾隆末年又建開漳聖王廟以祀陳元光。乾隆五十四年（1789）林圯埔街建三坪祖師公廟。嘉慶七年（1802）東埔蠟莊建沙東宮以祀開台聖王。嘉慶二十四年（1815）水底寮莊亦建開台聖王廟。道光年間下崁居民亦建德山巖於和溪厝以祀觀音佛祖。咸豐年間，林圯埔街又先後建三官大帝廟及齋堂養善堂。同治五年（1866）溪洲仔亦建靈天宮以祀玄天上帝。〔註10〕

　　清末由於人口之增長，雲林之設治，臺灣中路之開闢，使得身居「前山第一城」之林圯埔街更為繁榮，故光緒年間林圯埔之街廓已擴大至橫街後街一帶，故《雲林縣采訪冊》云：「橫街後街，三百五十四戶，三千六百三十五丁口。」〔註11〕

　　竹山地區除乾隆中葉已出現林圯埔街外，至清同治。光緒年間，林圯埔北方之社寮莊，由於永濟義渡之設立及八通關古道社寮支線之開闢，使其成為濁水溪上游交通之要衝及入山之門戶。因此今紫南宮前之「大公街」已成市集，為路面舖石板，有商舖約七十戶之街道〔註12〕，官方文獻稱為「社寮

〔註7〕　國立故宮博物院（臺北）藏〈清乾隆中葉台灣地圖〉。
〔註8〕　林文龍，《社寮三百年開發史》，頁33。
〔註9〕　周璽，《彰化縣志》，頁51。
〔註10〕　林文龍，《社寮三百年開發史》，頁128～129。
〔註11〕　倪贊元，《雲林縣采訪冊》，頁137。
〔註12〕　南投縣立文化中心編，《竹的故鄉──前山第一城》，（南投：南投縣立文化

街」。例如：光緒年間寫成之《雲林縣采訪冊》云：「社寮街，在縣東三十五里，爲社寮等處交易總市，又爲往來南北暨埔里社孔道。」〔註13〕極說明清末社寮街之繁榮與發展。

此外，位於林圯埔街與社寮街往來孔道之東埔蚋莊（今竹山鎮延平里），於光緒初年因八通關古道之開闢而成爲林圯埔通往大坪頂（今鹿古）之要津，由於商旅往來頻繁而於光緒年間亦成街市。故《雲林縣采訪冊》云：「東埔蚋街，四百五十九戶，五千零零九丁口。」〔註14〕可見清末東埔蚋已是擁有數千人口之市集。

總之，今竹山地區自清代統治以後，經二百餘年之移民開發與建設，已形成市街四處及村落七十三莊。其市街四處分別爲：林圯埔街，橫街後街、東埔蚋街、社寮街。其中林圯埔街位於今竹山農會後方、連興宮旁之巷內（即昔日下福戶土地廟前，今土地廟已拆除）。橫街後街則爲今竹山消費市場址。〔註15〕東埔蚋街位於沙東宮前，社寮街則位於紫南宮前之「大公街」。至於七十三村莊之名稱，因篇幅所限，請參閱《雲林縣采訪冊》一書。〔註16〕

位於竹山東方之鹿谷，因位處山區，開拓較竹山略晚。乾隆初年，漢人始由竹山東進鹿谷拓墾。乾隆二十二年（1757），許萬青、葉寧靜、莊忠信等人入墾粗坑（今初鄉村）、新寮（今鹿谷村）、坪仔頂（今秀峰村）、獐仔寮（今彰雅村）、車軌寮（今廣興村）、小半天（今竹林、竹豐村）、內樹皮（今和雅村）等地拓墾。道光二十三年（1843）之古文書施東所立〈付託掌管埔字〉〔註17〕中即出現「立付託掌管埔園字人施東，自墾埔園一所，坐落新寮莊大坪頂」字樣，可見當時已出現新寮莊。道光三十年（1850）出版的《彰化縣志》中已出現「小半天、車軌寮、獐仔寮、粗坑莊、坪仔頂、清水溝」等村莊名，和前述之新寮莊，被稱爲「大坪頂七莊」。道光三十年（1850）撰成之《彰化縣志》中已提到沙連保共有三十五莊，分別爲：「林圯埔、三角潭、埔心仔、江西林、香員腳、下坪莊、冷水坑、花溪厝、中崎莊、柯仔坑莊、磁磘莊、豬勝棕、東埔蚋、圳頭坑、筍仔林、小半天、車軌寮、獐仔寮、粗坑莊、坪仔頂、清水溝、社寮莊、籐湖莊、木屐寮、他里溫、水底寮、

中心，1998），頁89。

〔註13〕倪贊元，《雲林縣采訪冊》，頁146。

〔註14〕倪贊元，《雲林縣采訪冊》，頁146。

〔註15〕竹山鎮耆老林朝森口述（住頂橫街45號）。

〔註16〕倪贊元，《雲林縣采訪冊》，頁137～145。

〔註17〕鹿谷鄉許家（許萬青後裔）藏古文書。

頂埔莊、後埔莊、水車莊、集集街、廣盛莊、濁水莊、田寮莊、屈尺龜、崁頂莊。」〔註18〕其中集集街、廣盛莊及田寮莊今屬集集鎮，屈尺龜、濁水莊及崁頂莊今屬名間鄉外，其他均在今鹿谷、竹山境內。（今竹山清水溪流域屬鯉魚頭保不計）。

同治初年所出版之《台灣府輿圖纂要》中列出鯉魚頭保及沙連保之村莊名稱。當時竹山西南隅清水溪流域之鯉魚頭保共有十三村莊，分別是：桶頭莊、竿蓁林莊、木瓜潭莊、東勢坑莊、山坪頂莊、山邊厝莊、不知春莊、詔安寮莊、鯉魚尾莊、過溪仔莊、橡仔坑莊、枋樹湖莊、柯仔坑莊。至於沙連保已有五十一莊，其範圍除包括竹山、鹿谷、名間、集集之外，也包括今水里鄉。其分別為：溪洲莊、社寮莊、猴坑莊、木屐寮莊、珍湖莊、板寮庄、過坑仔莊、柴牛稠莊、東埔蚋街、惠溪厝、江西林莊、下坪莊、頂埔莊、筍仔林莊、林圯埔街、籐湖莊、埔心莊、大坑內莊、三角潭莊、香員腳莊、鼻仔頭、尖仔尾、水車莊、湖仔厝莊、豬朥棕、柯仔坑、車店仔、咬狗寮、水底寮、後埔仔（按：以上屬今竹山鎮境）。清水溝莊、車輄寮莊、小半天、新寮、大水堀莊、大坪頂莊、粗坑莊、內湖莊、番仔寮莊（以上在今鹿谷鄉境內）。湳仔莊、濁水莊、屈尺龜、崁頂莊（以上在名間鄉境）柴橋頭莊、集集莊、廣盛莊（以上在今集集鎮境）。坪林莊、龜仔頭、牛塭輅（以上在今水里鄉境）。
〔註19〕

光緒元年（1875），朝廷推展「開山撫番」，總兵吳光亮開築由竹山經鹿谷、橫越八通關通往台灣東部的道路，使得鹿谷「大坪頂七莊」更為發展。《雲林縣采訪冊》云：「新寮街，在縣東三十七里；為大坪頂七處交易之區，入後山台東州總路。」〔註20〕同書又載大順嶺，「前臺灣總鎮吳光亮，從此修築為入後山八通關等處之路。山路平坦，行十餘里，即大坪頂七處；民居稠密，煙火萬家。七處山產，甲於全堡。」〔註21〕文中提到「大坪頂七處，居民稠密，煙火萬家。」其中「煙火萬家」雖屬誇飾之詞，但當時鹿谷街莊之繁榮亦由此可見一斑。

竹山鹿谷地區，經過清代二百餘年之拓墾，據日治明治37年（1904）之人口調查：當時沙連堡共有 19,140 人，鯉魚頭堡有 2,838 人，合計共 21,978

〔註18〕 周璽，《彰化縣志》，卷二〈規制志〉，頁51。
〔註19〕 《台灣府輿圖纂要》，頁220～221。
〔註20〕 倪贊元，《雲林縣采訪冊》，頁146。
〔註21〕 倪贊元，《雲林縣采訪冊》，頁146。

人。〔註22〕由此推算，清末此地人口可能接近二萬人左右。

　　位於濁水溪北岸之今名間鄉，與南岸竹山相望，同為進入濁水溪中游之門戶，因此開發較早。但其屬濁水溪流域僅東南一隅之地。主要包括今名間街區（中正村、中山村、南雅村）及濁水（今濁水村）。康熙末年及雍正末年、漢人開始進入此地拓墾，至乾隆年間達到拓墾巔峰。乾隆十五年（1750）時，上列地區仍被劃為「界外番地」，事實上此時湳仔（今名間街區）已被漢人入墾。乾隆二十五年重新劃定番界時，此地始未被劃入「番地」，但此時已被清廷查出廣福新莊（今名間鄉濁水村）及廣福寮（名間街區濁水火車站附近）已被漢人偷墾成熟。而乾隆中葉所繪之《台灣番界圖》中，亦出現湳仔、廣福寮及廣福新莊三地名，〔註23〕證明此時已出現上列三處漢人聚落。道光三十年出版之《彰化縣志》則出現濁水莊、崁頂莊和屈尺龜三村莊名。〔註24〕由此可見，最晚在道光末年，名間鄉屬濁水溪流域之平地大致已被墾成，並出現崁頂（今名間街區）、屈尺龜（今新民村）及濁水（今濁水村）三大聚落。根據日治時期明治三十八年（1905）之人口調查，當時濁水莊及湳仔莊之人口共 1,661 人，由此推估，清末臺灣割讓日本前夕，此地約有人口一千餘人。

　　集集地區的拓墾，始於乾隆三十六年（1771）邱、黃、劉、許四姓佃人入墾林仔尾（今林尾里）而成立林尾莊。次年，成立湳底莊（今林尾里）。乾隆三十八年（1773）開始往集集之平野拓墾，三十九年成立吳厝莊（今吳厝里，因吳姓佃農拓墾而得名）。乾隆四十年漢人往集集東區拓墾，架木橋於清水溪上，拓墾成功後聚居成「柴橋頭莊」（今永昌里）位於林尾莊與柴橋頭莊之間，由於居民往來頻繁，居民於中途開設二家雜貨店，並有民眾聚居，乾隆四十二年（1777）亦形成村落，稱為「半路店莊」。乾隆四十五年時，半路店莊因居民往來頻繁，商店及買賣者增加而發展成市集，稱為「集集街」。至乾隆末年，集集之平野及沿山地區已被拓墾完成，先後出現屯田莊（今和平里）、洞角莊（今廣明里）、大坵園莊（今富山里）、草嶺腳莊（今林尾里）、公館莊（今林尾里）、北勢坑莊（今廣明里）、頭埤仔莊（今和平里）、雞籠山莊（今和平里）。〔註25〕嘉慶年間，原撥給水沙連六社「屯番」的集集八娘坑

〔註22〕台灣總督府編，《台灣現住人口統計》，（臺北：台灣總督府，1904），頁 94～95。

〔註23〕臺北中央研究院傅斯年圖書館藏，《清乾隆中葉台灣番界圖》。

〔註24〕周璽，《彰化縣志》，卷二〈規制志〉，頁 51。

〔註25〕不著撰人，《集集古誌》，日治時期抄本，（集集鎮林尾里吳仁堅藏）。

養贍埔地，亦被通事及社丁首招佃拓墾，至道光五年（1825）的古文書中已出現「田寮莊」地名，道光二十六年又出現「隘寮莊」地名。〔註26〕道光末年，集集已幾乎被開發殆盡。

　　光緒年間，由於「開山撫番」之推展及台灣中路（八通關橫貫道路）之開闢，集集之交通地位日益重要，成爲濁水溪流域通往五城堡、埔里社及社仔（今水里鄉）之入山要道；也是漢、「番」交易中心。光緒元年（1875），清政府更將集集、林尾、柴橋頭及社仔四莊成立集集堡。光緒年間，集集更因樟腦業的興起而商業繁榮，人文勃興。據日治時期所撰之《集集古誌》記載：光緒十年（1884），西洋人進入集集熬製樟腦，貸資本於腦丁，再收購其樟腦，於是樟腦業大興。先後有瑞興棧（台南沈鴻傑設立）、怡記棧、東興棧（高拱宸設立）、昌記棧、慶記棧、仁沙棧、公和棧、大圳棧、美打棧、及定記棧、錦勝棧、大修棧、公慕棧共十三家腦館（洋行）之設立，〔註27〕集集街繁榮一時，成爲濁水溪中游最繁榮之街市，商旅雲集，成爲附近地區之交易中心，人口亦大量成長，由集集樟腦業之蓬勃，也可以看出清末開山撫番政策之執行，有濃厚之經濟動機，開採內山樟腦之企圖不言而喻。《集集古誌》云：「明治二十五年（清光緒十八年；西元 1892 年）之集集堡居民眾多，街上及鄉間住屋相連，甚爲壯觀美麗。」〔註28〕當時集集街莊繁榮之景象由此可見。根據日治時期明治三十八年（1905）年之人口調查，當時集集街、林尾莊、柴橋頭莊及隘寮莊共有 750 戶，人口 4,156 人。〔註29〕由此推估，清末臺灣割讓日本前夕，集集地區人口約四～五千人之譜。

　　水里、日月潭地區，在嘉慶年間雖已有漢人零星入墾，但嘉慶末年「郭百年事件」後，部分漢人被逐出，清廷立碑於集集，禁止漢人越界偷墾。但事實上成效不彰，道光年間，社仔（今水里鄉）已成漢人村落；而日月潭水社及頭社亦有漢人潛入招墾。至同治末葉，日月潭附近邵族部落已是漢、番雜處的局面。同治初年所出版之《台灣府輿圖纂要》中已列出了坪林莊、龜仔頭、牛塭轆等村莊的名稱（以上地望在今水里鄉境）。〔註30〕

　　光緒年間，由於漢人之入墾日月潭及鄰近地區，日月潭附近四大邵族部

〔註26〕台中市董俊寰藏「永濟義渡」古文書。
〔註27〕見不著撰人，《集集古誌》，日治時期抄本，（集集鎮林尾里吳仁堅藏）。
〔註28〕不著撰人，《集集古誌》，日治時期抄本，無頁碼。
〔註29〕台灣總督府編，《台灣現住人口統計》，（臺北：台灣總督府，1905），頁 95。
〔註30〕前引《台灣府輿圖纂要》，頁 220。

落：頭社、水社、審轆社及貓𪛊社之舊有社地已淪爲漢人之村莊，邵族均遷往附近之其他更偏僻的地方居住，將土地瞨租給漢人耕作，靠收租過日子。一旦頑佃抗納，邵族不但失去土地，生活也陷入了困境。另外位於日月潭西北方約八公里之蓮花池地區，原爲邵族之土地，此時亦引漢佃入墾，不久即淪爲漢人之聚落。

第二節　官治組織的設立與社會結構

濁水溪中游地區原屬各族群之居處，歷經明末即清代二百餘年之拓墾，至清末已成一漢人優勢的社會，人口增加，街莊繁榮，經濟逐漸發展。爲因應社會的變遷及人民的需要，官治組織之設立乃迎運而起，並隨者時代及環境的變化而時有調整，整個社會結構趨向更多元。

清初對臺灣實施消極之治臺政策，因此行政機關之設置非常簡省，以節省經費及人力，而且行政機關之調整總是落後在人民拓墾的腳步之後，大多是因爲臺灣遭到內亂或外患之侵擾才調整行政區劃。因此不但人民無法得到政府充分保護，又加上吏治之不良，使得清代臺灣之民變層出不窮。

濁水溪中游地區之拓墾，傳說始於鄭氏時期林屺率眾拓墾林杞埔（今竹山），當時此地由天興州管轄，但當時鄭氏政權主要勢力在台灣南部，濁水溪流域非其政令所及，故無任何官治組織之設立。

康熙二十二年（1683），台灣被清廷統治後，最初設一府三縣（台灣府、鳳山縣、台灣縣、諸羅縣），當時濁水溪流域隸諸羅縣管轄。康熙六十一年（1722）朱一貴抗清事件結束後，清政府以台灣北路漢人移墾日眾，諸羅縣管轄區過於遼闊，一旦有事，鞭長莫及，在藍鼎元的建議下，於雍正元年（1723）增設彰化縣於半線（今彰化市），治理虎尾溪以北，大甲溪以南地區，西至海，東至中央山脈，從此濁水溪中游，除今竹山鎮之清水溪中上游仍歸諸羅縣管轄外，其他地區均隸彰化縣管轄。

雍正年間，清廷開放台灣近山平埔閒曠土地租給漢人耕種，加速漢人進入沿山地帶拓墾，因此不少漢人進入濁水溪中游拓墾。乾隆年間，拓墾達到巔峰，今竹山地區之拓墾已粗具規模，因此必須編立保甲以治理地方、維護治安。乾隆二十年（1755）九月二十二日，清廷戶部果然議准：「閩浙總督喀爾吉善疏稱：『台灣府彰化縣水沙連，因近生番，不准民人居種。今查水沙連離生番三十於里，山徑崇峻難越。』『所有墾屯田園，應照例徵租。』『土深

腴厚,可墾成園,應一併墾種。該處耕種男婦編立保甲,設隘防守,不時稽查。』從之。」〔註31〕由此可知乾隆二十年(1755)水沙連保正式成立,從此竹山鹿谷地區由水沙連保管轄。按保甲係地方民間自治組織。其制度為:「十家為甲,十甲為保,甲有長,保有正,設立簿冊交查互警,此即井田守望之遺制。」〔註32〕此時,南北投保亦告設立,濁水溪流域之湳仔莊(今名間街區)歸南北投保管轄。乾隆二十九年左右,今竹山鎮清水溪中上游地區亦成立鯉魚頭保,歸嘉義縣管轄。因此,至乾隆末年,濁水溪中游境內已分別設立沙連保和鯉魚頭保二個自治組織,此一型態一直延續至光緒年間才調整。彰化縣、沙連保和鯉魚頭保之設立,一方面反映漢人在濁水溪中游拓墾土地之頗有績效;另一方面亦顯示朝廷加強對濁水溪中游之控制。

此外,乾隆三十一年(1766),閩浙總督楊廷璋鑑於台灣地區開拓日廣,漢人與各族群接觸日漸頻繁,漢人侵佔各族群土地之現象時常發生,導致各族群土地流失,生活流離無依,有礙治安,乃建議清廷在台灣設置理番同知,專管漢人與各族群交涉事宜。清廷准之,乃於次年設南路、北路撫民理番同知。北路撫民理番同知設於彰化,負責管轄諸羅縣與淡水廳之漢、「番」交涉事宜。從此,濁水溪流域之水沙連二十四社均歸北路理番同知管轄。乾隆四十九年(1784),鹿港開港,北路理番同知兼理海防。乾隆五十年(1785),兼理捕務,五十三年(1788),移駐鹿港。光緒元年(1875),改設中路理番同知,濁水溪中游之各族群乃改由中路理番同知管轄。由沙連保、鯉魚頭保,到中路理番同知的設立目的,都可以看出朝廷基於治安之考量,才調整行政組織;並非以撫民或人民實際需要為優先考慮。

同治十三年(1874),因牡丹社事件,日軍犯臺,台灣情勢危急,清廷治臺政策轉趨積極,派欽差大臣沈葆楨來臺籌辦海防,沈氏建議清廷調整行政區域以利統治與開發,清廷乃依沈氏之請,於光緒元年(1875)正月於台灣府下增設恆春縣,同年十二月增設臺北府(府治設艋舺,即今萬華)和淡水縣,裁淡水廳改設為新竹縣,同時裁噶瑪蘭廳改設宜蘭縣。並將南、北路理番同知改為南路及中路理番同知,各移紮卑南(今臺東)及水沙連(今埔里),同年奏准在埔里社建中路撫民理番同知衙署,設埔里社廳於此(參看附圖四~1),以管理水沙連六社(埔里、眉社、田頭社、水社、貓蘭社、審鹿社)。至是台灣遂由一府四縣三廳,增為兩府八縣二廳。此時濁水溪中游地區分屬

〔註31〕《大清高宗純皇帝實錄》,四百九十六。
〔註32〕清雍正皇帝所頒《聖諭廣訓》。

彰化縣、嘉義縣及中路理番同知管轄。彰化縣轄下分別有沙連保及南投保湳
仔莊。嘉義縣轄下則有鯉魚頭保。至於漢人與各族群交涉事務則由中路撫民
理番同知處理。而此次因為外人侵台，恐台灣為外人所奪，而加緊對台灣控
制才調整行政區劃，也反映出清廷完全以國防及治安為考量之治台政策。

圖 4-1　夏獻綸《台灣輿圖》濁水溪中游附近圖

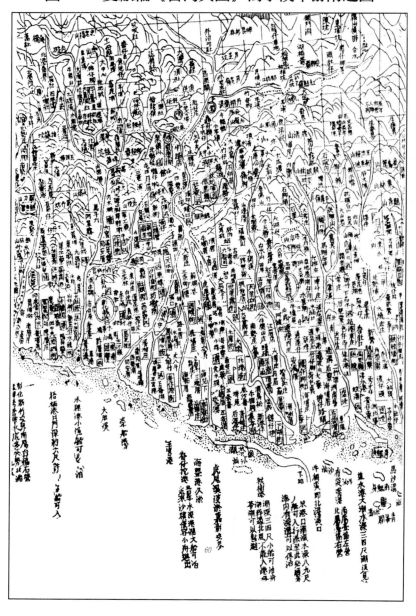

　　光緒十年（1884），中法爆發戰爭，法軍犯臺，清廷派劉銘傳來臺抗法。
翌年夏，中法戰爭結束，清政府益感台灣之重要，乃決定將台灣改建為行省，
命劉銘傳為首任巡撫。劉氏積極經營臺灣，於光緒十三年（1887）重新調整
行政區域，將全省劃分為三府、一直隸州、十一縣三廳。亦即設一台東直隸
州外，並將台灣府移至臺灣中部，臺灣府轄台灣縣、彰化縣、雲林縣、苗栗
縣及埔里社廳；臺南府（舊為臺灣府）轄安平縣（舊名臺灣縣）、鳳山縣、恆
春縣、嘉義縣及澎湖廳；臺北府轄淡水縣、新竹縣、宜蘭縣及基隆廳。其中
雲林縣治設沙連堡林圯埔（即今竹山鎮），為濁水溪流域中游官治行政機構設
立的開始。從此至臺灣割讓日本為止，濁水溪中游分別隸屬於臺灣縣轄沙連
下堡；雲林縣轄沙連堡；嘉義縣轄鯉魚頭堡和埔里社廳轄下之集集堡及五城
堡（部分），其詳細情形請參閱圖4-2。

圖 4-2　清光緒中葉濁水溪中游行政區劃略圖

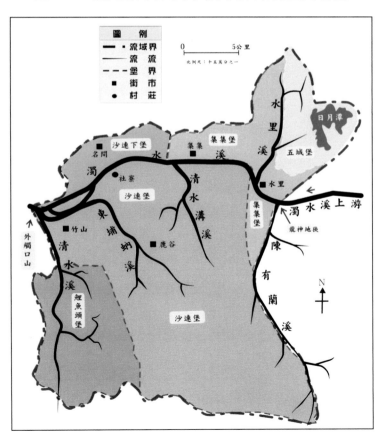

　　光緒十三年（1887）行政區域調整時，雲林縣之設治於林圯埔（竹山）對濁水溪流域地區有重大意義。因雲林縣治之選定，係經劉銘傳親自履勘後，以林圯埔「居中路之心，扼後山之吭」〔註33〕，不但是濁水溪中游交通中心；亦是控制臺灣東部之要地。由於位置適中又重要，遂被選為雲林縣治之址，可見雲林縣治之設置於林圯埔（今竹山）有其國防之考量。其建設係由時任臺灣府經歷攝斗六縣丞之陳世烈負責，自光緒十三年（1887）二月初一日由總董鄭綿昌負責興工，先種刺竹，又獲陳安邦、鄭必昌及林姓、石姓諸董率眾負鍤協助搆工，因此進展極為順利，初三日插竹即告完成，不久，城工亦次第竣工。當雲林城竣工之時，雲林尚未正式設縣，故陳世烈將此城取名為「前山第一城」。因清代慣稱臺灣中央山脈以東之台東、花蓮為後山；中央山脈以西之中部地區為前山，而林圯埔之雲林縣城位處由後山經由中路通往前山之第一座城池，故名「前山第一城」。故雲林縣之設治於林圯埔（竹山），說明濁水溪中游交通地位之重要，故成為雲林縣之行政中心。只可惜到光緒十九年（1893）縣治就被移往斗六。

　　劉銘傳撫臺期間，為加強撫墾事業之推展，在巡撫之下設置全臺撫墾總局於大科崁，置撫墾局於山地各要隘。其中林圯埔撫墾局設於竹山，以管轄濁水溪中游之撫墾事業；至於日月潭附近則隸屬埔里社撫墾局管轄。

　　清廷治臺期間，濁水溪中游地區因大部分地區被劃為界外「番地」，禁止漢人入墾。但漢人不斷偷偷入墾，但官方卻未設置任何行政機關於此地，只分別隸屬諸羅縣（後改稱嘉義縣）、彰化縣及埔里社廳管轄。迨光緒十三年（1887）始有雲林縣設治於此。雲林因設縣不久，故行政組織極為簡略，官員只有知縣、訓導與典史。其下則有胥吏、門丁、差役供差遣。

　　光緒十三年（1887），劉銘傳曾設林圯埔撫墾局於林圯埔（今竹山），做為推動濁水溪中游地區拓墾土地及綏撫各族群之機關。其組織如下：〔註34〕

委員一員：以七品文員任之，或以營官任之，掌理撫墾事務。
幕賓：局員二名，隨時聘用，處理文案等事。
市司事：二人或四名，分辨庶務或會計。
通事：人數不等，分任通譯。

〔註33〕陳世烈，〈竹城旌義亭碑記〉，錄自林文龍編著，《台灣史蹟論叢》中冊人物篇，
　　　　（台中、國彰，民國76年），頁830。
〔註34〕劉枝萬，《南投縣沿革志開發篇稿》，頁249～250。

局勇：人數不等，保護墾務，並監督隘勇。

醫生：一至二人，以任醫務。

教讀：各設置一名，以教各族群讀書。

教耕：各設置一名，以教各族群耕田。

由其組織來看，林圮埔撫墾局之組織相當完備。當時濁水溪中游大部分地區均由林圮埔撫墾局負責撫墾，只有日月潭及其鄰近地區則由埔里社撫墾局負責。撫墾局辦事章程，概係以光緒三年（1877）三月丁日昌所擬撫番善後章程二十一條爲準則。故雖名爲撫墾，實以撫番爲主。劉銘傳又鑑於族群各異，其對漢人關係不一，乃因地制宜，乃設「番婆」、市司事、教讀及教耕等職務。例如在埔里社撫墾局設「番婆」及市司事。「番婆」乃由各族群婦女嫁給漢人爲妻者中遴選，對出山來撫墾局之各族群招待其酒食，由番婆負責接待。市司事則負責監督漢、「番」交易，嚴禁漢人私售槍械彈藥給各族群民眾。邵族之撫墾由埔里社撫墾局負責。至於布農族及鄒族之撫墾則主要由林圮埔撫墾局負責。林圮埔撫墾局設有教讀及教耕各一名，教讀任教於義學，教各族群兒童讀書；教耕則教各族群兒童耕種。此外，對於歸化「番社」頭目，仍沿舊例，每年發給口糧銀一次不等。

林圮埔撫墾局首任委員爲陳世烈。光緒十三年（1887）春，曾勒「化及蠻貊」碣於集集洞角部落之巨石上（位於台灣省特有生物保育中心旁）。同時，又建「番學堂」於陳有蘭溪楠仔腳萬社外（今信義鄉望美村），召集附近各番社兒童前來就學，學堂建築仿書院規模新建，陳世烈並勒碑於學堂前，題字「萬興關」三字。聘廣東籍陳國安擔任教師，並請通事擔任助教，最初招收「番童」二十於名，授以簡單的漢文讀書習字。但因教育不得宜，番童多忌避就學，隨拉隨逃，結果不到一年，學生絕跡，教師請辭，學堂遂告廢絕。另外，埔里社撫墾局亦曾於光緒十三年開闢由集集通往台東水尾（今花蓮瑞穗鄉）道路時，曾於巒大社境內一護路碉堡內附設「番學堂」一所來教育布農族兒童。其開辦時間及教學內容與楠仔腳萬學堂大致相同，但情形更糟，不但最初即招不到學生，學童隨拉隨逃，不數月即廢止。〔註35〕由此當時可見林圮埔撫墾局對於撫番之成效不彰。

清代濁水溪中游武力之配置可分爲三種：一是汛塘；二是屯兵；另一則是隘勇。汛塘乃擇軍事交通要地，設汛塘、派官兵以守之，其官兵係清廷之

<hr>

〔註35〕劉枝萬，《南投縣沿革志開發篇稿》，頁 249～251。

綠營，係由唐山抽調而來，三年一換，故又稱「班兵」。設弁帶兵者曰汛；僅安兵丁者曰塘；置兵戍守者曰堆。以維持地方治安爲首務。屯兵由熟番擔任，駐地在漢、「番」交界處，以阻隔漢、「番」，防止漢人侵入「番界」及「生番」出草殺人。至於隘勇則設於「生番」出沒地界，由熟番或漢人擔任，以維護行旅及漢人耕樵，設碉堡，哨所或營房爲據點，首要任務在防「生番」出草殺人。

濁水溪中游地區在乾隆初期以前，因草萊初闢，拓地未廣，人口不多，故當時治安之維護都劃歸臺灣北路左營之石榴班汛（今斗六市榴中里）負責。但至乾隆中葉時，由於漢人入墾者眾，商旅往來頻繁，而且由斗六經竹山通往名間、南投之路已通行。因此乾隆二十五年（1760）閩浙總督楊廷璋認爲：「林圯埔地方，內通水沙連諸番社，中隔大溪，外達觸口。從前因內地偏僻，行人稀少，是以祇於石榴班設汛防守，該地未經議建汛防。近日人煙稠密，商賈往來不絕，奸匪之潛匿、搶竊時聞」，因此他建議清廷：「應請將石榴班汛撥兵十名，鹽水港汛內撥把總一員駐劄巡防。」結果兵部於同年十月十五日的答覆是：「閩浙總督楊廷璋奏稱：台灣北路左營林圯埔地方偏僻，請添設塘汛，於鹽水港汛內撥外委駐劄，於石榴班汛內撥兵十名，估建兵房，應如所請。」〔註36〕從此清廷設汛防於林圯埔（今竹山），以維護治安，也是清廷駐兵濁水溪中游的開始；但是當時兵力只十人加外委一人而已，一旦有事，根本無法維持治安。當時汛營設立的地方在今竹山鎮中和里和溪厝，據道光年間寫成之《彰化縣志》云：「觸口汛（兵房十一間）：額外一員，戰守兵三十名。」〔註37〕可見道光年間已經將兵力增加到三十人左右。又據光緒二十年（1894）撰成之《雲林采訪冊》云：「觸口汛，在和溪厝；前屬彰化。設額外一員、戰守兵三十名；兵房十三間，今裁。」〔註38〕由此可見，當時汛營設立之位置在今竹山出入濁水溪之門戶，即觸口的和溪厝地區，故稱「觸口汛」。

乾隆二十五年（1760），觸口汛設立後，至道光年間，由於濁水溪中游地區之平地已被拓墾殆盡，人口大增，當時彰化知縣周璽已覺得「若林圯埔，地迫內山，林深藔密，，溪谷迴環，藏垢納汙，吏不能問。今且閭閻囂塵，人煙錯雜，沙連倉之儲積，即在其間，保無宵小之窺伺乎？雖觸口一汛，亦

〔註36〕《大清高宗純皇帝實錄》，卷六百二十二。
〔註37〕周璽《彰化縣志》，卷七〈兵防志〉，頁 192～193。
〔註38〕倪贊元，《雲林縣採訪冊》，頁 154～155。

有弁兵，而寥寥無幾，力豈足恃？在太平之時，無煩過慮。倘一旦地方有事，倉庾尚盈，我守之，可以贍兵糈；賊據之，即以齎盜糧。至是而籌保固之法，晚矣。縱警報一至，援兵立馳，而道路險遠，鞭長莫及，不其難哉。竊思此地，宜設一汛防，以千把總，增兵數十名，庶倉廒可保；而水沙連一帶，入山總路，亦以扼其要而遏其衝也。昔大將軍福公進剿林逆，嘗駐兵東埔蠟，由南北投而直搗賊巢，及剿平大里，爽文遁入生番界內，福公又令大將紮林圯埔以嚴兵守之，蓋截其出路也。今於林圯埔增設一汛，與南北投互為犄角之勢，不亦俾乎？」〔註39〕由此可見，道光末年官員已覺得觸口一汛、弁兵寥寥，一旦有事，不但力不足恃，而且鞭長莫及，因此主張在林圯埔（今竹山市區）增設一汛。另外，周璽亦主張集集地區也應增設一汛防，其理由為：「至集集埔，路通水埔二社聚落也。該處山徑崎嶇，阻溪為固，兵家所謂一人守險，萬夫莫越者此耳。若爽文亦嘗據其地，被攻始潰。今集集已設街市，宜增沒一塘，安民數各，以防匪類之出入，庶與觸口相應援，而為南北投所兼轄焉。」〔註40〕結果清廷果然在咸豐年間分別增設三處營汛，同治初年成書之《台灣府輿圖纂要》云：「另有集集、社寮、林圯埔三汛在沙連保，係嘉義營參將管轄。其弁兵各若干，請歸嘉義縣造報。」〔註41〕可見清廷在集集、社寮和林圯埔（今竹升）三地都設了營汛。而此三處營汛之兵力及演變，光緒二十年（1894）成書之《台灣通志》錄之如下：

> 林圯埔汛：舊設外委一名，兵三十名。同治八年改設把總一員、兵三十名。今設兵十二名。
>
> 水沙連汛：舊設千總一名，兵五十名。同治八年裁。光緒十四年復設外委一名、兵五十名。
>
> 集集汛：舊歸嘉義營分防，設外委一名，兵十名。光緒十四年屬北中營。今設兵三名、效用一名。
>
> 觸口塘：歸沙仔崙汛分防，舊設額外一名、兵二十名。同治八年裁。
>
> 　　〔註42〕

文中提到之「水沙連汛」即為「社寮汛」。《雲林縣采訪冊》云：「沙連汛：在

〔註39〕周璽，《彰化縣志》，卷七〈兵防志〉，頁197。
〔註40〕周璽，《彰化縣志》，卷七〈兵防志〉，頁197～198。
〔註41〕《台灣府輿圖纂要》，頁241。
〔註42〕蔣師轍，《台灣通志》，（臺北：國防研究院，1968），資料（一），頁654。

縣東南三十五里社寮，亦屬嘉義營。外委官一員。」〔註43〕據此，可見「沙連汛」在社寮，即「社寮汛」。另外由前引《臺灣通志》中可知，林圯埔汛、沙連汛和集集汛三處均延續至清末改隸日本時，至於觸口汛則於同治八年（1868）被裁撤。不過林圯埔汛、沙連汛和集集汛之先後設立，說明清政府對濁水溪中游的控制已經深入竹山、社寮、集集地區。

清代濁水溪中游的武力配置，除上述林圯埔汛、沙連汛、觸口汛及集集汛之設立外，又有番屯之設置。按番屯之起源始於乾隆五十三年（1788）朝廷為犒賞協助平定林爽文事件有功之各族群，擇各族群健壯者為屯兵、屯弁，共設屯所十二處屯丁四千名。當時水沙連番被挑選九十名為屯兵，歸併於柴裡小屯（共三百人），而柴裡屯位於斗六市。而且「彼時以該番尚未薙髮改熟，未便設屯。」〔註44〕所以當時水沙連屯丁僅按年賞給口糧穀，隨餉每人八圓發放，並給集集八娘坑養贍埔地九十甲。但至道光年間，屯制敗壞，養贍埔地被通事、土目及社丁首瞞租給漢人拓墾殆盡。道光二十八年（1848），台灣兵備道徐宗幹建議將原屬柴裡小屯之水沙連六社化番，獨立為水沙連大屯（屯丁四百名），而上〈議水沙連六社番地請設屯丁書〉〔註45〕，結果獲閩浙總督劉韻珂之認可。從此乃有水沙連大屯之設立。但當時水沙連屯兵之屯所及分佈，因史料缺乏，無法詳知。

光緒年間，因承平日久；屯制又告崩壞，發生「屯務廢馳，弁丁虛懸，餉歸中飽」之情形。〔註46〕光緒十二年（1886），劉銘傳任巡撫時鑑於積弊，曾加以整頓改編，以為可以充防番隘兵，並補綠營兵力之不足。當時濁水溪中游地區亦配置屯兵防番及保護行人安全，惟配置之情況，缺乏完整資料，但由光緒十八年（1892）全臺經營務處總巡胡傳所著之《臺灣日記與稟啟》載：

> 光緒十八年五月十八日：東北行十里，至九芎之德安橋，又十五里，至雲林縣（按即今竹山）。大雨下，縣令謝壽昌他出，止於劉哨官榮華寓中。……中路屯軍四五六七八隊亦駐此。

> 十九日：由雲林縣起程，東北行八里至尾寮底，又五里至水寮，

〔註43〕倪贊元，《雲林縣採訪冊》，頁154～155。
〔註44〕徐宗幹，〈議水沙連六社番地請設屯丁書〉，錄自丁曰健，《治台必告錄》，頁272～280。
〔註45〕同前註。
〔註46〕劉璈，《巡台退思錄》，〈核議梁丞稟擬開山撫番條陳由〉，第三冊，頁183～186。

又五里至田寮。過濁水溪，上嶺又下嶺，計七里至集集街。……
下午管帶中路屯兵營營守備余步青來見，餘字雲傳，湖南平江人。

二十日：余營文案王君鎔川，聞水沙連之勝，偕餘行。十里至風
硿口，又十里，至土地公安鞍。此一帶有小堡二、小營一，中路
屯兵所駐也。又十里至頭社，又十里至水社，即水沙連。（中略）

二十三日：黎明，起程出程（按，即大埔城，今埔里），約二里許
而大雨復下，遂冒雨行十五里，過小埔里、三條崙，而至大坪頂。
頂之東爲中路屯兵分防地段）頂之西爲棟隘副營分防地段，東西
防堡，相距約半里。……埔里屯兵，原選歸化番人，各給以地，
使之屯墾，始於光緒十二年冬，至十三年二月成軍。每月屯丁，
按月只給洋銀八元。自十四年之後，乃改今制，每名月給洋銀四
元。〔註47〕

由上文可知，清朝治臺末期，在今竹山、集集及由集集通往日月潭之沿路上
均駐有屯兵。而且一直延續到埔里之大平頂，沿路都由中路屯兵駐防。而中
路屯兵之設始於光緒十二年，成軍於光緒十三年，屯兵來源爲「原選歸化番
人，各給以地，使之屯墾」，即爲番屯；後來才募漢人補充，一直延續到台灣
改隸日本統治。

清光緒年間屯兵之屯餉，不但由原來每人每月八圓減爲每月四圓。而且
軍紀廢弛，不但缺乏訓練，而且隊伍不實、冒名頂替的現象嚴重。茲引胡傳
於光緒十八年五月二十二日，申報其巡視情形如下：

茲於十七日，由嘉義啓程，赴斗六門，補查武毅右軍右營左哨一
隊。十八日抵雲林縣，……中路屯兵中哨四五六七隊駐此。屯兵
所澄清冊，只開姓名，並無年貌、籍貫、箕斗、入伍日期，比飭
該哨官千總劉得雲補注。其簽出上差九人，奉雲林縣差出者十一
名，均不注明年歲、箕斗、索對底冊，則雲無之。該縣謝壽昌下
鄉相驗未回，無從詢問虛實。……十九日行抵聚集街。……二十
日由聚集街啓程，至水社，二十一日至埔里廳。均午後即大雨。
二十二日管帶中路屯兵營守備余步青，調集該營左右後三哨，集
中哨一二隊、前哨五六七八隊，於城東五里之蜈蚣崙，點名校靶。

〔註47〕胡傳，《臺灣日記與稟啓》，頁 34～35。

除籤出外，人尚足數，惟能中三槍者只有一人，能中二槍者只有
十人，甚或一隊之中無一槍能中靶者。校閱未畢，而大雨至。駐
雲林、西螺、塗庫、麥寮者亦趕至，挨冊中排列名次而點之，皆
有應者。復於冊中挑唱一名，則彼此互相顧望而不能應，其中顯
有僱人冒頂情弊。其奉雲林縣差出十一人亦不送呈補點，隊伍不
實可知。〔註48〕

由上文中提到試靶不中，冒名頂替，隊伍不實等情況來看，清末台灣屯務之
敗壞，全臺皆然，中路屯兵固不能免也。

　　清代台灣除了屯番之制外，隘丁、隘寮之設置亦為重要武力配置。隘係
漢人設於拓墾前線之一種防番設施，其目的在防範高山族之出擾，保護界內
拓墾者之安全。濁水溪中游何時始設隘，不得而知，據古文書顯示，最晚在
道光二十六年（1846），集集鎮已經出現隘寮（今隘寮里）之地名。同治年間
輯成之《台灣府輿圖纂要》云：「是以要害處所，均設有隘寮、銃櫃，以防生
番而衛農民。」〔註49〕可見隘寮設有銃櫃以防番。今水里鄉往日月潭途中之
「銃櫃」地名亦於清末出現，可能亦為隘寮之所在。隘有官設與民設之別，
故有官隘、民隘之分。《彰化縣志》〈兵防志〉雲：「彰化隘寮，原設一十六處，
守之以隘丁，統之以隘首，給之以隘租。」〔註50〕可見道光年間彰化縣有不
少隘寮。（參看附圖 4-3）不過嘉慶、道光以降，隘制亦如番屯，逐漸敗壞。

　　光緒十二年（1886），巡撫劉銘傳鑑於隘制名存實亡，乃廢止官隘、民隘
之別，參酌勇營之制，重新組織，並將隘租，悉歸官辦，因此只有官隘而已。
同時又將改編後之中路隘勇，全部歸中路軍統領林朝棟節制。林朝棟所率之
隘勇營，稱為中路棟字隘勇營。光緒十四年（1888），林朝棟與林文欽，合股
開設林合公司，擬開墾中部沿山一帶，並經營樟腦業，因慮各族群出草傷人，
乃自抽籐坑（今台中縣新社鄉境內）至集集一線廣設隘勇線，以隘勇防守，
有警則鳴銃傳示，眾隘勇合力出擊。當時設於濁水溪中游地區之隘勇情形，
缺乏完整史料可查，惟據光緒十八年（1892）全臺營務處總巡胡傳之《台灣
日記與稟啟》載：

〔註48〕 胡傳，《臺灣日記與稟啟》，（南投：台灣省文獻會，1997）頁 32～33。
〔註49〕 《台灣府輿圖纂要》，〈淡水廳輿圖纂要〉，（南投：台灣省文獻會，1996）頁
　　　　288。
〔註50〕 周璽，《彰化縣志》，卷七〈兵防志〉，頁 226～227。

光緒十八年五月十八日：又十五里至雲林縣，……由棟字副營前哨
六七八隊駐此。……哨官劉得雲所帶棟副前二隊，駐清水溝。十九
日：雲林縣啓程，……至集集街，管帶棟字副營總兵余葆元，領中
哨一二四五六隊、左哨一四六八隊駐此。余字初開，湖南瀏陽人也。
點名畢，詢之無地可設靶，故未校槍。其前哨六七八隊駐雲林縣，
二隊清水溝，亦雲界也。二十二日：管帶棟字隘勇副營傅把總德生
亦來見。〔註51〕

由此可知，清末林朝棟之隘勇棟字副營由總兵余葆元統率，分駐於集集、雲
林縣（今竹山）及清水溝（今鹿谷鄉瑞田村）等地。

　　另據日治時期之《集集古誌》中亦有余葆元於清末駐兵集集之記載曰：「集
集堡兵營之創立，始於光緒十六年，因集集堡腦務局設有委員來徵收樟腦稅。
由於當時樟腦業勃興，腦稅增加甚多。委員乃向上級申請，遂派三百餘名軍
隊由余葆元統帥，以防衛地方巡視製腦狀況及禁止樟腦任意私運出去販售。
兵營設於集集街外之官有土地上，有營房一所，佔地約數分地，營房四十餘
間。軍營四周築有土牆圍住，外掘濠溝，宛若城池模樣，當時集集民眾互相
往來貿易者甚夥，人民與兵士從早到晚相安無事，直到光緒二十年，余葆元
始率兵離開，營內四十餘兵房被夷為平地。」〔註52〕由此可知林朝棟派余葆
元率隘勇於光緒十六年（1890）駐守集集，因集集腦務分局設立，為維護樟
腦稅收及保護腦丁安全而設。余葆元之駐兵遺址在今集集鎮吳厝里營子巷（集
集國小附近），一直到台灣改隸日本才撤離。

　　除林朝棟之隘勇外，光緒初年，由於水沙連北港地區（烏溪流域）常有
族民出草殺人，因此清廷乃調遣原來駐守台灣北路（蘇澳、花蓮）之福銳右
營兵勇由丁汝霖統帥分駐於埔里、魚池、日月潭至水里、集集之間要地，以
資彈壓，光緒三年（1877）分巡台灣兵備道夏獻綸，曾抵此勘查，稟報其情
形云：「竊職道前擬中路埔里各社查閱情形，稟明憲鑒。旋於十一月初三日由
郡啓程，初六日抵彰化所轄之集集街。初七日由集集街十里至風碎口，嶺路
尚不甚高，前後設銃樓四處，由福銳新右營派勇駐守。」〔註53〕

〔註51〕　胡傳，《台灣日記與稟啓》，頁29。
〔註52〕　不著撰人，《集集古誌》，〈集集堡兵營創設大略〉，無頁碼。
〔註53〕　《劉銘傳撫台前後檔案》，〈台灣府轉行稟道夏憲綸查勘中路埔里各社籌辦事
　　　　宜〉，頁14～16。

圖 4-3　彰化縣隘寮座落圖（乾隆 22 年）

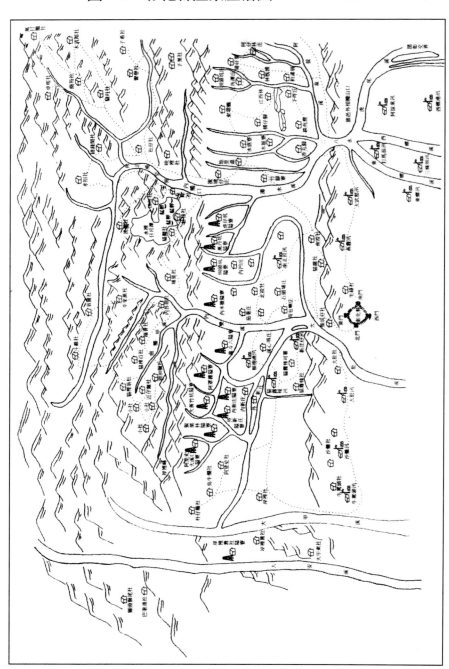

（資料來源：柯志明，《番頭家》，頁 187。）

光緒四年（1878）十一月，福建巡撫吳贊誠又奏其情形云：「查新開中路之埔里社建築土城，工程及半；土民及熟番，均已相安。惟附近之北港高山番素稱兇悍，因有游擊丁汝霖帶福銳新右勇營丁分扼要隘，未敢四出擾害；以飭催委署中路同知孫繼祖速赴新任，以資彈壓。」〔註54〕可見福銳右營對此地各族群之彈壓頗有成效，其營官丁汝霖甚至曾擔任日月潭正心書院之教師，以教育各族群子弟。

第三節 漢人之社會結構

濁水溪流域往昔爲布農族、鄒族、邵族及平埔族之生活境域。但自清初漢人大量入墾以後，至乾隆末年已是漢人佔優勢的社會。清末割日前夕，除日月潭附近尚有少數邵族部落外，大部分地區已是完全漢人的街莊。因此，在清朝治臺以前，濁水溪中游之社會結構是邵族、布農族及鄒族三大族群和少數平埔族所構成之社會。清末則變成以漢人爲構成主體之社會。

清代漢人大量移入濁水溪中游拓墾，移民之來源主要來自福建、廣東兩省，尤其以福建之漳、泉兩府及廣東東部之客家地區爲移民主要原鄉。道光年間之《彰化縣志》〈風俗志〉云：「彰邑庠分閩、粵二籍，讀書各操土音，各有師承。」〔註55〕即其寫照。同書又云：「家祭，一年數次，」「泉人日中而祭，漳人、潮人質明而祭。泉人祭以品羞，漳人、漳人有用五牲者。」〔註56〕文中所謂「潮人」，係指廣東省潮州府及其鄰近府縣地區。故清代濁水溪中游所屬之彰化縣地區，其居民依其祖籍分類，大致可分爲漳州、泉州及客家三大族群。

清代移居濁水溪中游之漢人，其祖籍之來源，因清代缺乏人口資料及調查，因此目前僅能以族譜及其他相關史料加以拼湊，稍能瞭解其梗概。今竹山地區之情形如下表：

〔註54〕 吳贊誠，《吳光祿使閩奏稿選輯》，〈由臺北錄行赴台南沿途訪查情形片〉，頁33～34。
〔註55〕 周璽，《彰化縣志》，卷九〈風俗志〉，頁289。
〔註56〕 周璽，《彰化縣志》，卷九〈風俗志〉，頁284。

表 4-1　竹山鎮清代移民祖籍分佈表

府　別	縣　別	入　　墾　　者　　姓　　名
漳州府	平和縣	林虎、林應、林德純、林敦樸、林歷、林廣眞、林超、林麻、林文雅、林良清、林篤信、林亮殼、林必錦、葉通、黃樸厚、李舜、曾塡、曾和成、曾位、賴科、葉海、朱秀椿、林神在、林彩、林像、葉初、葉海房、張祖詒、張連唐、劉叨、曾振成、吳鼎輝
	南靖縣	林國榮、林招、林愁、林聯德、林文潭、黃奉、黃樸直、黃武國、陳以鄰、張金受、張峨、張文莫、吳貞磚、莊大通、莊文尺、莊尙錦、莊光應、莊行萬、莊純賓、莊吾生、莊慕德、盧至、李培、陳佛照、葉文碇、羅甘・
	漳浦縣	林超、吳進、陳寄
	龍溪縣	林曲、黃紹、張創、林格、曾強、曾記胡
	詔安縣	張坯、張阿微、朱禎祥、廖乞、李誦
	海澄縣	陳意生
	漳州府	劉宗、張春柳、吳存
泉州府	同安縣	陳媽意、林圯、許久
	晉江縣	許厚樸、曾博
	泉州府	黃正興、黃正德
汀州府	永定縣	巫育才、廖科應、廖連應、廖孟
備註		以上資料參考南投縣縣史館所藏族譜和楊緒賢所著《臺灣區姓氏堂號考》，另部份係本人田野調查所得

　　由上表可以看出，清代入墾今竹山地區的漢人的祖籍以漳州府爲主，其中又以來自平和縣及南靖縣爲最多。其次則分別來自龍溪、詔安、漳埔、海澄等縣。另外，亦有來自泉州府者，分別來自同安、晉江等縣。極少數來自汀州府之永定縣客家地區。根據日治時期昭和元年（1926）之調查，〔註57〕當時竹山地莊（今竹山鎮）之漢人祖籍中，漳州府佔 84%；泉州府籍佔 0.9%；汀州府籍佔 4.1%；龍巖州佔 1.8%；福州籍佔 6.4%；廣東省籍佔 1..8%；嘉應州籍佔 0.5%，與上表亦大致符合。

　　至於今鹿谷地區清代漢人居民之祖籍來源情形如下表：

─────────────

〔註57〕陳漢光，〈日治時期台灣漢族祖籍調查〉，載於《台灣文獻》，（台中：台灣省文獻會，1972），23：1，1972，頁 87～104。

表4-2　鹿谷鄉清代移民祖籍分佈表

府　別	縣　別	入　墾　者　姓　名
漳州府	平和縣	林伯朋、林灶、林敦原、黃通、黃樸厚、曾長隆
	南靖縣	莊懷玉、柯清
	龍溪縣	林文俊、黃濚、張天球
	詔安縣	程志成、廖阿禮
	漳州府	莊姓人士
泉州府	安溪縣	莊阿昧
	泉州	許萬青、施國義、邱姓人士、董姓人士、
備註		以上資料參考南投縣縣史館所藏族譜和楊緒賢所著《臺灣區姓氏堂號考》，另部份係本人田野調查所得

　　由上表可見，清代鹿谷地區之漢人移民，其祖籍以來自漳州府爲主。移入之縣份以平和、南靖、龍溪、詔安等縣；亦有部份來自泉州府者，如當地業主許萬青即是。另據日治時期昭和元年（1926）之調查統計，〔註58〕當時鹿谷莊（今鹿谷鄉）之漢人祖籍中，漳州籍佔86.5%，福州籍佔9.9%，潮州籍佔3.6%。亦大致符合上表之情形。

　　至於今名間（湳仔）地區清代漢人居民之祖籍來源情形如下表：

表4-3　名間（湳仔地區）清代移民祖籍分佈表

府　別	縣　別	入　墾　者　姓　名
漳州府	漳浦縣	陳士灶、林振、林謀、李道、李明贊、吳家永、吳藝、吳忠良、吳癸正、吳劍、吳文、吳騫、吳扁、吳文喜、吳永德、吳平會、吳文朝、謝禹
	詔安縣	李疊
	南靖縣	石光
	平和縣	張亦善、張伯起
	龍溪縣	陳歲
備註		以上資料參考南投縣縣史館所藏族譜和楊緒賢所著《臺灣區姓氏堂號考》，另部份係本人田野調查所得

　　由上表可知，今名間街附近地區之清代入墾漢人以來自福建省漳州府爲

主。分佈縣份以漳埔縣最多，其次分別爲平和、南靖、詔安、龍溪等縣。又其中吳姓特多，故鄉內於咸豐年間建有「吳種德堂」宗祠，以結合宗族力量。另據日治時期昭和元年（1926）之調查統計，當時名間莊（今名間鄉）之漢人之祖籍 100%爲漳州籍，〔註59〕與上表大致符合。

至於今集集地區清代漢人居民之祖籍來源情形如下表：

表 4-4　集集鎮清代移民祖籍分佈表

府　別	縣　別	入　　墾　　者　　姓　　名
漳州府	平和縣	杜讀順、賴江、楊頂
	南靖縣	吳松、楊員、沈順興、劉仕澤、石得、石華
	漳浦縣	林同翁、黃漢、李吉信、陳貶、陳恭吉、陳石彩、吳光廠、楊來生、石敏、劉太郎、蔡茂淑、蔡盧
	龍溪縣	林文瑞、林助
	長泰縣	董文
	海澄縣	陳講三
泉州府	安溪縣	林清發、沈鴻傑
潮州府	饒平縣	黃寬、邱姓人士
備註		以上資料參考南投縣縣史館所藏族譜和楊緒賢所著《臺灣區姓氏堂號考》，另部份係本人田野調查所得。

由上表可知，清代入墾集集之漢人主要以來自漳州府之漳浦縣、南靖縣、平和縣爲主，其次爲龍溪、海澄、長泰等縣，亦來自泉州府之安溪縣、還有少數來自廣東潮州府饒平縣之客家地區。根據日治時期昭和元年（1926）之調查統計，〔註60〕當時集集莊（今集集鎮及水里鄉）之漢人祖籍中，漳州籍佔 83.7%，其他籍佔 16.3%，也說明漳州人佔大多數。

另據本人於民國八十五年（1996）針對集集鎮內轄內各公墓之 1290 座墓碑調查，集集鎮現存之 1290 座墓碑中，以唐山籍貫（漢代郡望地名除外）爲橫額者有 926 座，可作爲該鎮居民族群結構之參考。依其籍貫及語言文化之差異，加上移居台灣時間之不同，大致可分爲漳州籍、泉州籍、客家籍、福州籍及其他各省人士（俗稱外省籍）等不同族群。在前述 926 座墓碑中，屬

〔註59〕陳漢光，〈日治時期台灣漢族祖籍調查〉，載於《台灣文獻》，23：1，1972，頁 97。
〔註60〕陳漢光，〈日治時期台灣漢族祖籍調查〉，頁 97。

於漳州府籍者有 822 座（含漳浦、南靖、平和、海澄、詔安、龍溪等縣），約佔 88.5%。屬於客家地區者有 49 座（含陸豐、鎮平、饒平、揭陽、永定、潮州、梅州等地），約佔 5.3%。屬於泉州府者有 42 座（含泉州、晉江、安溪、同安、惠安、南安等地），約佔 4.5%。來自其他各省者有 12 座（含浙江、貴州、四川、廣東、江西、上海、青島、遼陽、贛縣、長白等地），約佔 1.3%。另外福州府者有 4 座（含福州及福清縣），約佔 0.4%。平埔族各族群 1 座，約佔 0.1%。〔註 61〕另據陳紹馨氏之統計：民國 45 年時，集集鎮之福建籍民佔 91.3%，廣東籍民佔 6.3%，其他各省人士佔 0.5%〔註 62〕。與墓碑調查之福佬人 93%（即漳州籍 88.5% 和泉州籍 4.5% 合計），廣東籍佔 5.3%，其他各省人士佔 1.3% 相近。故由墓碑顯示：集集鎮居民之族群結構，大致以漳州籍最多，其次依序為廣東籍、泉州籍、其他各省人士（外省籍士）、福州籍、平埔族各族群，可見墓碑調查與族譜所顯示之居民祖籍大致符合。由於居民以漳州籍為最多。根據調查訪談：目前當地居民之語言以漳州系統之福佬話為主。客家人都已福佬化，泉州籍民及福州籍民及平埔族，亦失其原鄉腔調而被漳州籍民同化。但其他各省人士（大多為戰後來台之軍公教人員），則仍操國語。〔註 63〕

　　至於今水里地區清代移民祖籍來源情形如下表：

表 4-5　水里鄉清代移民祖籍分佈表

府　別	縣　別	入　　墾　　者　　姓　　名
漳州府	平和縣	林在現
	漳浦縣	黃璋瑞、黃海
	詔安縣	林招、林愁、林聖
泉州府	泉州府	林評
嘉應州	梅縣	林璋瑞
備註		以上資料參考南投縣縣史館所藏族譜和楊緒賢所著《臺灣區姓氏堂號考》，另部份係本人田野調查所得。

〔註 61〕張永楨，〈集集鎮現存墓碑之調查研究〉，《義守大學人文與社會學報》，（高雄：義守大學，2003），第二期，頁 125～145。

〔註 62〕陳紹馨、富瑞德，《台灣人口之姓氏分佈：社會變遷的基本指標》，第一冊，頁 582～589。

〔註 63〕張永楨，〈集集鎮現存墓碑之調查研究〉，頁 125～145。

水里地區因開發較晚，雖然在道光年間已成漢人社會，但在光緒元年（1875），清廷除入山禁令以前，入墾者都屬零星之偷墾者，光緒年間因「開山撫番」之推展及樟腦業之發達，才引來大批拓墾者。加上水里靠近山區，平地極少，又有高山各族群之威脅，故缺乏大地主及大家族，而是以小農及採樟者為主要拓墾者。由上表可以看出其移民之祖籍仍以漳州籍為主，來自平和、漳浦、詔安等縣，但亦有泉州籍及廣東之客家籍人士。

日月潭地區為濁水溪中游開發最晚的地區。自清末雖然銃櫃、頭社、蓮花池、水社等地出現漢人聚落，但是仍處於漢人與各族群雜處之現象。而該地之拓墾者主要為漳州籍之集集墾戶陳坑、王增榮、石井及漳州府漳浦縣之水沙連通事黃漢等人。故此地之漢人亦以漳州籍為主。另根據日治時期昭和元年（1926）之調查統計，﹝註64﹞當時魚池莊（今魚池鄉）之漢人祖籍中，漳州籍者佔 88%；廣東省嘉應州籍佔 12%。亦說明此區以大部份為漳州籍，只有少數之客家籍。

臺灣漢人移民由於祖籍不同，大體上可分為閩籍之福佬系和粵籍之客家系。兩者最大區別在於不同之方言。福佬系以來自福建之漳州和泉州兩府為主要。客家系中則以惠州、嘉慶州、潮州和福建之汀州等不同之小群。由於客家系人數較少，一般都將其分為漳、泉、客三種不同人群。台灣中部在地理上與福建距離最近，鹿港與福建貿易之港口是泉州之外港蚶江，故經由此一港口到台灣的移民以泉州人為最多，加上泉州人習於海上活動及貿易，因此中部沿海地區之聚落以泉州人為主。遲來之漳州人和客家人只好往內陸發展，因此，清代濁水溪中游漢人移民之祖籍，主要來自福建之漳州。其中以漳州府之平和、南靖、漳浦等縣最多，詔安、龍溪、海澄次之。由於祖籍大部份屬同質之漳州籍，與早期彰化平原之漳、泉、客三籍雜居之情形不同，而且面臨強大之高山族威脅，必須團結合作拓墾，因此並沒有分類械鬥之情形。

濁水溪中游地區漢人移民主要來自福建漳州，有強烈之地緣關係；但在台灣傳統文化中最重要之人際關係還是血緣，因此宗族組織往往成為唐山社會結構之基礎。清代濁水溪中游地區有一種以「唐山祖」為共同祭祀對象的宗族組織，此種宗族組織是以契約方式組成的。由於漢人於乾隆初期才大量進入濁水溪中游拓墾，而且移民大多來自同一祖籍地，但至乾隆末葉以後，

────────────────

﹝註64﹞陳漢光，〈日治時期台灣漢族祖籍調查〉，頁 87～104。

由於人口壓力大增，漢人被迫往山區拓墾，因生存之競爭，同姓墾民爲抵抗異姓之侵辱，往往組成一種祭祀團體以達到互助合作之目的。這種祭祀團體通常以「唐山祖」（即在唐山之某一祖先）爲共同之祭祀對象，組成之份子以同姓爲對象，而且只限於最初加入祭祀公業者之後代子孫，其他同姓者無法隨時加入。此種唐山組織祭祀組織隨著移民之入墾，人口之繁衍，祭祀公業乃不斷成立，先後有林崇本堂、東埔蚋劉氏、莊招富、莊招貴、曾子公、陳五八、吳種德堂等祭祀公業，其沿革、組織及運作大致如下：

▲林崇本堂祭祀公業〔註65〕

地址在竹山鎮竹山里下橫街。乾隆五十三年（1788）林爽文事件後，竹山地方之林姓族人，爲紀念林圯開拓竹山功績，募款興建林崇本堂爲林姓祠堂。嘉慶七年（1802）由林施品首倡，向竹山街附近股戶，募款擴建。咸豐五年（1855）林姓族人再捐款重修。祠堂中奉祀林圯外，並祀開閩始祖林祿與夫人孔氏、唐光祿大夫九牧公等。該堂擁有祭祀公業水田約二甲、旱田四甲八分餘，房地五分及魚池等。由林姓主要族人遴選管理人負責管理。每年祭祀經費由上述公業收益維持。

▲東埔蚋劉氏祭祀公業

地址在竹山鎮延和里東埔蚋莊。道光三年（1823），由該地劉神崁首倡，與附各莊劉姓居民共組祭祀公業，並募款興建劉氏祠堂。除供奉一世祖劉仲三外，並供奉二世祖劉季五、劉季六等。該祠堂創建後不久，即由劉姓族人共同出資購置田園二甲餘充當祭祀公業。每年祭祖及香燈之資均由公業收益支付。

▲莊招富、莊招貴祭祀公業

地址在竹山鎮社寮里及中央里。其設立緣起於嘉慶十五年（1810），社寮之莊媽盛爲謀求莊姓宗親能團結和睦，乃發起募資組織祭祀公業。凡竹山、集集，乃至鹿谷清水溝一帶之莊姓族人均來參加，共同祭祀其渡臺始祖莊三郎外，並供奉莊氏歷代高曾祖考妣。莊氏祭祀公業成立之初，派下有二百餘名各族親，集會聚餐頗不方便。嘉慶十六年（1811）招開宗親會議，將宗親會分上下兩公，取富貴二字命名。「頂公」名招富，「下公」名招貴，由派下宗親自由選擇歸依。「頂公」設在田中央，派下宗親六十餘人，有公業水田二甲

〔註65〕以下資料部份參考莊英章著，《林圯埔：一個台灣市鎮的社會經濟發展史》，頁178～190。

餘;「下公」設在社寮,派下宗親一百餘人,有公業水田五甲餘。兩公均以祭祀祖先及教育子弟惟宗旨。派下以當初參加者為限,父死子繼。每年農曆十一月十四日兩祠堂同時各自舉行祭典,派下每戶派一人參加。

▲曾子公祭祀公業

地址在竹山鎮中央里後埔仔。該祭祀公業據傳起源於清道光初年,竹山後埔仔一帶祖籍漳州之莊姓民眾,為求和睦團結,乃共同出資成立曾子公祭祀公業,祭祀曾姓遠祖曾子(曾參)。該公業置有土地位於後埔仔一帶,充當祭祀財源,每年冬至舉行祭祖,派下有一百餘人。

▲陳五八祭祀公業

地址在竹山鎮竹山街區,乾隆四十六年(1781),由林圮埔三十五名來自福建省漳州府平和縣之陳姓墾民共同出資組成祭祀公業,祭祀其漳州之祖先陳五八,並購置土地一分餘為公業,充當祭祖及香燈之資。清末始興建祠堂於竹山街,每年分春、秋兩次舉行祭祖典禮。

▲吳種德堂祭祀公業

地址在名間鄉中正村彰南路,即往昔沙連下堡湳仔莊。其創立沿革相傳起於咸豐(或云同治)年間,由南投、名間、濁水等地祖籍福建漳浦縣之吳姓族人所組成,以團結宗親,並捐資建宗祠於炭寮村崁頂曰「延陵宗祠」或「種德堂」。奉祀開基福建省漳浦縣山城崎溪始祖吳宗熹,並供「延陵開基始祖暨列祖神位」,又供奉忠、孝、禮、義、廉、節等六房之渡臺祖神位。延陵宗祠曾於光緒年間燬於火災,而遷建於湳仔(今名間街)。吳種德堂祭祀公業擁有該祠堂前(今中正村)水田二甲及祠堂後山畲二甲為公產,充當祭祀及香燈之費,每年清明及冬至舉行祭祖典禮。〔註66〕

清代濁水溪中游地區漢人宗族組織之形成,大致上係由於渡臺始祖在此地定居之後,經過一段時期繁衍而建立,在其發展過程中,通常是某一位子孫中舉或事業特別發達,為了追念祖先之德澤或光耀門楣而組成一宗族團體,透過宗祠的興建以加強宗族意識、團結族親,此種宗族稱為「開臺祖」之祭祀組織,族人之間彼此有親近之血緣關係。濁水溪中游地區之宗族組織包含上述「開臺祖」與「唐山祖」二種不同型態之祭祀組織。其中屬於開台祖祭祀組織者有葉初、張創、陳高等三個祭祀公業:

〔註66〕劉枝萬,《南投縣風俗志宗教篇稿》,頁173。

▲葉初祭祀公業

渡臺始祖為葉初，福建省漳州府平和縣人，生於康熙四十六年（1707），卒於乾隆五十五年（1790）。葉初入墾林圯埔（竹山）之時間不詳，其拓墾今竹山市區附近土地，乾隆五年（1740），築猓雅寮陂，灌田八十餘甲，為濁水溪中游最早興建之陂圳。葉初生子建，建又生六子，分為六房。葉初所留下的土地財產和猓雅寮陂水灌，由六房輪流管理。同治元年（1862），第五房葉國顯發起興建福興堂於竹山街，俗稱葉氏宗祠，建地一百多坪，供奉葉氏歷代祖先，每年祭祖時間，各派下子孫均前往祭拜。

▲張創祭祀公業

渡臺始祖張創，福建省漳州府龍溪縣人，生於雍正十一年（1733），乾隆中葉，張創與一位兄長渡臺抵社寮。乾隆三十九年（1774）兄長去世，其嫂吳氏欲回龍溪，次年與嫂訂立分家契約，吳氏回福建，張創繼續留在社寮發展，家道漸富。生子三人，長子早逝，次子天球，繼承父業，拓墾水沙連，財富日貲。嘉慶十九年（1814），與陳佛照等四人修築隆恩圳。嘉慶末年，張天球又拓墾今中寮鄉之八杞仙土地而成巨富。其長子煥文為恩貢生，留居社寮，其餘三子移居中寮，從此張創宗族分成社寮與中寮二支派。張創因有三子，故其死後祭祀公業分三房，由各房輪流耕種公業及負責祭祖，道光十三年（1833）興建公廳於竹山社寮。

▲陳高祭祀公業

位於竹山鎮桂林里豬頭棕。渡臺始祖陳高，原籍福建漳州府海澄縣。生於康熙十六年（1677），卒於雍正六年（1723）。康熙年間渡臺卜居於嘉義縣鹽水港（今臺南縣鹽水鎮）。其第四世孫陳意移居林圯埔（今竹山），陳意之孫蓮池於咸豐年間組織陳高祭祀公業。蓮池之子陳上達於光緒三年（1877）考上秀才，遷居豬頭棕，建祠堂曰「尊德堂」，上達生三子，上達死後，子孫另組陳上達祭祀公業，由三房子孫輪流祭祀。

清代濁水溪中游之宗族組織主要分佈在竹山、名間地區，其主要是因上述二地開拓較早。不少入墾者由唐山漳州地區直接在此地定居拓墾，時日一久，子孫繁衍日眾，加上財富累積而成殷富之家，由於社會長期安定，文教發展，對祠堂之興建逐漸重視，為了光宗耀祖團結宗親而組織祭祀公業。至於開發較晚之集集、水里、鹿谷、日月潭等地，由於開拓較晚、至清末繁衍

成大宗族者甚少，而且不少屬二次移民，追念祖籍之意識較爲淡泊，文教亦初萌芽，文風不盛，故宗族組織不盛。另外，濁水溪中游地區雖有宗族組織，但卻未見異姓械鬥發生，除宗族領導者自制外，宗族規模較小；而且開發較晚，又面臨各族群之威脅，拓墾已感艱辛，故無餘力於異姓分類械鬥。

總體而言，清代濁水溪中游地區之宗族組織雖然不盛，但已有初步之發展。宗族組織對於團結族人、排解糾紛、維持社會安定、均有相當的貢獻。另外對當地土地之拓墾，水利之發展，經濟之繁榮亦有促進之功。

第五章 交通建設與人文發展

第一節 交通建設與發展

　　漢人入墾濁水溪中游以前，該地區早期爲各族群之居處，此地共有四大族群：濁水溪南部山區屬鄒族「阿里山番」，東南部則屬布農族〔註1〕，北部地區則屬邵族，名間地區則屬洪雅平埔族。四大族群之勢力時有消長，惟早期各族群散居野處，火耕遊獵，並無市集車馬，族人及部落之聯繫，惟賴蜿蜒於林間溪壑之羊腸小道，每當外出採集或狩獵，亦雙足赤腳步行於小徑之上，交通之建設極其簡陋。

　　鄭氏時期，相傳鄭氏部將林圯曾率部屬進入今竹山屯墾，但由當時當時濁水溪中游地區仍是四周各族群環伺，漢人寥寥無幾，最後林圯與部眾均被族民所殺，可見當時漢人立足自衛已極困難，更遑論交通建設之推展。

　　鄭氏時期，今竹山地區雖曾有少數漢人入墾，但未見其績效著錄。迨台灣入清統治後，康熙年間，漢人始大批進入竹山拓墾，康熙中期蔣毓英所撰之《台灣府志》云：「北路之斗六門（作者按：今斗六市舊地名，以下同），二重埔而進，至『林驥』有田可耕，爲野番南北之咽喉。」〔註2〕由「二重埔」、「林驥」（以上二地名均指今竹山市區）等漢地名之出現及「有田可耕」可以推知當時已有部份漢人在此拓墾定居，而「爲野番南北之咽喉」，亦說明今竹山街附近，爲阿里山社及水沙連社出入之門戶，亦爲漢「番」之交界，交通

〔註1〕 據黃叔璥，《台海使槎錄》，〈番俗六考〉，阿里山番有八社；水沙連番有二十餘社。
〔註2〕 蔣毓英，《台灣府志》。卷十、扼塞，頁131。

地位極爲重要。

另外，康熙五十六年（1717）撰成之《諸羅縣志》亦云：「竹腳寮山，內有林驥埔，漢人耕作其中。」，同書又有「由斗六門山口東入，渡阿拔泉，又東入爲林驥埔，亦曰二重埔。」及「斗六門以東，如林圮埔（作者按：即今竹山街區，以下同）、竹腳寮（據陳哲三教授考證：址在今竹山鎮社寮里，以下同）各處，路可通雞籠山後諸社。」〔註3〕等記載，可見當時「流移開墾之眾，已漸過斗六門矣！」〔註4〕不斷進入今竹山拓墾，竹山不但有路經阿拔泉（今竹山鎮清水溪，以下同）可通往斗六，甚至有各族群開闢之小路可通往台灣東部。

康熙末年，隨著濁水溪中游地區之日漸開發，人民往來頻繁，漢、「番」關係日益複雜，清政府乃於此設立通事以管理之。據康熙 60 年（1721）巡台御史黃叔璥記其情形云：「水沙連地處大湖之中，屬社二十餘社，各依山築居，山谷巉巖，路徑崎嶇；惟南北兩澗沿岸堪往來，外通斗六門、竹腳寮。」〔註5〕可見竹山已成爲濁水溪流域進入水沙連內山地區之總隘口，設有通事在此管理漢「番」貿易與交涉。當時竹山爲濁水溪流域入山之門戶已確立，由竹山溯濁水溪可抵水沙連（今日月潭及鄰近地區）、更可東進往台灣東部。惟「路極崎嶇、坑塹險阻，難於跋涉、若陰雨水漲，更難計程。」〔註6〕由此可見，至康熙末年，今竹山地區雖有不少漢人入墾，但各族群仍居此地，形成漢番雜處之社會，交通上雖有陸路通往斗六門，但欲東進濁水溪上游之今集集、水里、日月潭乃至台灣東部仍極爲困難，可能只有各族群通行之小徑而已，故康熙年間濁水溪中游地區之對外交通仍處於萌芽階段。

雍正二年（1724）政府開放「福建台灣各番鹿場閒曠地方，可以耕種者，曉諭地方官廳各番租與人民耕種。」〔註7〕此一開放政策吸引更多移民往台灣西部沿山地區開發。因此，雍正、乾隆年間，乃是移民大量入墾濁水溪中游地區之熱潮期，如雍正八年（1730）永定人廖連應、廖連科定居回窯，製陶爲業；乾隆 5 年（1740）葉初入墾林圮埔；乾隆年間，張創入墾社寮地區等。

〔註3〕 周鍾瑄，《諸羅縣志》，卷一〈封域志〉，山川，P9 及卷十二〈雜記志〉，外紀，頁 286。

〔註4〕 周鍾瑄，《諸羅縣志》，卷七〈兵防志〉，頁 110、

〔註5〕 據黃叔璥，《台海使槎錄》，〈番俗六考〉，頁 123。

〔註6〕 據黃叔璥，《台海使槎錄》，〈番俗六考〉，頁 122。

〔註7〕 引自台灣銀行經濟研究室編，《清代台灣大租調查書》，上冊，頁 321。

〔註8〕隨著漢人之大量入墾今竹山地區，竹山乃由南而北，由西而東，由平地往山區逐漸開發。隨著墾務之發展，居民之往來更爲頻繁，商旅之活動亦日趨熱絡，因此，道路之開闢，橋樑、津渡之設置乃接踵而興。

　　明末清初，漢人自斗六東進林內，再越清水溪進入今竹山之下崁（中和里）、下坪仔（下坪里）、林圮埔等地拓墾，或直接溯清水溪南進，於鯉魚尾（今鯉魚里）附近渡清水溪至過溪仔（今竹山鎮福興里），再前往田仔（今田子里）、山坪頂（今坪頂里）、泉州寮（今福興里）等地開墾，或北行進入車店仔（今德興里）、林圮埔落腳。至乾隆十六年（1751）時，今竹山街區附近平地大致開發完成，漢人聚落紛分建立，有漢莊「大小莊二十四莊，開成田園一千五百七十一甲」〔註9〕。至乾隆二十年（1755）時已「水沙連（指竹山）離生番三十里」、「山徑崇竣難越。」〔註10〕。可見當時高山族已大致退往山區，因此，清廷乃於此年於今竹山設「水沙連保」。〔註11〕官治組織之設立乃行政強化之象徵，交通建設亦隨之而興。乾隆25年（1760）時林圮埔已是「近日人煙稠密，商賈往來不絕。」之繁榮景象。

　　乾隆中期濁水溪中游之交通狀況，根據乾隆中葉所繪之《台灣地圖》〔註12〕中有關今日竹山部份繪有道路及街莊情形，圖中所繪竹山道路之路線大致爲：自斗六、經林內、觸口、越清水溪，進入今竹山埔尾附近即分成南北二線：南線由埔尾沿清水溪東岸南行，經冷水坑、和溪厝、埤仔頭、糖廍、林既莊（今竹山街區）、再經下坪頂、至江西林附近之東埔蚋溪與北線會合；北線則自埔尾經五里林、跤死鹿坑、再東進至江西林附近之東埔蚋溪與南線會合。兩路會合後再東進經木屐寮、水底寮、抵社寮，於後埔仔附近渡濁水溪至對岸名間鄉之濁水村，再通往湳仔（今名間街區）及南投。（詳參附圖1-1）。

　　乾隆初年，彰化縣之二水已有漢人進入拓墾而漸成聚落，二水地當濁水溪流域之出入口，爲彰化平原通往濁水溪中游地區之交通要地，故自乾隆中期以後，漢人已自二水之鼻仔頭渡濁水溪抵溪中沙洲香員腳，再渡至竹山之下坪之枋寮附近，最後經今前山路進入竹山市區。故乾隆二十九年（1764）

〔註8〕引自林文龍，《社寮三百年開發史》，頁22。
〔註9〕引自《大清高宗純皇帝實錄》，卷三百八十七。
〔註10〕《大清高宗純皇帝實錄》，卷四百九十六。
〔註11〕《大清高宗純皇帝實錄》，卷四百九十六。
〔註12〕洪英聖，《畫說乾隆輿圖》，頁112。

之《續修台灣府志》中已載有「二八水渡」〔註 13〕，可見乾隆中期以後已有商旅循此路往來於今之竹山、二水之間。道光三十年（1850）之《彰化縣志》亦云：「二八水渡，一名香櫞渡，二八水與沙連往來通津。」〔註 14〕另光緒年間調查之《雲林縣采訪冊》亦有「濁水溪渡，在香員腳，為彰鹿通沙連要津」〔註 15〕均說明此路自乾隆中期以後一直為彰化、鹿港、北斗等地商旅往來竹山之要道。今二水鎮裕民里土名「頂店」，可能昔日為供應商旅休息及飲食品而興起之店舖故得名。另據地方耆老口碑〔註 16〕，清代行旅及挑夫自鹿港、彰化、北斗等地經二水渡濁水溪後至竹山下坪仔再經前山路登九十九崁後，再沿前山路進入市區。至於貨物則用板輪牛車或馬車自濁水溪畔沿前山路運至今枋坪巷第二鄰處上坡經牛埔仔，再進入竹山街。另亦有部份商販自斗六以牛車或馬車運鹽（產自布袋）及雜貨經林內渡清水溪後，經和溪厝、前山路、坪仔腳、於枋坪巷附近爬坡經牛埔仔進入竹山市區。由於前山路為清代運鹽進入竹山之主要道路。故有「鹽車路」或「販仔路」之稱，今竹山中和里下坪仍有「車路巷」地名，即清代牛車運鹽所經之路徑。

清乾隆中葉，漢人已入墾今竹山中央里之後埔仔地區，並形成「後埔仔莊」〔註 17〕，乾隆三十六年（1771）漢人更由後埔仔（中央里）、溪洲仔（富州里）、渡濁水溪入墾集集之林仔尾（今集集鎮林尾里），乾隆四十五年（1780）集集已成街肆，故乾隆四十年（1775）左右，社寮至集集間之道路已經形成。道光末年之《彰化縣志》已出現「集集渡（集集與沙連通行要津，距邑治六十五里）。」〔註 18〕集集渡即為此道路之濁水溪渡河要津，此路線係自社寮，再經後埔仔、溪洲仔、集集渡，進入集集之林仔尾再通往集集街。乾隆五十年（1785），集集開發已大致就緒，漢人乃沿濁水溪往內山推進，向水里拓墾，甚至有部分先民前往五城堡（今魚池鄉）、埔里地區發展。因此，至乾隆五十三年（1788）時，由集集經水里越雞胸嶺通往魚池已有一自然小徑可供通行。惟路小崎嶇，至道光四年（1824）集集富戶陳坑、石井二人乃出資召集佃人將此小路加以拓寬改善。但因山地高峻，草木茂密，崎嶇難行，又

<hr>

〔註 13〕余文儀，《續修台灣府志》，卷二規制志，頁 101。
〔註 14〕周璽，《彰化縣志》，卷二規制志，頁 53。
〔註 15〕倪贊元，《雲林縣采訪冊》，頁 155。
〔註 16〕竹山鎮耆老林朝森（1934 年生）、陳世雍（1922 年生）口述。
〔註 17〕洪英聖，《畫說乾隆輿圖》，頁首附圖。
〔註 18〕周璽，《彰化縣志》，卷二規制志，頁 53。

有族民常隱伏路旁伺機殺人。道光十五年（1835）竹山社寮之張天球又將此路僱工拓寬改善，從此，先民即可由集集循此路通往埔里社，此路之拓寬與改善，表示漢人在道光年間已經視郭百年事件後清廷所立之禁碑如無物，違禁偷偷進入日月潭及五城堡開墾。台灣巡道熊一本於道光二十一年（1841）奏言：「埔、水二社，居沙連之中，陸路入山，南由集集，北由木柵，中間尚有一小路爲八圯仙嶺（今中寮鄉八仙村）路皆險窄崎嶇，難行走，是以入山多由集集」〔註19〕。又《彰化縣志》〈規制志〉云：「集集街，屬沙連堡，民番交易之處，距邑治六十五里，爲入山要路」〔註20〕。由此可見，道光年間，集集因此路之開闢，已成爲濁水溪上游及魚池、埔里等地交通之門戶。迨清末光緒元年（1875）南澳鎮總兵吳光亮又動工役加以修築，而使此路更爲暢通。光緒五年（1879）台灣道夏獻綸記其路程云：「彰化縣由集集街埔社路程：出東門四十里南投街、二十里集集街、十里風磴口（今水里豐安村）、十里土地公嶺、十里頭社、五里貓蘭社、五里審路社、十里白葉嶺、十里大埔城，綜計一百三十里。」〔註21〕此路爲清代由竹山通往濁水溪上游之集集、水里、日月潭、魚池、埔里之重要交通路線。不過此路自集集往日月潭之路況較爲驚險難走，故道光年間鄧傳安之《水沙連紀程》云：「過油車坑口，路陡而狹，擎兜上下，如挽如縋」〔註22〕，即其寫照。除部份路段極艱險外，各族民之騷擾狙殺亦爲一麻煩，故沿途需置兵防守，以保護行旅安全。如光緒年間臺灣道夏獻綸云：「旋於十一月初三日由郡啓程，初六抵彰化所轄之集集街，初七日由集集街，十里至風磴口，嶺路尚不甚高，前後設銃樓四處，由福銳新右營派勇駐守」〔註23〕，即其寫照。

　　濁水溪支流清水溪流域上游地區於清代屬嘉義縣鯉魚頭保，下游地區屬沙連保。鯉魚保地區之不知春（址在今福興里）、過溪、加走寮莊（今坪頂里）於乾隆年間已有漢人入墾並成聚落，故乾隆四十四年（1779）之《大清一統輿圖》中已繪有「不知春」之地名。另同治初年輯成之《台灣府輿圖纂要》中鯉魚頭保已出現桶頭、芊蓁崙、木瓜潭、東勢坑、山坪頂、山邊厝、不知

〔註19〕熊一本，〈條覆籌辦番社議〉。錄自丁曰健，《治台必告錄》，頁230。
〔註20〕周璽，《彰化縣志》，卷二規制志，頁53。
〔註21〕夏獻綸，《台灣輿圖》，頁66。
〔註22〕丁曰健，《治台必告錄》，頁118～119。
〔註23〕臺灣銀行經濟研究室，《劉銘傳撫台前後檔案》，〈台灣府轉行桌道夏憲綸查勘中路埔里各社籌辦事宜〉，頁14～16。

春、詔安寮、鯉魚尾、過溪仔、廍仔坑、枋樹湖、柯仔坑等十三莊〔註 24〕，可見同治年間清水溪上游已有不少居民定居，彼等均以竹山街為主要採購市集，因此必有道路可通竹山市區，據耆老口碑：清代清水溪之不知春，泉州寮及過溪等聚落通往竹山市區大致沿清水溪畔今鯉南路之路線，不知春往瑞竹無法通行，需涉清水溪或乘竹筏至對岸之山邊，再南行至木瓜潭後又渡清水溪至瑞竹，瑞竹再由南行渡河至桶頭。另鯉魚尾、過溪間、泉州寮、照安寮間亦有竹筏可渡清水溪〔註 25〕。

清乾隆初年，漢人已經由今竹山入墾鹿谷，因此由竹山經東埔蚋（今竹山鎮延平里）通往鹿谷之粗坑（今初鄉村）、新寮、車輄寮（今廣興村）之道路已經開闢，但最初僅是崎嶇之小徑。

清同治十三年（1874）日本因牡丹社事件而出兵攻打台灣，朝廷派福建船政大臣沈葆楨來台籌劃善後事宜，沈氏認為必需進行「開山撫番」〔註 26〕，宣示朝廷主權及於台灣番地和後山地區，才可杜絕外人覬覦台灣東部。朝廷基於國防考量，乃於次年（光緒元年）即分北、中、南三路進行開路工程，其中西起林圮埔、東通後山璞石閣（今花蓮縣玉里鎮）之中路工程，即為濁水溪流域一大交通建設。中路八通關橫貫道路之開闢係由南澳鎮總兵吳光亮負責。吳氏為廣東人，於同治 13 年（1847）8 月率其所募之「飛虎左營」及「飛虎右營」兩營兵力渡台，於 10 月抵集集鎮林尾里，並親題「開闢鴻荒」於濁水溪畔。隨後派人入山勘查路線，至年底時，勘查人員回報後，即自次年（光緒元年）分別由竹山之林圮埔及社寮分兩線興工開路，至大坪頂（今鹿谷鄉鹿谷村）合為一路，進而大水堀，進而頂城，直抵鳳凰山麓、躋牛山、越平溪、經大坵田、跨扒不坑等處（以上地名在今鹿谷鄉境），而入茅埔。然後由茅埔越紅魁頭、社仔坪、過南仔腳、至合水、歷東埔社心、走霜山橫排、至東埔坑頭，然後則經鐵門洞、八同關（以上地名在信義鄉境內）、八母坑、架笥、雙峰仞、粗樹腳、大崙溪底、雅托（以上地名在花蓮縣卓溪鄉）。自雅托至璞石閣之路段則由哨弁鄧國志從秀姑巒「酌僱民番」，由璞石閣開來接通。此路全長共 265 清里，即俗稱之清代八通關古道。同時另鑿一路，由集集街經牛輄轆（今水里鄉永興村），而於大坪頂（今鹿谷鄉新寮村）會合前者。此路之路線即由集集街經八張、柴橋頭、沿洞角化及蠻貓碣旁、再越油車坑

〔註 24〕臺灣銀行經濟研究室，《台灣府輿圖纂要》，頁 188~189。
〔註 25〕竹山鎮桶頭里耆老湖瑞宜（1914 年生）口述。
〔註 26〕即開闢道路通往台灣後山，使後山開發並綏撫各族群。

而往水里及鹿谷。依循此路，即可由集集南通鹿谷，東抵花蓮，即俗稱之八通關古道集集支線。

　　清代八通關古道之開闢，使原屬「通野番南北之咽喉」之林圯埔（今竹山），一躍成為「內山往返必由之路。」，「居中路之心，扼後山之吭」，〔註27〕交通地位更為重要。八通關古道於竹山鎮內之路線有二條：其幹線之起點由竹山延和里之埔心仔開始，經東埔蚋、牛埔頭、轉東越大舜嶺，經鹿谷鄉之初鄉，通往大坪頂。支線則由社寮之後溝坑開始，經甘泉井、土地公廟、上蜈蚣崙、犛壁石、觀音石、經鹿谷鄉之粗坑頭、初鄉、通往大坪頂與主線會合。以上二路大多隱沒荒煙蔓草間，只剩少數路徑仍有跡可循、或成為農民上山之便道，其路寬約 2 公尺左右，僅容而二人擦身而過。

　　八通關古道之開闢，雖使今竹山地區成為清代台灣西部通往東部後山地區之門戶，交通地位大為提昇，但此路貫穿中央山脈，大部分為各族群生活之境地，族民常於途中伺機伏擊行人，官方雖派軍兵駐紮護衛，但路程過遙，難以照顧，故道路時通。且民眾入山大多走路面較平坦及有兵丁屯駐之集集支線，〔註28〕而竹山之林圯埔幹線及社寮支線則行人較稀，大多為今竹山及鹿谷兩地之居民往來為主。但此路之開通，卻使竹山與鹿谷之往來更為便利，對鹿谷及竹山東北部山區經濟之發展及交通之改善頗有助益，樟腦業及竹業、伐木業極為發達；促進林圯埔街之繁榮，使林圯埔街於清末成為「沙連堡貿易總市」〔註29〕，社寮街亦成「為社寮等處交易總市，又為往來南北暨埔里社孔道。」〔註30〕至於鹿谷之新寮也成為「大坪頂七處交易之區，入後山臺東州總路」。另外，集集支線之開闢，也使集集成為光緒年間濁水溪中游通往上游及埔里、日月潭之門戶，也是濁水溪中上游之貨物集散中心及漢番交易中心；亦促使濁水溪中上游樟腦業發達，集集乃成為清末濁水溪中游樟腦集散中心和最繁榮之街市。

　　八通關道路自光緒元年（1875）開通後，至光緒十一年（1885）劉銘傳來臺主持臺政時已因年久失修及族民之出草而斷絕不通。因此，臺灣巡撫劉

〔註27〕陳世烈，〈竹城旌義亭碑記〉，錄自林文龍編著，《台灣史蹟論叢》中冊人物篇，頁 830。

〔註28〕《劉銘傳撫台前後檔案》，〈台灣府轉行臬道夏獻綸查勘中路埔里社籌辦事宜〉，頁 14。

〔註29〕倪贊元，《雲林縣采訪冊》，頁 146。

〔註30〕倪贊元，《雲林縣采訪冊》，頁 146。

銘傳命臺灣鎮總兵章高元於是年統帶礦軍練勇民夫，自彰化集集街鑿山而東，張兆連自水尾（今花蓮縣瑞穗鄉）鑿山而西，兩面刻期並開孔道。章高元自拔埔社（今水里鄉民和村）開至丹社嶺（今信義鄉地利村），造路一百二十里，張兆連自水尾開至丹社嶺，造路六十里；均係崇山峻嶺，峭壁深谿，鑿岸伐木，自冬至春，一律告竣。此路之開闢，使濁水溪流域通往花蓮之路再度暢通。

　　早期漢人移民入墾集集時，部分係沿濁水溪畔進入，惟此路常因洪水氾濫，又路面崎嶇而難行；故部分先民改由名間鄉之濁水村經集集之隘寮、田寮，然後越草嶺頂進入集集街，其最初所通行者，亦僅一公尺左右之小徑，蜿蜒於荒煙漫草中，但草嶺高峻，林木茂密，往來極為困難，加上各族社民常伏藏其間，伺機殺人，因此行人極為稀少，過往行人平常均需結伴而行，極為危險。迨乾隆四十八年（1783）由於集集之開發已初具規模，林仔尾、柴橋頭均已成村莊，集集街亦已形成，居民及商旅往來更為頻繁。因此，當時拓墾集集之先民共同商議後，乃糾集群眾，手執器械，開闢穿越草嶺頂之山路，將原有小徑兩旁之草木砍伐焚燬，使路面更為寬廣舒適，居民及商旅往來更為方便，此路從此成為漢人進入集集通往水里、埔里等地之主要道路。至清光緒元年（1875）南澳鎮總兵吳光亮為開闢由竹山通往花蓮之八通關古道，此古道有支線通集集，因此，吳氏乃動用工役將草嶺越嶺山路大加修築，〔註31〕使其又更加寬廣（約二公尺左右），從此先民即可經由此路，沿八通關古道集集支線通往後山（台灣東部之古稱）。草嶺頂山道經乾隆及光緒年間兩度之拓寬改善後，不但使集集對外交通大為改善；濁水溪中游往來之交通也更為便利。

　　清代濁水溪中游地區之陸路交通，除上述各線道路之開闢外，由於當地位處山區，山川縱橫，境內有濁水溪、清水溪、東埔蚋溪、羌雅寮溪（今稱街仔尾溪）清水溝溪、水里溪、陳有蘭溪等大小溪流，河谷寬廣、水流湍急，每逢夏季水漲，行旅往來困難，因此，橋樑、津渡之設施乃迎運而興。但由於此地河川之水流豐沛、河床寬廣、清代架橋技術落後，故行旅往來大多依賴津渡設施，此乃造成此地津渡不少之因。依津渡之性質而言，或為義渡，或需收費、或用船渡、或為筏渡，皆為早期先民往來之所依賴。其承載河流兩岸民眾之生活物資，聯絡彼此之感情，亦帶動經濟之交流，替當地早期之

〔註31〕《集集古誌》，〈草嶺山路開闢沿革〉，無頁碼，

交通運輸寫下不可磨滅的史頁。清代濁水溪中游區先後有阿拔泉渡、枋寮渡、永濟義渡、溪洲仔渡（集集渡）、清水溪渡、清水溝渡、牛輞轆渡、龜子頭渡等各津渡。其詳細情形如下：

▲阿拔泉渡

清康熙年間漢人由斗六進入竹山係由「阿拔泉渡」越清水溪再進入林圯埔。如《諸羅縣志》云：「阿拔泉溪（即今清水溪），發源於阿里山。西北過竹腳寮山，為阿拔泉渡。」〔註32〕同書又云：「由斗六門山口東入，渡阿拔泉，又東入為林驥埔，亦曰二重埔、土廣而饒，環以溪山，為水沙連及內山諸番出入之口，險阻可據，有路可通後山哆囉滿。」〔註33〕另康熙六十一年（1723）巡台御史黃叔璥所著之《台海使槎錄》云：「水沙連社，地處大湖之中」，「惟南北兩澗沿岸堪往來，外通斗六門、竹腳寮，乃各社總路隘口，通事築室以居焉。」〔註34〕由上可知「竹腳寮」及其附近之「阿拔泉渡」為康熙年間進入竹山之門戶。而「阿拔泉渡」位於清水溪之地點，應在阿拔泉溪上，阿拔泉即今之竹山鎮清水溪。阿拔泉渡為清初先民由林內越清水溪進入竹山拓墾之重要渡口，由此推之，其所在位置應在今林內鄉通往竹山之南雲大橋下方，即今竹山鎮中和里之和溪厝一帶。

雍正年間以後，漢人大批進入竹山拓墾，據乾隆中期之台灣古地圖顯示：〔註35〕當時由斗六門通往竹山之道路是由埔尾（今下坪里）附近越阿拔泉溪（即清水溪），故當時埔尾附近可能已有渡口，否則清水溪河面寬闊，每逢雨季，河水暴漲，必難橫渡，但因史料缺乏，難以詳考。其後迄光緒初年期間之台灣文獻中均無有關今竹山清水溪流域津渡之記載，直至光緒二十年（1894）輯成之《雲林縣采訪冊》始有：「清水溪筏，在縣東二十里，為沙連適斗六門要津。」〔註36〕之記載。上文所指「清水溪筏」，書中並無明確指出其詳址，但據地方耆老口傳及清末築雲林城於竹圍仔推之，其址應在今清水溪下游之今中和里和溪厝附近。因其渡河工具係極簡陋之竹筏，故清代文獻鮮有提及清水溪流域之津渡，據地方父老指出：日治時期，今竹山之清水溪流域有八處竹筏渡口，而清代卻罕見文獻提及，應是因竹筏太簡陋而

〔註32〕周鍾瑄，《諸羅縣志》，卷一〈封域志〉，頁12。
〔註33〕周鍾瑄，《諸羅縣志》，卷一〈封域志〉，頁12。
〔註34〕黃叔璥，《台海使槎錄》，頁123。
〔註35〕洪英聖，《畫說乾隆輿圖》，頁首附圖。
〔註36〕倪贊元，《雲林縣采訪冊》，頁155。

未予著錄之故。

▲枋寮渡

又稱「香櫞腳渡」或「二八水渡」，位於今竹山下坪里枋寮，爲竹山通往二水之要津。往昔濁水溪流至竹山下坪里西北側時形成一廣大之河中沙洲，面積約一百甲，土名曰「香櫞腳」。清初有福建省南靖縣籍之鄭乞食入墾此沙洲，沙洲上原有一棵高大之香櫞樹（又名佛手柑）而得名。至遲至道光年間已有此渡口之存在，故道光末年成書之《彰化縣志》云：「二八水渡（一名香櫞渡），二八水與沙連往來要津。」〔註37〕其過渡之途徑係自二水鎮之鼻仔頭坐船至竹山之香櫞腳沙洲，再抵竹山下坪里之枋寮。光緒十三年（1886）以前，竹山隸彰化縣管轄，加上清代鹿港爲本省中部最大港口，因此，竹山民眾往返彰化洽公，或商販往鹿港辦貨、皆須經過二水，故此一渡口成爲商旅往來之要津，甚至在軍事上扮演重要角色。例如：同治元年（1862）中部發生戴萬生抗清事件，烽火波及竹山而演成紅白旗之事件〔註38〕。戴萬生被官兵追剿逃往竹山時即由枋寮渡經過。《清光緒台灣通志》云：「逆首戴萬生於八月二十九日往林圯埔，該地有林舉人（按：林鳳池）預先密囑渡夫，賂七百員，欲俟戴萬生過濁水溪時，即將渡筏弄沉，事覺，戴萬生乃從枋寮渡經過。」〔註39〕由此可見戴萬生因由枋寮渡通過而逃過一劫。光緒年間，枋寮渡之渡船份曾發生異動，據光緒十三年（1887）〈蘇山知杜賣盡根契字〉顯示：光緒十三年（1887）有蘇山知者將其祖先留下之溪洲仔、社寮及枋寮三渡口之三隻渡船所收渡船工銀抽紅賣予濁水莊之董榮華兄弟。〔註40〕由此可知此渡口有渡船一隻，且維持至清末，甚至日治初期。光緒二十年（1894）調查之《雲林采訪冊》云：「濁水溪渡，在香員腳，爲彰鹿通沙連要津。岸北屬彰化東螺堡，岸南屬沙連堡。渡船一隻，距邑二十五里。」〔註41〕文中所指「濁水溪渡」即枋寮渡。按「濁水溪渡」於光緒五年（1879）以前原指竹山社寮往來名間之渡口，但光緒五年該渡口成立「永濟義渡」，故《雲林采訪冊》將枋寮渡該稱「濁水溪渡」，因其亦設於濁水溪畔之緣故。

〔註37〕周璽，《彰化縣志》，卷二〈規制志〉，頁53。
〔註38〕戴萬生及部眾樹紅旗抗清，義民樹白旗助清軍，故稱「紅白旗反」。
〔註39〕《台灣通志》，頁855，附錄（嘉城遞到探子報信一紙）。
〔註40〕引自林文龍，《社寮三百年開發史》，頁85。
〔註41〕倪贊元，《雲林縣采訪冊》，頁155。

枋寮渡係由竹山之枋寮起渡，經香櫞腳沙洲，（據耆老口碑：往昔香櫞腳有一地名「渡船地」，後因水患被流失，此「渡船地」可能即為昔日之中繼站）。再由香櫞腳渡往二水鎮（舊稱二八水）之鼻仔頭，故此渡口又有「枋寮渡」、「香櫞腳渡」、「二八水渡」等稱呼，亦有稱「鼻子渡」者，如：同治年間纂成之《台灣府輿圖纂要》云：「鼻子頭渡，在沙連保。」〔註42〕即為其例。

▲永濟義渡

清乾隆二十二年（1758）左右所繪之古地圖中已繪出當時有一道路自今南投、名間、經名間之濁水村越濁水溪抵竹山之後埔仔莊與新社（即今竹山社寮）之間，再通往水底寮、江西林、林既埔（即竹山街）。此路於後埔仔附近越濁水溪時未註明「渡口」或「橋樑」，但據清乾隆中葉歲繪之《台灣番界圖》〔註43〕中（如附圖5-1），在後埔仔與對岸之廣福新莊（即名間鄉濁水村）間卻書有「渡船」字樣，可見最遲在乾隆中期此地即為一渡口，設有渡船以過渡往來行旅。其後歷經嘉慶、道光年間仍繼續營運，例如：嘉慶十一年（1806）濁水莊吳片與其族兄吳鞗所立之〈濁水溪渡船份契約〉中（如附圖5-2），將其承自兄長吳懷與外人合造之渡船份每月得九日船租賣給族兄吳鞗之契文中可知，此渡津至嘉慶年間仍有一隻渡船營運，且由數人合夥經營之民渡。〔註44〕道光末年之《彰化縣志》則稱之為「濁水溪渡」，並記其情形云：「濁水溪渡（在沙連為林圯埔、社寮通行要津），距邑治五十里。」〔註45〕

同治元年（1862）戴萬生起兵於彰化，後被官軍追剿失敗欲逃往竹山，時鹿谷舉人林鳳池乃買通此濁水溪渡之船夫，欲乘戴萬生渡至河中時將船弄沉，但戴萬生早已偵知內情而改由較下游之枋寮渡經過，使此一渡口錯失扮演歷史關鍵角色之機會。

根據近人吳淑慈氏研究〔註46〕，祖籍福建長泰縣之董郁文，定居於今名間鄉濁水村。董氏曾於道光末年即與地方仕紳陳再裕、吳聯輝等倡議將此濁

〔註42〕《台灣府輿圖纂要》，頁247。
〔註43〕參看林文龍，《社寮三百年開發史》，頁80。
〔註44〕林文龍，《社寮三百年開發史》，頁80。
〔註45〕周璽，《彰化縣志》，卷二〈規制志〉，頁53。
〔註46〕吳淑慈，〈清代台灣的義渡——以永濟義渡為例〉，（國立台灣大學歷史研究所碩士論文，1997未刊）。

圖 5-1　清乾隆中葉台灣番界圖中濁水溪之「渡船」註記

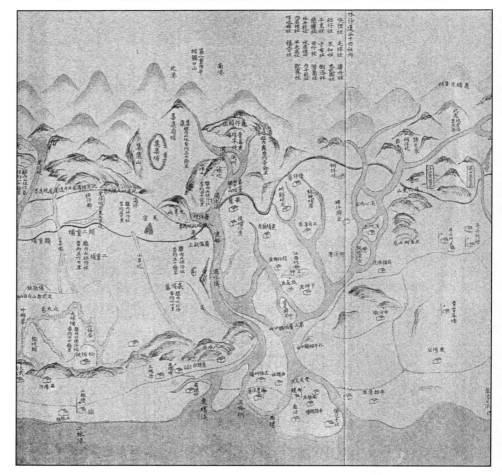

（資料來源：台北國立中央研究院傅斯年圖書館藏。）

水溪民渡改為義渡，惜未竟而歿。郁文子董榮華乃繼其父志於同治年間對地方人士勸捐，並向原民渡之股東購買船份及購置田產放租充作渡夫工食及船隻修理費用，於光緒五年（1879）正式成立「永濟義渡」。

　　永濟義渡除設有渡船一隻外，乾季水淺時則改以竹筏渡河，水更淺時則搭便橋通行。此渡津因屬義渡，故旅客渡船免納渡資，算是一種社會公益事業。為管理此義渡，乃訂有數項條規刻於社寮紫南宮前之〈永濟義渡碑〉中，其內容大致如下：〔註47〕

〔註47〕見蕭富隆編，《南投縣永濟義渡古文契書選》，頁 5～6。

圖 5-2　清嘉慶 11 年之〈濁水溪渡船份契約〉

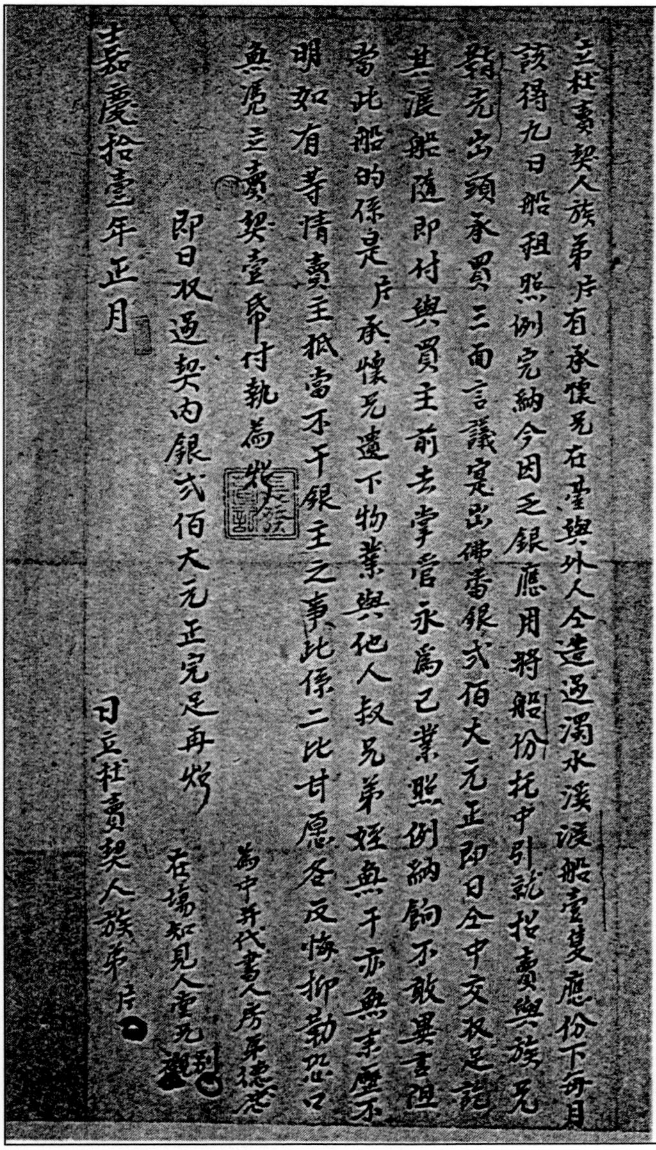

立杜賣契人族弟片，有承懷兄在臺與外人仝造過濁水溪渡船壹隻，應份下每月該得九日船租，照例完納。今因乏銀應用，將船份托中引就招賣與族兄鞘光出頭承買，三面言議，寔出佛番銀貳佰大正元，即日全中交收足訖，其渡船隨即付與買主前去掌管，永爲己業，照例納餉，不敢異言阻當。此船的係是片承懷兄遺下物業，與他人叔兄姪任無干，亦無來歷不明，如有等情，賣主抵當，不干銀主之事。此係二比甘愿各無反悔抑勒，恐口無憑，立賣契壹紙付執爲炤，即日收過契內銀貳佰大元正，完足，再炤

為中并代書人　　房親弟德忠
在場知見人　　　堂兄別、襪

嘉慶拾壹年正月
日立杜賣契人　族弟片

（資料來源：蕭富隆編，《南投縣永濟義渡古文契書選》，頁 5～6。）

（1）義渡夫連一條小港義筏夫，小水即鋪橋，全年計共給發租穀貳佰陸拾四石爲工資、火食並七月普祭陰光諸費。不可取客財物；吉凶事是過船，只小許金灼、紅羽。舟子不循規矩，隨時改換他人。

（2）過客身體物件，當自謹愼；不可自墜水中，誣賴舟子。

（3）船夫撑船，卯時起、申時止；小水定五人，大水定十人。尾載雖一，當撑他過去。

（4）急除礙船之石；船若礙破，舟子造賠。

（5）不肖子弟，竊取船寮器據，偷放船、偷撑船並生事，一經查出，立即重罰。

（6）大水自當顧船，被漂流舟子造賠。

至於永濟義渡之營運費用及船夫薪資來源係來自董榮華向各地熱心人士募捐二千八百元，然後以之購置田產和原民渡之渡船份。所購田產位於社寮附近，計有十段，租給佃農耕作後，每年可收租穀四百石，以充作營運資金及船夫工食費。﹝註48﹞此一義渡一直維持至日治時期。永濟義渡之設立，使竹山通往南投、彰化、鹿港之交通更為便利，清末挑夫之「鹿港擔埔社」即由此渡口通往埔里社，由於商旅往來頻繁，促使竹山原已相當熱鬧之社寮地區更為繁榮，舖戶林立，大公街之出現即為明證。

▲溪洲仔渡（集集渡）

位於今竹山富州里（土名溪洲仔）之象鼻山下濁水溪南岸，溪北為「集集渡」。清乾隆三十六年（1771）漢人已由竹山之溪洲仔越過濁水溪入墾集集之林仔尾（今集集鎮林尾里）。﹝註49﹞當時是否已有津渡，因文獻缺乏難以詳知，但至道光年間已有渡口，如：《彰化縣志》云：「集集渡（集集與沙連通行要津，距邑六十五里）」﹝註50﹞集集渡即與溪洲仔渡為對渡口，可見最晚在道光末年已有溪洲仔渡。另同治年間成書之《台灣府輿圖纂要》中亦云：「溪洲莊渡，在沙連堡。」﹝註51﹞可見此渡口為台灣西部經今竹山欲通往濁水溪上游之集集、水里、日月潭、甚至埔里之要道，且在同治年間仍存在。

據光緒十三年（1887）社寮北中街木匠蘇山知將承自先祖父之腰牌杜賣給董榮華之契字中，﹝註52﹞提及其祖父蒙彰化知縣李廷璧「賞給腰牌准收溪洲仔併社寮、枋寮仔參隻渡船壹工，該領銀陸角，壹片枋該領銀伍角，歷年收理無異」等語﹝註53﹞可見溪洲仔渡與枋寮渡及社寮渡（即永濟義渡）

﹝註48﹞ 另一碑立於名間鄉濁水村福興宮前。
﹝註49﹞ 見不著撰人，《集集堡紀略》，頁1~5。
﹝註50﹞ 周璽，《彰化縣志》，頁53。
﹝註51﹞ 《台灣府輿圖纂要》，頁247。
﹝註52﹞ 林文龍，《社寮三百年開發史》，頁80。
﹝註53﹞ 林文龍，《社寮三百年開發史》，頁80。

三渡口之船隻，原均屬合夥經營之民渡，後來股權才漸被董榮華收買。另契約中所提「腰牌」乃清代台灣政府規定人民入山鋸木、抽藤、吊鹿均有嚴格之管制措施，必需由官方核給匠人腰牌，匠人持此腰牌始能入山工作。蘇山知之祖父蘇成即獲彰化知縣頒給腰牌，得入山伐木修造船隻，故擁有上述三渡口之經營權股份，此腰牌隨同股權售予董榮華，今與原賣契均被保留下來，〔註54〕可做為竹山上述三渡口之歷史明證，亦說明當時溪洲仔渡設有渡船一隻。

　　另據光緒十八年（1892）所立之〈長濟義橋碑記〉，〔註55〕此碑原立於集集鎮集集街廣盛宮前，為埔里社撫民理番通判劉威所立，設立之緣由乃集集附近地方仕紳林天龍、吳玉振、黃東綺、陳長江、董鍾奇等人因集集草嶺下濁水溪（即溪洲仔渡附近）於春夏季節，雨後河水暴漲，渡河困難，居民出入不便，故集資設立義橋（即免費渡河竹橋），並買置田產，以資經費，簰夫人等，由該董紳等雇用，給發工資，不取民間分文渡資。〔註56〕由碑文中「義橋」及「簰夫人」推之，當時在溪洲仔渡與集集渡間之濁水溪上設有竹筏及義橋，故其可能大水時以竹筏免費義渡，乾旱水枯時則搭便橋通行，其經費由義捐所買置田產放租所得支付。至於水更大時則可能以船隻渡過，因光緒二十年（1894）之《雲林縣采訪冊》云：「溪洲仔渡，在縣治東四十里，為社寮、埔里社要津，岸東屬埔里社廳集集堡，岸西屬沙連堡。渡船一隻。」〔註57〕此渡口一直延續至日治時期。

▲清水溝渡

　　位於濁水溪南岸之鹿谷清水溝地區（今瑞田村），在清代乾隆年間已被漢人拓墾，其以集集為主要出入門戶，但必需橫越濁水溪，據地方父老口碑，此地設有竹筏可渡河。

▲龜仔頭渡

　　龜仔頭（今水里鄉玉峰村）位於今水里鄉之濁水溪南岸，清嘉慶年間已被漢人拓墾，但其以濁水溪北岸之社仔（今水里街）為出入門戶，因此據地方父老口碑，清代此地有竹筏可渡濁水溪。

〔註54〕原物保存於台中市董榮華後裔董獻廷手中。
〔註55〕此碑毀於民國88年（1999）九二一大地震。
〔註56〕參看陳哲三主編，張永楨撰稿，《集集鎮志》，第十五篇〈勝蹟志〉，頁950~951。
〔註57〕倪贊元，《雲林縣采訪冊》，頁155。

▲牛輾轆渡（今水里鄉永興村）

位於今水里鄉之濁水溪南岸，清嘉慶年間已有漢人林評入墾，道光年間已形成竹仔腳莊及牛輾轆莊。但牛輾轆地區以社仔（今水里街）為出入門戶及交易中心，因此據地方父老口碑，清代此地設有竹筏可渡濁水溪。

人類渡河之方法，除了利用船隻、竹筏等交通工具外，橋樑之興建亦為渡河之重要途徑。清代台灣由於造橋技術未臻發達及經濟能力之限制，過寬之河流需靠船隻或竹筏渡過；至於河面較窄或流量較小之河流，則架設橋樑或舖石墊涉水、甚至直接涉水而過。

濁水溪中游地區，因位處山區，地形複雜，山川交錯，溪谷甚多。早期居民往來河流兩岸，常以簡陋之樹幹、木板甚至以麻竹捆紮成筏狀充當橋樑，橋面大多不寬，長度亦短，且大多未將橋樑命名。尤其濁水溪流域之河流大多屬荒溪型，冬季水枯，河床即成路面，只需造一簡陋之小橋或涉水即可通過；但每逢夏季水漲，滾滾巨流隨即將橋樑沖毀。由於清代橋樑大多過於簡陋且未命名，故大多未見文獻著錄，其見諸文獻記錄者僅「德安橋」及「通濟橋」而已，據《雲林縣采訪冊》云：「德安橋，在縣東二十八里東埔蚋，為林圯埔入東埔等處要路。長四丈，寬五尺。光緒九年，舖戶林如春捐建；十八年被水沖壞，里眾重修。通濟橋：在社寮聖王廟後，為林圯埔適社寮大路。長八丈餘，寬五尺。陳玉峰捐建。屢有沖壞，概係里眾捐修。」〔註58〕上述之「德安橋」係位於今竹山鎮東埔蚋（今延平里）之街仔尾溪上，今已改稱「昭德橋」，為省道台3線集山路所經，為竹山街通往東埔蚋之路上。至於「通濟橋」則位於今社寮里之獅尾崛溪上，今已改稱「社寮橋」，亦為省道台3線集山路所經，為竹山通往社寮之要道。其捐建人陳玉峰於清末曾任社寮十莊總理和隆興陂（即隆恩圳）圳長，曾與莊鍾英共同勸捐重修開漳聖王廟，財力雄厚。今社寮開漳聖王廟中有其長生祿位。

濁水溪由東向西橫貫本區；西緣則有清水溪由南而北縱流。清、濁二溪於清朝時期水量大、水流穩，即使時至秋末，仍有水路可渡竹筏。因此，早期先民即利用此兩天然河道，將本地之農產品外運外，甚至搭乘竹排前往下游地區。當時先民利用河流將本地之農產品外運中以竹產品之運輸為大宗，因為濁水溪中游位處山區，早期先民即於山坡地遍植桂竹、麻竹，竹林及竹筍等農產品乃成為主要經濟作物。但竹材體積過長、重量大、搬運困難，利

〔註58〕倪贊元，《雲林縣采訪冊》，頁 155。

用水力運輸，省力又方便，故先民多利用河道放流外運，其中以濁水溪支流清水溪之竹排放流最爲有名。

濁水溪中游地區民眾將竹產品利用河流外運之起源，目前已難以詳考。但據今竹山街連興宮媽祖廟右側於道光四年（1824）由彰化知縣設立之〈嚴禁勒索竹筏錢文示禁碑〉中表示：「沙連保民附山居住，生產竹林，縛結成排，由清、濁兩溪載運出售，因在東螺一帶溪邊，惟張姓之人居多，凡遇竹排由觸口、溪洲經過，藉機勒索錢文。」〔註59〕由此可見，最遲在清道光年間竹山民眾已將竹子結成竹筏，利用清水溪及濁水溪之河水將其運往外地出售。根據塗有忠氏所撰〈清水溪之竹排放流〉〔註60〕一文指出：清代清水溪之竹排放流之方法係將竹子砍伐除枝斷尾後，將其拖運至河岸集結後，將竹材分類，再依竹子大小捆成一小捆，每一百小捆爲一買賣單位稱「一流」。清光緒年間，大竹120支爲一流，中竹170支爲一流，小竹以四、五百支爲一流。竹材分類後再將其拖至岸邊水淺處紮結成一座寬約二公尺、長約三十公尺之竹排，然後於次日清晨破曉時分，由放竹排之工人（排夫），開始將竹排推入水中放流，排夫通常深諳水性，反應靈敏，其中1人立於前端操槳，另一拿一竹篙於後，若竹排擱淺於岸邊時，急用竹篙將它撐到中流之處，通常竹排之竹子尾端朝前，較有穿刺力，頭部在後，較能承受水之沖力，前面操槳者必需識水路，全神貫注，不容絲毫差錯，大約兩個多小時即可抵目的地——西螺。然後將竹排撈起堆積完畢交給竹商清點即可返家，其返家通常扛著槳沿濁水溪畔原路走回，來回通常共需一天時程。故竹排放流之工作確實相當辛苦，漂流至外地時還會遭地痞流氓之欺侮勒索，故竹山連興宮之〈嚴禁勒索竹排錢文示禁碑〉即禁止東螺（今北斗、溪洲一帶）之地痞流氓勒索竹山排夫之禁令，惟此禁碑立於竹山而非立於東螺，令人有鴕鳥心態之感。

清代濁水溪中游地區之先民除利用清水溪及濁水溪放流竹排外，亦常將各種山產如樟腦、砂糖、木材、茶葉、香菇、木耳等，利用竹排運至外地銷售。例如：清末集集和竹山之製腦業發達，集集街有採購樟腦之腦館十餘家，腦商常將樟腦以牛車運至濁水溪畔，以竹筏順濁水溪而下送至北港後，再以戎克船運至安平。至於竹山樟腦之輸出，夏季以竹筏沿濁水溪順流而下至二水，再由陸路運至鹿港轉運淡水；冬季則以竹筏沿濁水溪順流而下至北港，再轉運安平。

〔註59〕爲當時彰化知縣李振青所立，詳參附錄三十五。
〔註60〕塗有忠，《下崁采風錄》，頁238～241。另唐贊袞，《臺陽見聞錄》卷上〈籌餉（釐金附）〉，（南投：台灣省文獻會，1996），頁70，竹費。亦有此記載。

至於其他農業如砂糖、茶葉亦沿濁水溪以竹筏順流而下，抵北港後再轉運安平。〔註61〕此外，竹山清水溪流域通往勞水坑（今竹山鎮瑞竹）、桶頭（今竹山桶頭里）之公路未闢以前，當地居民除將農產品利用竹筏外運外，部份居民偶爾亦搭乘清水溪放流之竹桸前往林圮埔街或濁水溪下游之北斗、西螺等地。

總而言之，濁水溪及其支流清水溪為清代濁水溪中游地區對外之重要交通運輸動脈。但上述兩河之水流湍急且多險灘，因此，竹筏及船隻難以逆流而上，故此地物資之輸入必需靠挑夫及牛車載運。清代台灣之陸上交通工具，一般平民大多靠步行或乘牛車；官紳則騎馬或乘轎。

清代台灣之轎子大都為竹轎。竹轎係以桂竹編製而成，外漆藍色，可坐一人。一般由兩人抬，遇體重較重或路途較遠時始由四人抬。濁水溪中游因地形崎嶇，抬轎極為困難，坐轎者亦需忍受上下巔簸之苦。由於乘轎之費用不低，故乘轎者大多為官員、富紳、或新娘出嫁，一般平民外出大多徒步而行。故道光二十七年（1847）劉韻珂巡視水沙連時即謂：「五月十三日由彰化縣城、經南投，換竹輿抵集集，從此入山，經歷田頭、水里」〔註62〕，可見其所坐者為竹轎。至於清代濁水溪中游地區之轎子數量、抬轎業者及其分佈情形，則因年代久遠及文獻未見記錄而難以詳知。

牛　車

為清代臺灣之重要交通工具。清代牛車係以木材製作，長約 3 公尺，寬約 1.5 公尺，高約 1 公尺。有二輪及四輪者兩種。二輪者無車輻，以三片木板併成巨輪，其輪徑較四輪者大一倍，行駛時由一牛或二牛牽引，又名獸力車。清代濁水溪中游地區有不少牛車，甚至組成牛車隊，同時出動，頗為壯觀。清代有不少商飯自鹿港將日用雜貨及鹽等經二水、香櫞腳渡、運抵竹山之枋寮，或由布袋、斗六運鹽或日用品經林內越清水溪抵竹山之和溪厝，然後再用牛車將其由枋寮及和溪厝載運經前山路、車路巷、埔頭、抵竹山街，最後再由竹山街運往各地銷售。故當時由前山路通往埔頭之今枋坪巷附近道路被稱「牛車路」或「鹽車路」，即今下坪里車路巷之由來。另外，由於牛車往來頻繁，有時難免損壞，故清代竹山已有專門修理牛車之商店──「車店仔」出現，今竹山德興里德興社區舊名「車店仔」，即為清代修理牛車之專門店所

〔註61〕莊英章，《林圮埔：一個台灣市鎮的社會經濟發展史》，（臺北：中央研究院，1997），頁 15。
〔註62〕劉韻珂，〈奏勘番地疏〉，載於丁曰健，《治台必告錄》，頁 214。

在。總體而言，牛車爲清代本地村落間極重要的運輸工具。

　　清代濁水溪中游地區之交通未臻發達，道路之開闢未能普及，路況亦不夠寬平，最多只能通行牛車或馬車之泥土路，機動車輛尚未出現，而河川雖可順流放流竹筏，但舟筏卻無法溯溪而上，故步行乃當時最普遍之交通方式。至於貨物之運輸，除牛車之外，亦大多仰賴挑夫之運送，尤以交通不便之山區爲最。

挑　夫

　　幾乎全由男性擔任，彼等足穿草鞋，頭戴斗笠，以扁擔及竹籮肩挑各種物品送往目的地。當時挑夫所走之路線大致如下：

▲斗六～竹山線

　　斗六之開發較竹山爲早，清代已成街市，漢人由斗六東進入竹山拓墾，清初即爲進出竹山之門戶，亦爲距離竹山最近之市集，因此，清代有不少挑夫自斗六將鹽及日用品挑經林內再於和溪厝越清水溪，然後沿前山路登九十九崁進入竹山街。去程時亦順便將竹山之山產挑往斗六販售，尤以清末雲林縣設治後，此一路線之商旅往來更爲頻繁，其時程約一日可往返一次。

▲鹿港～二水～竹山線

　　鹿港爲清代台灣中部第一大港，因此，清嘉慶、道光以後有不少挑夫自鹿港挑南北貨、藥材、鹽等物品，經溪湖、員林、二水、於鼻仔頭渡濁水溪，達竹山之枋寮，再沿前山路、九十九崁，然後抵竹山街，歷程約一日，於竹山過夜後，次日再挑山產往彰化、鹿港或空手而回。

▲鹿港～彰化～社寮～集集～埔里線

　　清嘉慶、道光年間以後，由於埔里之開發，因此有不少挑夫自鹿港挑鹽、藥材、南北貨等，經彰化、南投、名間、於濁水溪渡（即永濟義渡）越濁水溪抵竹山社寮、再經溪洲仔渡往集集，於集集過夜後，次日再挑往埔里。於埔里過夜，第三日再由埔里挑糖或山產至集集過夜，第四日再由集集返鹿港。往返共歷時四天。同治、光緒年間，由於永濟義渡之成立及清廷進行「開山撫番」，再加上內山地區樟腦業之發達，促使社寮成爲此線挑夫往來之休息站，於清末繁榮一時。另外，此線之挑夫亦有少數挑夫僅由鹿港挑至社寮，或自鹿港挑至社寮後，再循八通關古道社寮支線挑往大坪頂（今鹿谷），於社寮或鹿谷過夜，次日再返回鹿港，往返歷時約二天。

　　除上述各路線外，尚有竹山街～大坑～大鞍線。竹山街～福興～山坪頂

（今坪頂里）～勞水坑（今瑞竹）～桶頭（今桶頭里）線。竹山街～東埔蚋（今延平里）～筍仔林（今延山里）～小半天（今鹿谷鄉和雅村）～內樹皮（今鹿谷鄉竹林村）線等。可見清代濁水溪中游之陸路交通相當通暢；道路交通網已相當稠密，只是路況欠佳，路面均為土石路面，而且路寬僅容行人或牛車通過；交通工具亦停留於人力及獸力之階段；但交通網之建立，除反映濁水溪中游之拓墾已經有成外，也顯示出經濟之逐漸發展及商業之繁榮；另一方面也表示清廷對濁水溪中游之控制已經更為加強，已非清初所謂「化外封禁之地」。

總之，清初之濁水溪中游「因近生番，不准民人居種。」「水沙連離生番三十餘里，山徑崇峻難越。」〔註63〕但經乾隆二十年（1755）由戶部議准成立「水沙連保」，並開放移民入墾後，交通建設亦漸有發展，故至乾隆二十五年（1760）時「林圯埔地方，內通水沙連諸番社，中隔大溪，外達觸口。從前因內地偏僻，行人稀少，……近日人煙稠密，商賈往來不絕。」〔註64〕清末又有橫越八通關往台灣東部道路之開闢，再加上橋樑之增設，清末竹山的交通已頗有發展，由原屬「通野番南北之咽喉」，一躍而為「內山往返必經之路」，而且「居中路之心，扼後山之吭。」〔註65〕交通地位大為提昇。至於鹿谷則因為清末八通關橫貫道路之開闢，使位於路線交會之新寮成為「大坪頂七處交易之區，入後山台東州總路」。集集地區因道路之開闢後，其對外主要道路有二條；早期由名間沿濁水溪畔經獅子頭經林仔尾入集集，後改由隘寮越草嶺頂至集集街。另一路為由竹山之社寮渡濁水溪至本鎮之草嶺腳，再經林仔尾至集集街。此二路會合於集集街後，再沿吳厝、柴橋頭、洞角東進，再經油車坑進入水里，或於風崆口越長濟義橋通往鹿谷之秀峰。惟東進至水里以後又可分成三線，一為越雞胸嶺通往魚池及埔里，一為沿丹大溪往花蓮瑞穗，另一則南沿陳有蘭溪往鹿谷之新寮接八通關古道，亦可通往花蓮之玉里。由此可見，集集實為濁水溪中游之交通要衝，清末更成為濁水溪中游的貨物集散的中心，也是漢番交易中心。

乾隆年間之今竹山地區因漢人大量入墾，交通建設隨之而興，至乾隆中期以形成二十餘村莊。而且林圯埔地區人煙稠密，商賈往來頻繁，「林圯埔街」亦已形成。乾隆29年（1764）撰成之《續修台灣府志》已首度出現「林圯埔

〔註63〕《大清高宗純皇帝實錄》，卷四百九十六。
〔註64〕《大清高宗純皇帝實錄》，卷六百二十。
〔註65〕陳世烈，《竹城旌義亭碑記》，錄自林文龍著，《台灣史蹟論叢》，頁830。

街，在縣東□□里」〔註66〕之記載。到清末由於人口之增加，雲林縣之設治，台灣中路之開闢，使「居中路之心，扼後山之吭」的林圯埔更爲繁榮，光緒年間已有 73 個村莊，而林圯埔街已「一千一百十二戶，八千六百八十一丁口。」其街廓亦已發展至橫街後街一帶。故《雲林採訪冊》云：「橫街後街，三百五十四戶，三千六百三十五丁口。」〔註67〕可見林圯埔街之繁榮。至於林圯埔北方的社寮街，由於清末永濟義渡之設立及橫越八通關道路之開闢，使其成爲濁水溪上游交通之要衝及入山之門戶。因此今紫南宮前之「大公街」已成市集，爲路面鋪石板、有商店七十餘家之街道，又稱「社寮街」。《雲林采訪冊》云：「社寮街，在縣東三十五里，爲社寮等處交易總市，又爲往來南北暨埔里社孔道。」另外，位於林圯埔街與社寮街往來孔道之「東埔蚋莊」，光緒初年亦因八通關道路之開闢而成爲林圯埔通往大坪頂之要津，繁榮成「東埔蚋街，四百五十九戶，五千零零九丁口」〔註68〕之街市。

　　清末之集集地區則由於「開山撫番」之推展及台灣中路（八通關橫貫道路）之開闢，交通地位日益重要。成爲濁水溪流域通往五城堡、埔里社及社仔（今水里鄉）的入山要道也是漢、「番」交易中心。光緒元年（1875），清政府更將集集、林尾、柴橋頭及社仔四莊成立集集堡。光緒年間，集集更因樟腦業的興起而商業繁榮，人文勃興。據日治時期所撰之《集集古誌》記載：光緒十年（1884），西洋進入集集熬製樟腦，貸資本於腦丁，再收購其樟腦，於是樟腦業大興。先後有瑞興棧（台南沈鴻傑設立）、怡記棧、東興棧（高拱宸設立）、昌記棧、慶記棧、仁沙棧、公和棧、大圳棧、美打棧、及定記棧、錦勝棧、大修棧、公慕棧共十三家腦館（洋行）之設立，集集街繁榮一時，成爲濁水溪中游最繁榮之街市，商旅雲集，成爲附近地區之交易中心，人口亦大量成長。故《集集古誌》云：「明治二十五年（清光緒十八年，（1892）之集集堡居民眾多，街上及鄉間住屋相連，甚爲壯觀美麗。」〔註69〕當時集集街莊繁榮之景象由此可見。

　　濁水溪中游在清乾隆初期因草來初闢，拓地未廣，故當時地方治安之維護，「因內地偏僻，行人稀少，是以只於石榴班（作者按：即今斗六市榴中里）設汛防守，該地未經議建汛防。」〔註70〕但乾隆 20 年（1755）清廷開放拓墾

〔註66〕余文儀，《續修台灣府志》，頁 89。
〔註67〕倪贊元，《雲林縣采訪冊》，頁 137。
〔註68〕以上二段均引自《雲林縣采訪冊》，頁 146。
〔註69〕參看《集集古誌》，日文抄本，無頁碼。
〔註70〕《大清高宗純皇帝實錄》，卷六百二十。

近山番地後，至乾隆中葉時不但土地日漸開拓，而且自牛相觸至社寮由西向東貫穿竹山的道路亦已闢建完成。〔註71〕林圮埔因此「近日人煙稠密，商賈往來不絕，奸匪之潛匿，搶竊時聞，請添設塘汛，於鹽水港汛內撥外委駐箚，於石榴班汛撥兵十名，估建兵房，應如所請。」〔註72〕此爲清代在濁水溪中游駐軍之開始。清末由於八通關橫貫道路之開闢及其他橋樑津渡之設立，竹山之交通地位更爲重要，光緒元年（1875）台灣道夏獻綸認爲：「林圮埔爲往返內山必由之路，該處商賈輻輳、良莠不齊，必須派勇分駐彈壓。」原南澳鎮總兵吳光亮乃「速即遵辦，抽調駐防嘉義縣城弁勇一哨，同下加冬弁勇一哨，剋日往林圮埔駐紮。」〔註73〕至清末台灣割讓日本前夕，濁水溪中游地區之駐軍除了林圮埔汛外，尚有沙連汛（在社寮）及觸口汛（在和溪厝）和集集汛等汛塘〔註74〕，以保護往來行旅及居民，可見交通地位極爲重要。

　　清末由於橫越八通關台灣中路之開闢，濁水溪流域通往山區及東部更爲方便，清政府爲鼓勵漢人往山區及東部拓墾，乃於光緒元年（1875）將「所有從前不准內地民人渡台各例禁，著悉開除，其販賣竹、鐵兩項，並著一律弛禁，以廣招徠。」〔註75〕清廷這項開除舊禁之上諭，不久轉到台灣後，由台灣鎮掛印總兵張其光、台灣道夏獻綸會銜出示曉諭勒石於台灣中路之大坪頂（今鹿谷鄉）新寮，明白宣示「從前不准內地民人渡台及私入番境各禁例，現已一律開除，不復禁止，臺地所產大小竹竿及打造農器等項生熟鐵斤，均聽民間販賣，其內山所產藤條，並由本司道通行開禁，將藤行裁革。」〔註76〕由於上述舊禁之撤除，也促進了濁水溪中、上游之鹿谷、水里、信義等山區之開發。

　　清光緒十三年（1887）台灣建省後，劉銘傳出任首任巡撫，並於彰化縣與諸羅縣之間新置雲林縣，以強化地方行政。雲林縣治之所在，經劉銘傳親自探勘後，以林圮埔「居中路之心，扼後山之吭」，由於位置適中又重要，遂被選爲雲林縣治之址。其址在今竹山鎮九十九坎之雲林坪，並開始進行築城、建衙署及壇廟之工作。當雲林城竣工之時，雲林尚未正式設縣，故陳世烈乃

〔註71〕洪英聖，《話說乾隆台灣輿圖》，頁111～112。
〔註72〕《大清高宗純皇帝實錄》，卷六百二十二。
〔註73〕《台案彙錄壬集》，頁100。
〔註74〕倪贊元，《雲林縣采訪冊》，頁154～155。
〔註75〕沈葆楨，〈台灣後山請開舊禁摺〉。
〔註76〕張其光、夏獻綸，《入山撤禁告示碑》，南投縣鹿谷鄉新寮土地祠旁。

將此城取一雅名曰「前山第一城」。因清代慣稱台灣中央山脈以東之花蓮、台東地區為後山；中央山脈以西之中部地區為前山，而林圯埔之雲林縣城位處由後山經由中路通往前山地區之第一座城池，故名為「前山第一城」。故雲林縣之設治及縣城之設於竹山，交通乃其決定之重要因素之一。

由於清末由竹山通往東部之台灣中路之開闢，使台灣東西部人民往來更為便捷。故《台灣通史》云：「台東州自歸隸以來，久任荒蕪。光緒紀元，開山議起，設卑南廳，以事經營，戍軍撫番，前山之人，相率而至，洎光緒十三年，乃升為州。」〔註77〕由於台灣東西部交通的改善，前山之人，相率前往東部開墾，乃促進東部之開發。據日本治台初期之調查：明治 29 年（1896）時，花蓮之拔仔莊（在今瑞穗鄉）有漢人 132 人，其中由台中、彰化移來者有 42 人，約佔三分之一。〔註78〕可見有部分台灣西部之人民循台灣中路橫越八通關前往東部開墾。

綜上所述，濁水溪中游地區早期為各族群所居，各族群利用濁水溪及清水溪、水里溪、清水溝溪等河道為對外聯絡之孔道，陸上則靠部落間蜿蜒之小徑互相往來。明鄭時期，相傳有林圯及少數漢人入墾竹山，其路徑可能由斗六東進，越清水溪，入墾林圯埔附近地區，林圯埔往斗六之道路已逐漸成形。

清雍正年間以後，漢人始大批進入濁水溪中游拓墾，當地的交通乃漸發達，最遲至乾隆中期，由斗六進林內，越清水溪通往林圯埔然後東經江西林、社寮再越濁水溪抵名間鄉濁水村之道路已經築成，此路由西而東貫穿竹山，使竹山對外往來更為方便。另乾隆末年，竹山之社寮通往集集之道路亦已開通，成為先民進入濁水溪上游之要路。嘉慶年間，由集集通往水里地區的道路也已經暢通。道光末年，更可由集集通往五城堡及埔里，使濁水溪流域與烏溪流域之民眾有路可以互相往來。此外，由鹿港、彰化經二水越濁水溪通往竹山之道路最遲於道光年間亦已暢通。而林圯埔通往清水溪流域中、上游之過溪仔（今福興）、泉州寮、不知春（今百家春）、山坪頂、桶頭等地之道路，最遲於同治年間亦有道路可達。

清末由於政府進行「開山撫番」以促進台灣東部之開發，派總兵吳光亮竹山之埔心仔及社寮兩地分別開闢通鹿谷大坪頂之道路，於大坪頂會合後，再經信義、八通關、翻越中央山脈抵東部璞石閣（花蓮縣玉里鎮），不但使鹿谷、水

〔註77〕連橫，《台灣通史》頁 92～93。
〔註78〕田代安定，《台東殖民地豫察報文》，（臺北，台灣總督府，1897），頁 43～44。

里、信義等地交通更為便利，也促進了濁水溪中、上游地區和台灣東部之開發。

水路方面，清代濁水溪流域之先民除利用清水溪及濁水溪放流竹排外，亦常將各種山產如樟腦、砂糖、木材、茶葉、香菇、木耳等，利用竹筏運至外地銷售。此外，清水溪流域通往勞水坑（今瑞竹）、桶頭之公路未闢以前，當地居民除將農產品利用竹筏外運外，部份居民偶爾亦搭乘清水溪放流之竹排前往林圮埔街或濁水溪下游之北斗、西螺等地。大體而言，濁水溪中游地區的水陸交通至清末時已「四通八達」（參看圖 5-3），只是路況欠佳，交通工具未機動化，仍停留於人力及獸力階段。

圖 5-3 清末濁水溪中游交通圖

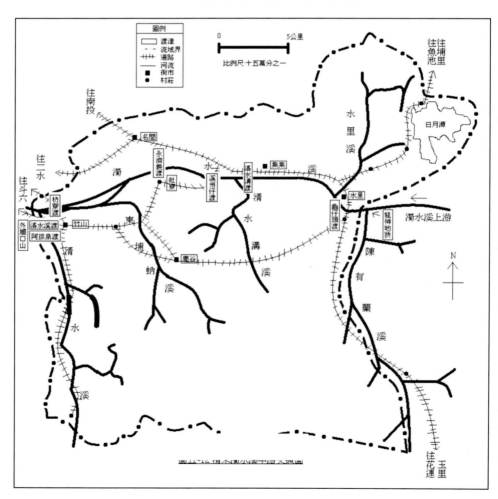

第二節　宗教的傳佈

　　濁水溪中游地區本為各族群之居處，各族群有其原始巫術與信仰。鄭氏末期，漢人開始進入此地拓墾，但當時宗教之發展並無史料可尋。迨清政府統治臺灣以後，漢人始大量移住。然早期移民大多由福建、廣東兩省渡海來臺，烏水溝風浪險惡，移民為求旅途平安，因此，於啟程之前，攜帶家鄉神明的神像或香火袋，祈求一帆風順，旅途平安。抵臺之後，必感神恩保佑而繼續膜拜。覓妥開墾之地後，著手開墾，為求拓墾順利，又將神像或香火安置於田寮、民宅或公厝，甚至將香火掛於樹頭，一旦開發完成，五穀豐登，則建廟奉祀，一旦有驗而演變為街莊或鄰里之保護神。

　　濁水溪中游地區位處山區，昔為各族群之居，先民入墾之初，常與各族群發生衝突，而致「番害」頻仍，先民為避「番害」，於是供奉「祖師公」，因先民傳說祖師公有驅「番」之神蹟。迨防「番」略具成功，開墾稍有成績，村莊基礎建立，先民在宗教上的表現，則以設立土地祠為其特色，山頭田尾，無不遍設土地公廟，以祈五谷豐登，闔境平安。而在拓墾過程中，遇到巨木、奇石，亦被先民祀為大樹公、石頭公。或先民水土不服，感染瘴氣疾疫，客死此地，無主枯骨，乏人收埋，乃建百姓公、萬善堂收容之。迨村莊基礎已告安定，開拓進展順利，生齒日繁、街肆逐漸行成，人文日興，經濟繁榮，此時居民之宗教表現，隨經濟人文之發達，擁有地方勢力之業主、總理、仕紳乃集資擴建宏偉之廟宇。同時，隨者居民之日增、生活日漸多元化，祀神種類亦愈來愈複雜。隨者經濟之發展，生活安定，教育漸受重視，文風一開，書院隨之而設，並祀文昌帝君，以為諸士子敬業樂群之所。爾後經過長期之開墾經營與發展，商業鼎盛，人文薈萃，文化活躍，教育水準提高，地方意識乃逐漸淡泊，各族群逐漸融合成一新社會，住民所面臨之問題，乃由早期之災變窮困，轉變為社會之調適，人格之探討，因此，地方性及特殊性之神明崇拜，逐漸轉為全國性之神明崇拜，如佛教之釋迦佛、觀音菩薩及道教之三官大帝、關聖帝君、玄天上帝等神明。濁水溪中游地區在漢人進入拓墾以後，宗教的發展，大抵依循上述之途徑。〔註79〕

　　濁水溪中游地區的拓墾雖然始於明末清初，但早期先民入墾此地，披荊

〔註79〕參考劉枝萬，《南投縣風俗志宗教篇稿》，頁 1～6。

斬棘，胼手胝足，創業維艱，經濟力有限，無暇及於寺廟之興建。迨乾隆初期漢人大量入墾，林圯埔地區（今竹山鎮）逐漸被開發，村莊次第奠立，其北隅之社寮地區亦形成漢人聚落，寺廟的興建乃迎運而興。唯廟護持範圍有大有小。大者全堡護持；或一街、或數莊、或一莊、或一角頭護持。台俗分稱「堡廟」、「街廟」、「聯莊廟」、「莊廟」、「角頭廟」。茲參考周璽，《彰化縣志》、倪贊元，《雲林縣采訪冊》及近人劉枝萬所著《南投縣風俗志宗教篇稿》等書，依清末行政區為準，分別述之。

沙連堡地區

1. 堡　廟

▲連興宮

位於林圯埔街，供奉媽祖，因此俗稱媽祖宮。乾隆初年，林圯埔街逐漸形成，經濟日漸繁榮，居民建媽祖廟天上宮（又名聖母宮、天后宮、媽祖宮、連興宮、天后聖母廟）於林圯埔街。道光年間刊行之《彰化縣志》載其情形云：「天上聖母廟：一在沙連林圯埔，乾隆初，里人公建，廟後邑令胡公邦翰祿位。」〔註80〕乾隆二十七年（1762），彰化知縣胡邦翰勘查水沙連，諭告百姓：「凡沙連保沿山之地，未報墾成納賦者，應照一九稅之例繳租，配入本廟。」〔註81〕文中所指「沿山之地」，係指今竹山大坑至鹿谷小半天及大水窟一帶之土地，均須繳納收穫的十分之一給連興宮充當香燈之資，從此連興宮之護持範圍已由林圯埔街附近擴展至鹿谷地區。咸豐年間，連興宮因年久失修，因此由林鳳池、陳希亮等首倡，就沙連保內信徒募款修建。由於香火鼎盛，廟務繁重，開支浩大，乃就林圯埔街之商賈，課以量稅，每擔抽取賣方一錢五厘，買方一錢，年約二百至四百元充當維持經費；光緒五年（1879），又從濁水溪永濟義渡捐題銀中抽取若干，充當香燈之費，從此連興宮之信徒乃擴及全沙連保地區，為沙連堡「堡廟」。另清末所輯之《雲林縣采訪冊》云：「連興宮：在林圯埔街（縣東二十五里）。宮殿三座，祀天上聖母。乾隆中，里人公建。前彰化縣邑令胡公邦翰捐置山租若干，為寺僧香火之資。廟貌巍峨；歲時，村社迎迓、演劇酬神。咸豐丙辰年，孝廉林鳳池勸捐重修。附祀福建巡撫定公之長生祿位、彰化縣令胡公邦翰祿位、李公

〔註80〕周璽，《彰化縣志》，卷五〈祀典志〉，頁 154。
〔註81〕陳哲三主編，王志宇撰，《竹山鎮志》，第三篇〈開拓志〉，頁 362～363。

振青祿位。」〔註82〕由文中「宮殿三座」、「廟貌巍峩」可見當時林圮埔街已相當繁榮，才有財力興建規模宏偉之廟宇。其祭祀圈包括整個沙連堡，包括：溪洲莊、社寮莊、猴坑莊、木屐寮莊、珍湖莊、板寮街、過坑仔莊、柴牛稠莊、東埔蚋街、惠溪厝、江西林莊、下坪莊、頂埔莊、筍仔林莊、林圮埔街、籐湖莊、埔心莊、大坑內莊、三角潭莊、香員腳莊、鼻仔頭、尖仔尾、水車莊、湖仔厝莊、豬朥棕、柯仔坑、車店仔、咬狗寮、水底寮、後埔仔（按：以上屬今竹山鎮境）。清水溝莊、車軾寮莊、小半天、新寮、大水堀莊、大坪頂莊、粗坑莊、內湖莊、番仔寮莊（按：以上屬今鹿谷鄉境）等聚落。

2. 街　廟

▲紫南宮

位於沙連下堡社寮莊大公街，創立於乾隆十年（1745）左右，供奉土地公。相傳為社寮莊總理杜夫向社寮、後埔仔一帶居民募款興建，〔註83〕以祈五穀豐登，闔境平安，因此成為社寮及後埔仔一帶聯莊廟。乾隆末年，當地居民又建開漳聖王廟於社寮，開漳聖王廟乃取代紫南宮成為社寮及後埔仔地區之聯莊廟。雖然紫南宮之地位被開漳聖王廟所取代，但因紫南宮土地公頗有靈驗，信徒不衰外，尤其光緒年間，永濟義渡之設立，更促進紫南宮之發展。光緒十年（1885），社寮大公街眾商鋪約七十戶，鳩資六十元買水田四分，捐給紫南宮為香祀田，使其財源更為穩固，紫南宮乃為大公街之「街廟」，其祭祀圈包括社寮大公街一帶居民。

▲三坪祖師廟

位於林圮埔街。相傳有林祖生者由福建渡臺時，隨身攜帶三坪祖師（神像或香火，不得而知）前來林圮埔，供奉於自宅。後因開墾相當順利，為答謝神恩，乃於乾隆五十四年（1789）創建三坪祖師廟於林圮埔街。林祖生並按年喜捨粟二十一石並廟地出租金若干，充作香燈之資。《雲林縣采訪冊》云：「祖師廟：在林圮埔下福戶。祀三坪祖師。街眾於每年十一月十六日演劇祀

〔註82〕倪贊元，《雲林縣采訪冊》，頁 159，文中以連興宮建於乾隆中葉。應以《彰化縣志》建於乾隆初葉之說較可信，因《雲林縣采訪冊》成書於光緒年間，晚於道光年間稱書之《彰化縣志》。

〔註83〕劉枝萬，《南投縣風俗志宗教篇稿》，頁 117～118。

壽。前爲里人公建。」〔註 84〕可見清末其已經成爲護持街眾之「街廟」，其祭祀圈包括林圯埔街一帶居民。

▲靈德廟

位於林圯埔街下菜園，道光十一年（1831），林圯埔街已經成繁榮街市，商旅往來不絕，居民乃創建城隍廟於街區曰「靈德廟」，割香於彰化城隍廟，爲市區居民守護神，屬林圯埔街之「街廟」。光緒十四年（1888）雲林縣設治於林圯埔，靈德廟乃成爲雲林縣之縣城隍。光緒末年輯成之《雲林縣采訪冊》云：「城隍廟，在林圯埔下菜園，坐北朝南；祀城隍尊神。歲時士女焚香不絕。前爲武生陳朝魁捐建，後里眾互有重修。距邑治二十五里。」〔註 85〕，其祭祀圈包括林圯埔街一帶居民。

▲文昌祠

位於林圯埔街（日治時期被廢，今改奉於克明宮）。咸豐年間，林圯埔街已是街市繁興，人煙稠密，文風日盛。咸豐五年（1859），出身鹿谷粗坑（今初鄉村）之林鳳池考中舉人，一時文學蔚起，士子紛紛創立文社，以爲敬業樂群之所。同治元年（1862），舉人林鳳池與士紳創設「文昌桂宮」於林圯埔街，祀文昌帝君。《雲林縣采訪冊》云：「文昌祠，在林圯埔街，距縣二十五里。崇祀文昌帝君、大魁夫子。學社一十餘間，爲沙連閤屬士子講學課文之所。同治年間，紳士倡建；光緒十二年，郁郁社諸同人建置租一百餘石，勒碑立石，爲祠內春秋祭祀之費。二十年，興建重修」〔註 86〕。其祭祀圈包括林圯埔街一帶居民。

3. 聯莊廟

▲開漳聖王廟

位於社寮莊。創立於乾隆年間，《彰化縣志》祀典志云：「威惠王廟，一在沙連保社寮」〔註 87〕，即指此廟開漳聖王廟在嘉慶初年曾重修，信徒包括社寮、溪州仔、前後埔仔、水底寮等各莊（今山崇、社寮、中央、富州四里），祭祀區與隆恩圳灌溉區域大約相同，爲一聯莊之共同信仰中心。嘉慶二十四

〔註 84〕倪贊元，《雲林縣采訪冊》，頁 160～161。
〔註 85〕倪贊元，《雲林縣采訪冊》，頁 159～161。
〔註 86〕倪贊元，《雲林縣采訪冊》，頁 159。
〔註 87〕周璽，《彰化縣志》，卷五祀典志，頁 157。

年（1819），水沙連社通事社丁首黃林旺，將鹿谷鄉坪仔頂一帶山地墾民之配納租穀，施捨給開漳聖王廟當香燈費。同治年間，又有陳玉峰首倡，集資購買社寮、後埔仔、溪洲仔等處水田七分、旱田二甲、房地一分及原野一分等，捐爲廟產。從此開漳聖王廟之信徒更多，資產亦更加雄厚。〔註88〕《雲林縣采訪冊》載曰：「聖王廟，在社寮街，（距邑三十七里）；祀開漳聖王陳元光；有唐時人，開漳有功，敕封威惠王。乾隆年間，鄉眾公建；光緒三年，莊董莊鍾英、陳玉峰勸捐重修。」〔註89〕爲其創建及重修之記載，爲社寮十莊之「聯莊廟」，其祭祀圈包括過坑仔庄、社寮莊、籐湖莊、他里溫、水底寮、頂埔莊、下埔莊、水車莊、板寮莊、猴坑莊。

▲沙東宮

　　位於竹山的東埔蚋街（今延平里），供奉開臺聖王鄭成功，故俗稱國姓爺廟。嘉慶七年（1802），位處林圯埔通往社寮或羌仔寮（今鹿谷鄉）間交通要衝之東埔蚋（今竹山鎮延平里）已成漢莊，當地居民割香於臺南延平郡王祠建小祠供奉而創立此廟。嘉慶十五年（1810），士子劉神崁捐資予以擴建。咸豐六年（1856），生員劉漢中首倡募款重修，乃稍具規模，此時祭祀區已擴大至東埔蚋及江西林等村莊（今竹山鎮延正里、延平里、延山里及延和里），大致上與東埔蚋圳之灌溉區域相同，〔註90〕成爲該地區之聯莊廟。《雲林縣采訪冊》云：「沙東宮，在東埔蚋街，縣東二十八里。拜亭、正殿規模軒敞，旁置兩伏廊一十間，權充鄉塾。廟祀延平郡王鄭成功。里眾祈穀禱雨，甚有靈驗；神駕所經，螟螣蟊賊不能爲害。每收穫多成，鄉村迎迓演劇習爲常典。」〔註91〕由此可見當地居民不但把鄭成功視爲地方守護神，而且能祈雨求穀，甚至能驅除蟲害。沙東宮除祀開臺聖王外，並祀神農大帝。祭典舉行於每年農曆正月十六日及秋收之後，尤以秋收後之「冬尾祭」，護持範圍內之居民除準備豐盛祭拜外，更演戲酬神，熱鬧非凡。沙東宮之信徒除了東埔蚋及江西林地區外，由於相傳國姓爺對祈雨、治病、驅蟲、除瘟等頗有靈驗，故信徒遍及竹山各村落，甚至遠及埔里、國姓、草屯、集集、名間、二水、水里等地前來割香或迎回巡境、祈雨等，其信仰圈廣及濁水溪及烏溪流域。

〔註88〕劉枝萬，《南投縣風俗志宗教篇稿》，頁117～118，頁139～140。
〔註89〕倪贊元，《雲林縣采訪冊》，頁160。
〔註90〕劉枝萬，《南投縣風俗志宗教篇稿》，頁135～137。
〔註91〕倪贊元，《雲林縣采訪冊》，頁141。

▲德山巖

又稱德山寺，俗稱巖仔，主祀觀音菩薩。位於今竹山鎮土名車店仔（今德興里），原址在下崁莊和溪厝之崁腳（今中和里）。道光十三年（1833），林圯埔街總理陳朝祥向下崁莊居民募款，將原位於下崁莊和溪厝之德山寺遷建於車店仔（今德興里），主祀觀音菩薩。《雲林縣采訪冊》云：「德山巖，在縣東二十八里。依山環抱，綠樹幽篁，映帶左右，泉聲鳥語，曲徑花香，四顧蒼茫，群峰聳翠，尤極眼界之奇觀。前為里眾捐建；光緒十九年，鄉民勸捐重修。」〔註92〕同治十三年（1874），住持僧綠得將平日積蓄購買寺前旱田一段，捐作寺產。德山寺信徒最初僅限於和溪厝地區居民，後來因香火鼎盛，祭祀區擴及於清水溪下游之桃仔園、泠水坑、和溪厝、枋寮仔、中崎、車店仔、柯仔坑等地，為清水溪下游之莊廟。往昔祭典除中元普渡外，農曆二月十九日、六月十九日、九月十九日等觀音菩薩紀念日期，均舉行盛大慶典，屆時上述七莊信徒雲集，演戲酬神，熱鬧非凡，〔註93〕為該車店仔附近七莊之「聯莊廟」。

▲祝生廟

位於大坪頂地區。道光年間，漢人在鹿谷地區之拓墾已經穩固。大坪頂七莊（粗坑、新寮、坪仔頂、車輄寮、小半天、內樹皮、猿仔寮）已成漢莊，但此地接近山區，為防範各族群之出草，居民紛紛創建廟宇，供奉傳說能防「番」之祖師公。道光五年（1825）猿仔寮（今鹿谷村）居民建「祝生廟」於莊內，祀陰林山祖師（又稱慚愧祖師）。《雲林縣采訪冊》云：「祖師廟，一在大坪頂漳雅莊；祀陰林山祖師。七處居民入山工作，必帶香火。凡有兇番出草殺人，神示先兆；或一、二日，或三、四日，謂之禁山；即不敢出入。動作有違者恒為兇番所殺。故居民崇重之，為建祀廟。」〔註94〕可見民眾對祖師公防番功能崇信甚篤，祝生廟成為大坪頂七莊之「聯莊廟」，其祭祀圈包括粗坑、新寮、坪仔頂、車輄寮、小半天、內樹皮、猿仔寮等聚落。

▲三山國王廟

位於濁水溪與支流清水溝溪會合處，土名大坵園外城地區（今鹿谷鄉清水村）。嘉慶末年，有王伯祿者，企圖恢復乾隆初年因遭番害而荒蕪之大坵園

〔註92〕 倪贊元，《雲林縣采訪冊》，頁161。
〔註93〕 劉枝萬，《南投縣風俗志宗教篇稿》，頁52～53。
〔註94〕 倪贊元，《雲林縣采訪冊》，頁160～161。

（今鹿谷鄉清水村）及番仔寮（今鹿谷鄉瑞田村）地區土地，極力懷柔各族群，招佃拓墾，至道光二十五年（1845）左右已拓墾就緒，乃割香於彰化溪湖霖肇宮，創建三山國王廟爲保護神，供居民膜拜。祭典舉行於每年農曆二月廿五日、六月廿五日及九月廿五日，其祭祀圈包括清水溝、溪埔、乾坑、楠仔坑等範圍內（今清水村及瑞田村）之信徒，爲鹿谷清水溝溪下游地區之莊廟。三山國王廟之興建，代表此地有部分的墾民係客家人，例如開鑿清水溝圳之廖阿禮即爲詔安客家籍。

4. 莊　廟

▲開台聖王廟

位於東埔蚋與社寮中途之水底寮莊，嘉慶二十四年（1819）居民建開臺聖王廟，割香於沙東宮，祀鄭成功，爲水底寮莊之守護神，其信徒分佈以水底寮莊爲主。

▲坪仔頂祖師公廟

位於沙連保坪仔頂莊。道光十年（1830），位於清水溝上游山區之坪仔頂（今秀峰村）之居民亦創建祖師廟，祀慚愧祖師，係割香於祝生廟，其信徒分佈以坪仔頂（今秀峰村）地區爲主。

▲新寮祖師公廟

位於沙連保新寮莊。道光十年（1830），新寮已成聚落，人口日多，居民亦建祖師廟於莊內，供奉慚愧祖師，爲該莊之守護神，其信徒分佈以新寮地區爲主。

▲靈天宮

又稱帝爺廟或溪洲仔公廳。位於沙連下堡溪洲仔莊。同治五年（1866），竹山溪洲仔莊民陳光藝鑑於部落之發展，苦無公廳之設施，乃倡建公廳於莊內，並往松柏嶺受天宮割玄天上帝香火祀於莊內公廳，祈求部落平安，並兼充鄉塾、聚會之所，爲溪洲仔莊之「庄廟」，信徒分佈以溪洲仔地區爲主。

▲鳳凰山寺

位於大水堀莊鳳凰山麓。光緒元年（1875），清廷推展「開山撫番」政策，並解除中國移民渡臺及進入山地禁令。從此濁水溪中游靠近山區的土地加速被漢人拓墾，隨著漢人移入日多，村莊次第形成，寺廟的創建亦如雨後春筍，

蔚為一股風氣。此時寺廟的興建主要集中在開發較晚的山區，如光緒元年
（1875），福建福寧總兵吳光亮開鑿由林圯埔經八通關通往後山璞石閣之臺灣
中部橫貫道路，開抵鹿谷之鳳凰山麓時，工程極為艱鉅，為祈工程順利進行，
光緒元年二月，吳光亮之弟吳光忠創建鳳凰山寺於大水崛莊鳳凰山麓，祀陰
林山慚愧祖師，並立匾曰「佑我開山」，為大水堀莊之「莊廟」，信徒分佈以
凍頂、大水堀地區為主。

5. 角頭廟

▲新寮土地祠

位於新寮部落內。乾隆初年，漢人已深入鹿谷地區拓墾，驅逐高山族，
拓墾清水溝一帶之番仔寮、大坵園，但十餘年後遭族民之還擊而失敗。乾隆
中期以後，漢人終於再進入鹿谷之新寮、猇仔寮、車輄寮及坪仔頂等地拓墾
成功。嘉慶二十一年（1816），漢人建土地祠於新寮，土地祠之興建代表漢人
聚落之奠基，信徒為新寮地區（今鹿谷鄉新寮村）之部分居民。

▲溪洲仔土地祠

位於溪洲仔（今竹山鎮中央里）紅竹蒲附近。乾隆中期以後，漢人已拓
墾至集集，位於社寮通往集集之重要渡津溪洲仔，亦形成村落，嘉慶二十年
（1815），居民亦建土地祠膜拜，信徒為溪洲仔地區之部分居民。

▲清水溝土地祠

位於清水溝溪上游。嘉慶初年漢人於清水溝溪上游建立聚落，嘉慶二十
一年（1816），漢人建土地祠於莊內，以祈五穀豐登，信徒主要為坪仔頂（今
鹿谷鄉秀峰村）地區之部分居民。

▲江西林土地祠

位於林圯埔江西林莊（今竹山鎮延正里）。江西林莊於乾隆年間已被拓
墾，道光十五年（1835），居民建土地祠於聚落內，以祈五穀豐登，信徒主要
為江西林（今竹山鎮延正里）地區之部分居民。

▲三元宮

位於沙連保竹圍莊下坪地區（今竹山鎮下坪里）。該地開拓甚早，隨部落
之發展，居民日眾，咸豐元年（1851），居民陳哞倡建三元宮於莊內，祀三官

大帝，爲下坪地區之角頭廟，信徒主要爲下坪聚落之居民。

▲養善堂

位於林圯埔街。咸豐五年（1855），齋友建齋堂於林圯埔街（今竹山街）曰「養善堂」，爲齋友禮佛潛修之所，信徒主要爲林圯埔街之部分居民。

▲頂、下福戶土地祠

位於林圯埔街。清末之林圯埔街因街肆繁興，商賈雲集，居民曾先後創頂福戶和下福戶兩座土地祠，祀土地公，祈求生意興隆、闔境平安，爲林圯埔街頂福戶與下福戶之角頭廟。其後頂福戶土地祠因年久失修，光緒十一年（1885），居民予以重修。故《雲林縣采訪冊》云：「福德廟，在林圯埔頂福戶。前爲街眾公建；光緒乙酉年重修。廟前並祀右參軍林圯公神位。又一在下福戶。」〔註95〕即指此也，信徒主要爲林圯埔街之部分居民。

沙連下堡地區

1. 莊　廟

▲福興宮

位於集集隘寮莊，道光五年（1825），集集隘寮八娘坑之屯番養贍埔地已被通事及社丁首贌租給漢人拓墾，漢人在此定居後建土地祠於隘寮田野曰「福興宮」，意寓「福德正神興旺」之意，爲該莊之守護神，信徒主要爲隘寮庄之居民。

▲龍泉宮

位於集集田寮莊（今集集鎮田寮里）。同治九年（1870），集集之田寮莊已人口繁盛，居民亦創建「龍泉宮」於莊中，往松柏嶺割玄天上帝香火奉祀，爲該莊之守護神，信徒主要爲田寮庄之居民。

▲大興宮

位於沙連下堡湳仔莊。光緒三年（1877），居民建玄天上帝廟一座曰「大興宮」，爲湳仔莊之守護神，係割香於松柏嶺受天宮。〔註96〕信徒主要爲湳仔庄（今名間街區）一帶之居民。

〔註95〕倪贊元，《雲林縣采訪冊》，頁160。
〔註96〕劉枝萬，《南投縣風俗志宗教篇稿》，頁39。

集集堡地區

1. 堡　廟

▲廣盛宮

位於集集街，乾隆中期以後，漢人已渡過濁水溪往北岸之集集拓墾。乾隆三十六年（1771），漢人入墾林尾莊，三十九年墾吳厝莊，四十年墾柴橋頭庄。為祈五穀豐登，先民乃於乾隆四十年（1775）建土地祠於柴橋頭八張莊。其後由於集集陸續墾成，移居者日眾，有人於林仔尾、柴橋頭之間開設店舖，稱為「半路店」，至乾隆四十五年（1780）已發展成街肆，乾隆五十八年泉籍業主楊振文倡建媽祖廟於集集街曰「天上宮」（又稱廣盛宮）。〔註97〕祀天上聖母，故又稱天上宮。祭典舉行於農曆三月廿三日、七月十五日及十一月彰化南瑤宮遊境時之平安祭；尤以在清代之平安祭時，集集堡各村落及沙連下堡之隘寮、田寮等村落民民均備牲醴祭拜，演戲酬神，熱鬧非凡，形成超村落之大祭祀區，〔註98〕為集集堡之「堡廟」，信徒遍佈於集集堡，主要以柴橋頭莊、集集街、林尾莊、雞籠山莊、北勢坑、八張莊等聚落為主。

2. 街　廟

▲明新書院

位於集集街。光緒年間，集集因樟腦業之勃興及開鑿中央山脈道路之影響，街市繁榮，商賈雲集，人文跡象頓呈活躍，於是士紳謀議，組織濟濟社，並欲建明新書院於柴橋頭莊（今集集鎮永昌里），惟不久即因街道之發展，而擬遷建於集集街內，但因經費無著而拖延未建。適逢光緒九年（1883）濁水溪氾濫，內山流出木材甚多，乃由總理陳長江首倡，募款一千八百圓，擬用此批木料予以遷建，僉舉林光祥為董事，於該年十二月二日興工，至光緒十一年（1885）十一月竣工。內供文昌帝君、製字先師及紫陽夫子，為集集堡士子信仰中心。〔註99〕惟此一書院雖稱書院，實為義學，由粵儒陳國安執教，同時擁有教育及宗教之功能，書院的興建，代表濁水溪中游之開發已經大致完成，經濟發達，居民對子弟之教育日益重視，信徒主要以集集街居民為主。

〔註97〕不著撰人，《集集古誌》，〈集集街天上宮略記〉，日文手抄本，無頁碼。
〔註98〕劉枝萬，《南投縣風俗志宗教篇稿》，頁91～92。
〔註99〕不著撰人，《集集古誌》，〈集集堡明新書院設立略記〉，日文手抄本，無頁碼。

3. 聯莊廟

▲永豐宮

位於集集堡社仔莊（今水里鄉永豐村），創立於光緒七年（1881）。由當地居民募款二百五十元建廟，割香於彰化南瑤宮，主祀天上聖母，並祀神農大帝、王爺、觀音菩薩、三官大帝、土地公等神。祭典舉行於每年農曆正月十五日、三月廿三日、七月十五日等，如逢彰化南瑤宮出巡，居民即前往集集之柴橋頭（今集集永昌里）迎接彰化媽祖來莊巡境，然後駐於永豐宮供莊民具備牲醴膜拜，並演戲酬神，熱鬧非凡。其祭祀區除了社仔莊外，亦涵蓋水裡坑（今水里街區）、牛輯轆（今水里鄉永興村）等地，爲社仔莊（今水里鄉）之「聯莊廟」。

▲大眾爺祠

位於集集街清水溪旁大樟樹下。同治元年（1862），戴萬生起兵抗清，集集之楊目丁率眾嚮應，八月廿三日，官軍攻集集，與戴黨戰於集集埔，死傷枕藉，居民收埋死屍於集集街清水溪北畔大樟樹下之大眾爺祠，但未幾失修。光緒初年曾重修。祭典舉行於每年八月二十三日，因頗有靈驗，信徒遍及集集街及附近村莊。

4. 莊　廟

▲廣明宮

位於集集北勢坑莊，嘉慶初年，漢人在集集地區的拓墾已推進至山邊土地，爲防各族群騷擾，居民建廣明宮於北勢坑，祀關聖帝君，爲該莊之守護神，信徒以北勢坑地區居民爲主。

▲龜仔頭土地祠

位於龜仔頭莊。道光十六年（1836），水沙連社通事毛興安，社丁首金外和，將今水里鄉龜仔頭（今玉峰村）之土地出租給漢人開墾，道光二十年（1840），龜仔頭莊已成漢人聚落，並建土地祠供奉土地公，以祈五穀豐登，闔境平安，爲該莊之守護神，信徒以龜仔頭莊地區居民爲主。

▲林仔尾土地祠

位於集集堡林尾莊（今集集鎮林尾里）。林尾莊爲集集最早被拓墾之聚落，乾隆三十六年（1771）已有漢人入墾，道光三十年（1850），居民建土地

祠於聚落內，為該莊之守護神，信徒以林尾莊地區居民為主。

▲林評公祠

位於社仔莊牛輼轆（今水里鄉永興村）嘉慶初年，泉州人林評至社仔之牛輼轆拓墾，開圳溉田，漸成漢人聚落，後林評被各族群殺害。同治八年（1869），居民懷其拓墾功績，創建「林評公祠」於牛輼轆奉祀，為該莊之守護神，信徒以牛輼轆莊地區居民為主。

5. 角頭廟

▲能德寺

位於集集街北側。同治七年（1868），有泉州籍之王太公者攜陶瓷觀音像，於集集之北勢山麓建齋堂（草庵）祀之，曰「能德寺」，信徒為集集街一帶之部份居民為主。

▲社仔萬善祠

位於集集堡社仔莊。道光年間社仔莊已成漢人聚落，但此地位處內山，行旅與拓墾者常病死於途或客死此地，無人收埋，善心人士乃收埋之。光緒七年（1881），當地居民將無主枯骨集中建祠奉祀，信徒為社仔地區之部份居民。

鯉魚頭堡地區

1. 堡　廟

▲新興巖

俗稱鯉魚尾巖，位於鯉魚頭保清水溪中游之鯉魚尾地區（今竹山鎮鯉魚里），主祀觀音菩薩。道光年間，有墾民林光輝者，攜帶觀音菩薩神像到此拓墾成功。道光十五年（1835），林光輝與附近居捐資創建小祠供奉，附近居民前來膜拜者日多。咸豐九年（1859），再由林光輝首倡，向村民募款遷建於現址，擴充規模，信徒更多，擴及清水溪中、上游之福興、田子、山坪頂、勞水坑、桶頭等村落。由於此地居民大多以經營竹林為業，竹材沿清水溪放流而下，流至二水、溪洲等地出售，鯉魚尾正好位於竹材放流必經之地，村民為祈求神明的保佑，大多在新興巖休息，膜拜觀音菩薩，鯉魚尾巖乃因此成為清水溪流域鯉魚頭堡之堡廟，祭祀圈涵蓋木瓜潭莊、東勢坑莊、山坪頂莊、山邊厝莊、不知春莊、詔安寮莊、鯉魚尾莊、過溪仔莊、橤仔坑莊、枋樹湖

莊、柯仔坑莊等聚落。

此外，清水溪流域的竹農常將竹子以五、六百乃至於二千根結成竹筏放流而下，稱做一流，並相議每流需樂捐五十錢，充作鯉魚尾巖之祭祀經費，使得鯉魚尾巖與當地居民之生活關係更密切。一直到光緒十七年（1891）開辦竹稅局，此風乃廢。新興巖之祭典往昔於農曆二月十九日、六月十九日、九月十九日及中元節舉行，屆時神明會前往上述各村落巡境，家家戶戶備牲體祭拜，廟前並演戲酬神，熱鬧非凡。〔註100〕

五城堡地區

濁水溪中游開闢最晚之日月潭附近，因屬漢、「番」雜處之局面，缺乏大型廟宇之創建，以土地公信仰為主。

1. 角頭廟

▲雞胸嶺土地祠

位於五城堡頭社（今魚池鄉頭社村）。道光四年（1824），集集大墾戶陳坑、王增榮、石井欲拓墾五城堡（今魚池鄉）土地，因而開闢由集集經水里通往五城堡之道路，並於途中之雞胸嶺建土地祠於嶺上鞍部，供居民及往來行旅膜拜，民眾乃將雞胸嶺名為「土地公鞍」。〔註101〕信徒以雞胸嶺一帶少數居民及過往行旅為主。

總之，濁水溪中游地區寺廟之創建，大抵與各地開發之先後順序相符。最早拓墾者為竹山地區，乾隆年間即創立少寺廟，嘉慶、道光年間達到鼎盛。乾隆末葉，漢人進入集集和鹿谷拓墾，故此二地之寺廟大多興建於乾隆末葉以後之嘉慶、道光年間。至於更上游之今水里地區，因拓墾於道光年間，故寺廟大多建於同治、光緒年間。而拓墾最晚之五城堡日月潭附近地區，迄清末尚處漢番雜處之局面，經濟與人文不興，故未見大型寺廟創建，以土地祠之崇祀為主。此外，鹿谷地區因屬山區，常遭各族群出草之害，因此具有防番功能之慚愧祖師信仰特別興盛，亦為濁水溪中游宗教信仰之一大特色。
【濁水溪中游各寺廟之分佈情形，請參閱次頁附圖 5-4】

〔註100〕劉枝萬，《南投縣風俗志宗教篇稿》，頁 53～54。
〔註101〕劉枝萬，《南投縣風俗志宗教篇稿》，頁 120～122。

圖 5-4　濁水溪中游寺廟分布圖

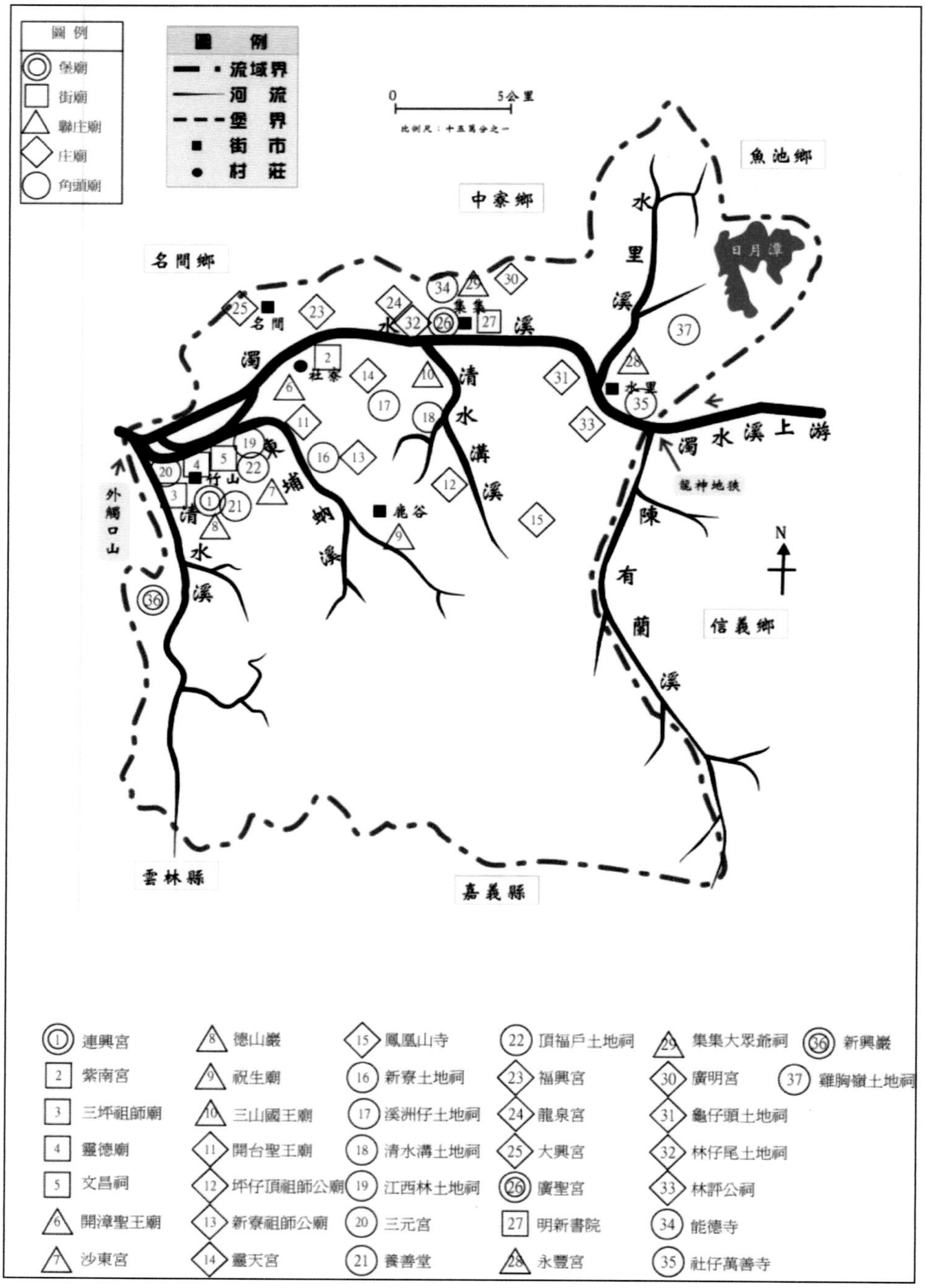

第三節　人文之勃興

　　濁水溪中游地區早期爲各族群之居地，彼等過著火耕遊獵之生活，毫無教育設施可言。其後荷蘭治臺，荷人曾設學校，派宣教師致力於本島各族群之教化，但其勢力僅及於南部及西海岸平原地區，此地位處中部山區，爲其勢力所不及。其後鄭氏驅荷治台，相傳鄭氏部將林圯曾率眾入墾今竹山地區，然當時草萊未闢，四周各族群圍伺，隨時有被攻擊之危險，林圯甚至死於水沙連族民之出草，當時拓墾已感困難，更遑論教育之推展。

　　康熙二十三年（1784）清領台灣，清出漢人入墾濁水溪中游地區已頗有進展，因此教育事業乃逐漸萌芽。按清代之地方教育設施有儒學、書院、社學、義學、書房等。茲分別述之於後：

　　按清代之教育制度，於府設有府儒學，縣有縣儒學，爲官辦教育機構，類似今日之中等教育。濁水溪中游地區於清代曾先後隸屬諸羅縣、彰化縣、嘉義縣及雲林縣管轄。清代儒學通常設於縣治所在，竹山於清末曾爲雲林縣治所在，光緒十六年（1890）曾：「先置學官訓導一員，係移鳳山縣學訓導而增設者，學額暫定廩生六名，增生，附生準之。

　　惟光緒十九年，知縣李烇鑑於「林圯埔迫近內山，氣局偏小，催科撫字，時有鞭長莫及之虞，乃奏請遷治於斗六。」〔註102〕從此，林圯埔失去縣治中心之地位，教育事業亦隨而漸趨蕭條，僅光緒二十年略予重修文昌祠而已。至於雲林縣儒學之建置，終未見付諸實施，僅曾派學官訓導一名於竹山督導教育，但不久又遷往斗六。

　　濁水溪中游地區雖未曾設置儒學，但曾先後隸屬諸羅縣及彰化縣儒學之學區及雲林縣學官督導區。按清代之儒學爲官方所設立之教育機構，其學生稱爲「生員」，俗稱「秀才」，其必須參加縣試，府試及院試，且均錄取方能入學爲「生員」。清代此地有部分讀書人考中雲林縣生員、彰化縣儒學「邑庠生」及台灣府儒學之「郡庠生」（詳細名單請參閱附表5-1）。但事實上清代設立之儒學主要係辦理行政事務，教官（府學稱教授，縣學稱教諭或訓導）遇有歲考、童試、科考時，編造名冊、考場監試是彼等之職務，平時則僅按年對生員考一次歲考而已。故清代雖有部分學子考中雲林縣、彰化縣及臺灣府儒學之秀才，但是彼等平時並未至儒學就學，最多僅一年前往參加一次歲考而已。

〔註102〕《光緒朝東華錄》，卷115。

清代之教育設施除儒學外尚有書院，書院屬半官方性質之教育設施。清代濁水溪中游書院之設，有集集之明新書院、日月潭之正心書院。但此二書院之教學內容僅屬地方義學之性質，類似免費之初等教育設施。其中正心書院之創立，乃專為教育各族群子弟而設，類似土番社學性質，而且成效不佳，「番童」隨拉隨逃，不久即廢。

另外清代此地亦有少數文人遠赴外地書院遊學以求名師碩儒之教導者，如《雲林采訪冊》云：「張煥文，字日華、號鬱亭，社寮人，……常尋師千里，遊學於鰲峰書院。」〔註103〕由此可見，出身於竹山社寮之秀才張煥文曾前往彰化之鰲峰書院求學即為一例。

清代地方之初等教育設施有社學、義塾及書房。其中社學分為「土番社學」及一般「社學」。土番社學係以教育各族民兒童為宗旨，清光緒年間曾於五城堡及楠仔腳萬（今信義鄉望美村）曾經設立各族群社學，但都不久即因教學不得其法及各族民兒童不願就學而宣告廢止。至於一般社學乃康熙年間創設，其創設之宗旨：以州縣設學多在城市，鄉民居住僻遠，不能到學，政府為補此憾，故於大鄉巨堡亦有社學之設以教育漢民子弟。〔註104〕可見社學設立之目的乃在教育鄉黨之漢人子弟，但此地並無漢人社學之設。

清代濁水溪中游地區設立最普遍、生徒最多、影響最廣之教育設施為民學。民學者，私學也；亦即純粹之鄉學；或稱私塾、書館、書房或學堂。因地異而有不同稱呼。然其組織內容則一，其教育之目的有二：一則培養學生有讀書識字之能力；二則預備學生他日得進而應考試也。清代此地設有民學多處，其設立之緣起有三種：（1）讀書之士自行開設者；（2）鄉保鄰里集資設立延師教讀者；（3）由地方紳股戶獨立延師在家中設學而專授其子弟者。清代濁水溪中游民學設立之情形，因缺乏完整之史料記載，僅能就相關史料中耙梳及耆老口述中略知其梗概，當時設館授業者有高西煇、張煥文、廖秉鈞、劉士芳、黃錫三、陳玉衡、陳水仙、魏林科諸人。

▲高西煇

道光初年有張天球延高西煇設館於社寮張宅以教子弟，名曰：「文峰齋」。據《雲林采訪冊》云：「張煥文，字日華，號鬱亭：社寮人，……父天球，不

〔註103〕倪贊元，《雲林縣采訪冊》，頁164。
〔註104〕雍正元年議准：「州縣設學，多在城市。鄉民居處邊遠不能到學者，於大鄉巨堡，各置社學。」此乃社學設立之最初宗旨。

惜重貲延內地宿儒高西輝主西席，敬禮殷勤。師以東君好賢，悉心傳授；而煥文篤志力學，試竟以冠軍遊泮。」〔註105〕此即高西輝設館於張宅之明證。至於其設館之時間，據社寮張家三房張大經所藏之「文峰齋」古匾，據林文龍氏考證：高西輝為福建永春縣人，其設館年代為道光四年（1824）至道光七年（1827），其學生張煥文竟高中秀才。

▲張煥文

為高西輝學生，中秀才後，道光中葉亦設館於社寮自宅文峰齋以教育子弟，據《雲林采訪冊》中「張煥文傳」云：「家居授生徒，能以砥礪廉隅，興起斯文為己任。後學多為其所成就。登鄉書者二，列膠庠者六、七子時人士感矜式焉。」〔註106〕即指此而言。其所教導之學生中有二位中舉人（登鄉書），一為鹿谷舉人林鳳池，另一不詳。至於「列膠庠者六、七子」，「列膠庠」即指考上貢生、廩生或生員（秀才）而言，其有六、七人，可見教學成績斐然，高徒輩出。另陳肇興有詠張煥文之輓詩曰：「此去蓉城即舊居，三千弟子送靈輿。」〔註107〕句中「三千弟子」雖為形容詞，但仍可見其弟子之多也。

▲廖秉鈞

曾執教於林圮埔街陳慕周家。據《雲林采訪冊》云：「廖秉鈞，永春州庠生。遊學東台，主於例貢生陳慕周家。」〔註108〕此即廖秉均設館於陳慕周家之證明。

▲劉士芳

劉氏為沙連保東埔蚋街人，生員，在林圮埔街設帳教讀，桃李滿門。

▲黃錫三

黃氏名廷翰，以字行，沙連保新寮街人（曾一度遷居林圮埔街），光緒十八年（1892）雲林縣學生員，光緒十七年（1891）曾在林圮埔街設「持敬齋」教讀維生，光緒二十一年（1895）遷居林圮埔街。

▲陳玉衡

陳氏為林圮埔街宿儒，俗稱「阿璣先」，曾任林月汀家總管，光緒末年割

〔註105〕倪贊元，《雲林縣采訪冊》，頁164。
〔註106〕倪贊元，《雲林縣采訪冊》，頁164。
〔註107〕陳肇興，《陶村詩稿》，（南投：台灣省文獻會，1994）頁22。
〔註108〕倪贊元，《雲林縣采訪冊》，頁165。

臺前夕曾設帳於林圯埔街。

▲陳水仙

名達，以字行，鯉魚頭保小坪頂之士紳，清光緒年間台灣割日前曾設帳於家塾以教育兒童。

▲魏林科

魏氏爲林圯埔街人（今竹山鎮中正里）。生於同治元年（1862），家爲巨賈，自幼讀書，博覽強記，通經史百家。光緒十三年設塾授徒，十九年爲秀才。

至於集集地區，據地方耆老口述，道光年間有貢生陳清發曾設帳於集集街授業。清末光緒年間，林天龍亦曾於集集街開館授業。又據《集集古志》云：「集集堡於明治二十六年（1893）以前，因地方安靜，腦務大興，人民頗爲富裕，其時集集管內有私立書房五、六所，學生約一百六十餘人。其中學識教通達者（秀才）僅二、三人，稍微通達者五、六人，實爲文風較進步之時代」〔註109〕，乃集集書房教育之寫照。

另外，據《雲林采訪冊》云：「沙東宮，在東埔蚋街（縣東二十八里）。拜亭、正殿規模軒敞，旁置二伏廊一十間，權作鄉塾。」〔註110〕按沙東宮創建於清咸豐六年（1856），光緒十六年（1890）由劉清池予以擴建，並增建兩翼廂房，故其於光緒十六年以後曾將廂房充作鄉塾之明證。

由上述書院及民學之設立情形來看，其主要設立於清末道年間以後，尤以光緒年間爲最多。此乃因教育的發展，往往必須等到土地開發完成，經濟發達，街莊繁榮之後。濁水溪中游地區至清末始大致開發完成，因此教育的發展亦至清末才逐漸受到重視。另外，就教育設施設之分佈情形來看，以今集集和竹山地區爲盛，此乃因集集與竹山爲濁水溪中游開發較早之地區，至清末已經人口眾多，街市繁興，因此教育最爲發達。

清代濁水溪中游文教的發展，也可以由讀書人考取科舉功名之情形反映出來。清代之科舉考試分爲童子試、鄉試、會試、殿試等數個層級。童子試及格者稱爲「秀才」或「生員」，鄉試及格者稱「舉人」，會試及殿試通過者稱「進士」。濁水溪中游地區在清代無人考中進士。考中文舉人者有二人，分

〔註109〕不著撰人，《集集古誌》，〈集集公學校開設以前略記〉，日文手抄本，無頁碼。
〔註110〕倪贊元，《雲林縣采訪冊》，頁159。

別是集集（當時屬沙連保）之曾大源，乾隆四十年（1775）庚子科。另一則是鹿谷（當時亦屬沙連保）之林鳳池，咸豐五年（1855）乙卯科。其中曾大源以平定林爽文事件有功，事後，進京引見，充文淵閣核閱、軍機處行走，但集集地區未見曾大源任何事跡之流傳，加上乾隆四十年（1775）集集剛剛有漢人入墾，文教未興，應為假冒籍貫參加考試，其籍貫實非集集；至於林鳳池則終其一生未任一官半職。林鳳池之中舉，證明此地文教已經興起。

此外，濁水溪中游地區在清代考中文秀才者約三十人，也說明清末教育已經相當發達。為按清例秀才不列入縣志，故乏完整資料，僅能就耆老口述及文獻資料之耙梳加以整理，其詳細名單如下表：

表 5-1　濁水溪中游地區清代文秀才、廩生、貢生名單

姓　名	生　平　事　蹟	備　註
游鳳鳴	竹山社寮聖蹟亭碑記有其名	咸豐年間秀才
林大業	沙連保坪仔頂莊人	同治年間秀才
劉士芳	沙連保林圯埔街人	光緒年間秀才
劉漢中	沙連保東埔蚋街人	咸豐年間秀才
陳上治	沙連保林圯埔街人	咸豐年間秀才
林克安	沙連保林圯埔街人	同治年間秀才
魏林科	沙連保林圯埔街人	光緒年間秀才
黃錫三	沙連保新寮街人	光緒年間秀才
張朝邦	沙連保社寮莊人	光緒年間秀才
李清智	沙連保三角潭莊人	咸豐年間秀才
曾榮芳	沙連保林圯埔街人	咸豐年間秀才
方□□	埔里社廳日月潭人	光緒年間秀才
董郁文	集集堡隘寮莊人	光緒年間秀才
陳希亮	沙連保下坪莊人	咸豐年間廩生
陳希白	沙連保下坪莊人	咸豐年間廩生
劉玉章	沙連保林圯埔街人	道光年間廩生
楊鴻藻	沙連保坪仔頂莊人	同治年間廩生
張換文	沙連保社寮莊人	咸豐四年恩貢
陳宗器	沙連保林圯埔街人	同治七年歲貢
黃啓章	沙連保林圯埔街人	光緒元年恩貢

林廷獻	沙連保林圯埔街人	光緒三年歲貢
陳次仁	沙連保林圯埔街人	光緒六年歲貢
董大經	沙連保隘寮莊人	咸豐五年歲貢
陳慕周	沙連保林圯埔街人	咸豐年間例貢
林易芳	沙連保林圯埔街人	咸豐年間例貢

資料來源：林文龍，《南投文教》，（南投，南投縣政府，1995），頁 1～70。及族譜資料。

　　清代之科舉考試，分文武兩科，武科之應試階段及科名，大致與文科相同，如通過院試者稱為武生員，武生員通過鄉試者稱武舉人，武舉人通過會試、殿試則為武進士。清代治臺二百餘年間，濁水溪中游地區並無人考中武進士，僅有武舉人與武秀才而已。

　　濁水溪中游地區在清代考中武舉人者有李朝龍和陳安邦二人。李朝龍為沙連保下坪莊人，乾隆年間武舉人。乾隆十五年（1750），李朝龍與親戚武生李光顯想要「吞占」餘埔地租，藉演戲聚集佃人，索取歷來租穀，卻激怒佃人與熟番，打毀其家財物。李光顯告官指控莊佃抗租，縣官派遣差役去拘拿，卻被佃人毆傷，並將李光顯鼻尖割去。李朝龍、李光顯遂在下坪（今竹山下坪里）住處招集外地流氓數十人、儲存武器，以作為防衛與準備爭鬥、報復。該年九月間閩浙總督喀爾吉善得知此事，會同福建巡撫潘思榘等下令立即查辦，台灣地方官接到命令後只派出巡檢胡琦會同千總陳榮到地查辦，抓到了行兇之佃人，李家的流棍逃散，只抓到六名，令查獲一些刀棍鏢箭等武器，清高宗乃命台灣鎮總兵李有用查明此案，據實回報，李有用於乾隆十六年四月開始徹查此事並拘捕人犯。除收押李朝龍、李光顯外，又陸續捕獲逃逸的流犯二十名，經文武各員將首從人犯嚴拏監禁。

　　陳安邦為沙連堡頂林莊人（今秀林里），祖籍龍溪。同治五年（1866）丙寅科甲子科鄉試中式第五十九名舉人。惟中舉人後即隱居故里不出，以教授武術為業，故有關其生平事蹟缺乏文獻記載。目前僅有故宅當年其所用之二百五十公斤重之技勇，另光緒十三年（1887）雲林知縣陳世烈於竹山興建「前山第一城」時，有「武孝廉陳安邦率鄉眾負鍤爭先」之記載，〔註 111〕可見其率鄉民協助建雲林城之功勞。

　　至於清代濁水溪中游地區考中武秀才者亦有十餘人，因未見縣志著錄，

〔註111〕陳世烈，〈竹城旌義亭碑記〉，錄自林文龍編著，《台灣史蹟論叢》中冊人物篇，（台中、國彰，民國 76 年），頁 830。

其可考者有李光顯、陳朝魁、陳上達、陳紹唐等數人。李光顯為沙連保下坪
莊人，乾隆十五年（1750）水沙連發生李朝龍恃買墾地，混占爭租。李光顯
復挾仇啟釁，招集流混，經文武各員將首從人犯嚴拏監禁。陳朝魁則為沙連
保菜園莊人（今竹山市區），道光年間武生。陳上達，名益謙，字希元，沙連
保三塊厝莊人，光緒三年（1877）武生。陳紹唐，沙連保三塊厝莊人，光緒
十七年（1891）武生，陳上達之子。

　　濁水溪中游地區於清代由於教育事業發達，人文勃興，人才輩出，有科
舉功名數十人。文人們紛紛組織文社，按時聚會，作文吟詩，互相砥礪品評，
一時文風鼎盛。據《雲林采訪冊》云：

　　郁郁社，在林圯埔街（縣治東二十五里）。未有文祠之先，社長恩貢
　　生張煥文、訓導陳希亮、廩生劉玉章招諸士子講學，會文結社，以
　　為敬業樂群之所；今名蓮峰齋。有社學租在文祠內，為香燈祭品之
　　資。謙謙社，在林圯埔文祠內；亦有社學租，配祭賫費。梯瀛社，
　　在林圯埔文祠內；亦有社學租，配春祭賫費。三益社，在林圯埔街
　　文祠內。以上四社，俱附在文祠內，以前後輩士子結社為序。濟濟
　　社，在社寮街（縣治東南三十七里）。〔註112〕

　　由此可見，清末此地有「郁郁社」、「謙謙社」、「梯瀛社」、「三益社」及
「濟濟社」五個「社學」組織，由文中「招諸士子講學，會文結社，以為敬
業樂群之所」可見其實為士子在磨練文章，以文會友之文社，社友定期作文，
輪流出題，再請人評定優劣，認真者有獎賞，偷懶者亦有罰，文社的紛紛設
立，代表清末濁水溪中游地區文教已經頗為發達，讀書人不少，才會組織文
社來互相砥礪文章。而且文社成員「招諸士子講學」亦兼有教育設施之部分
功能也。由於文風興盛，讀書人受到尊敬，風氣所趨，對於素稱漢人美德之
敬惜字紙習俗亦隨之而興，紛紛倡建聖蹟亭，以示尊敬文字。例如《雲林縣
采訪冊》所載：

　　聖蹟亭：在林圯埔街福德廟前，高丈餘，寬五尺，四周環立欄杆，
　　咸豐辛酉年，郁郁社教職陳希亮、廩生陳貞元諸生等倡建。又一在
　　天后宮右壁。一在東埔蚋延平郡王廟右畔。咸豐八年生員劉漢中倡
　　建；光緒庚寅年正月，郁郁社諸生捐賫重修。一在大坪頂新寮街，
　　規模一儒林圯埔聖蹟亭式。童至十年，彬彬社諸生捐建，童生黃時

〔註112〕倪贊元，《雲林縣采訪冊》，頁158。

中董其事。又一在社寮街，前為紳士倡建，光緒己卯年，童生陳大成捐貲重修。〔註113〕

由上可知，清代濁水溪中游地區有五座聖蹟亭，目前只剩下社寮開漳聖王廟旁及新寮土地祠旁者二座，連興宮及頂福戶福德廟旁者已拆毀，沙東宮者亦被改建成水泥金亭。聖蹟亭之存在，說明清代此地文風之興盛及民眾對文字之敬重，亦間接反映出此地於清代教育之發達。例如：咸豐十一年（1861）社寮士紳建聖蹟亭於開漳聖王廟左側，曾由郡庠生游鳳鳴撰勒碑記於亭上云：

> 上古之世，結繩而治，自倉聖作文字，自蔡子始有紙，字紙之由來舊矣！可不思建亭而藏之乎？然社寮自開闢以來，百年有餘，亦有念念及，而建亭以藏之者，卒未舉行；今有陳子凌雲□□力行善事，凡有興建，莫不爭先樂施，顧汙聖蹟，尤讀書人所關切，而謂其不倡議捐以□□。亭既成，問序於予，子曰：『籲！此誠義舉也，自蒼聖而後，人知字之足貴，紙之足珍，道路不遺字紙，功不亦偉歟！』凡有鳩今以成此亭者，皆可獲福無窮矣！謹將捐題名次，開列於左，是為序。（下略）〔註114〕

由上文可見當時民眾對字紙之尊重而踴躍捐建聖蹟亭外，亦可看出民眾捐建聖蹟亭亦有祈求獲得福報之心理因素，但整體而言，清代先民興建盛蹟亭之風甚盛，除顯示此地教育發達，文風鼎盛外，亦可看出當時先民對文字及紙張之敬重，其愛惜資源之環保意識亦頗值得稱頌。

〔註113〕倪贊元，《雲林縣采訪冊》，頁160。
〔註114〕劉枝萬，《台灣中部碑文集成》，頁52～53。

第六章　結　論

　　漢人進入濁水溪中游之拓墾，始於鄭氏時期林圯之拓墾今竹山地區。清朝統治臺灣初期，因為國防及治安考量，禁止漢人進入山區拓墾，所以當時漢人在臺灣之拓墾以西部地區平原為主；濁水溪中游地區屬靠近山區山之邊際土地，漢人入墾較晚。雍正二年（1724），彰化縣設治後，朝廷為加強對台灣中部之控制，乃開放「福建臺灣各番鹿場閒曠之地方，可以耕種者，曉諭地方官聽各番租與人民耕種。」此一開放平埔族土地租給漢人開墾耕種之政策，造成漢人大量違法進入濁水溪中游拓墾之熱潮。雍正年間及乾隆上半葉，漢人已將康熙六十一年（1722）被劃為界外番地之林圯埔地區偷墾殆盡；乾隆末葉，漢人已向集集、鹿谷地區拓墾；嘉慶年間，漢人又違法進入水里及日月潭地區拓墾，終於引發郭百年事件。事件結束後，官府將漢人全部逐出界外番地，並立碑禁止再偷入拓墾，但水沙連族群遭此事件之迫害，乃招引台灣西部平埔族進入埔里共同抵禦漢人之侵擾，但「漢人卻陰持其後」，跟著平埔族之腳步，又潛入濁水溪中游界外禁區偷墾。光緒元年（1875）官府推動「開山撫番」政策，漢人才合法地進入拓墾。濁水溪中游自鄭氏末期至清代約二百餘年之拓墾，可耕地已被拓墾殆盡，而其拓墾過程，經過本人研究，大致得到下列各種認識：

其一、開發大多由下游往上游違法偷墾

　　朝廷對台灣之統治政策，大多採取消極之政策，恐台灣為反對勢力所據；或為外國所奪，影響國防與治安，因此不鼓勵移民及開發台灣；尤其濁水溪中游因屬生番地界，恐漢人進入山地聚眾造反或引起漢番衝突，乃一直採取

禁止漢人進入開發之政策。因此，清代濁水溪中游地區漢人之拓墾，大都在違禁偷墾番地下進行。乾隆年間，朝廷因恐漢人拓墾各族群土地引發漢番衝突，會危及政府之統治。乾隆十五年（1750）再度採取劃界立石以分隔漢、番，濁水溪流域之界線已由康熙六十一年（1722）之外觸口一帶東移至上游之社寮地區。乾隆十五年（1750），由於李朝龍、李光顯等人爭租挾仇事件，漢人在林圯埔之越界偷墾被官府查獲，次年，朝廷將所有偷墾土地雖被沒收為官莊，但官府並沒有處罰偷墾之漢人或將其驅逐出境，反而因治安之考量，只好承認既成事實，讓偷墾者可以繼續耕種其土地，只要繳納租金給官府即可，佃農甚至可以繼續開墾其餘鄰近之荒地，由此可見朝廷對偷墾行為的處置原則是就地合法化。此種為違法開發番地的現象，在台灣的開發史上佔極重要的角色；也反映出清代的治台政策，以國防及治安為最重要的考量，並非以撫民為主要目標。

漢人在濁水溪中游之拓墾萌芽於鄭氏時期。奠基於清初康熙、雍正之際。極盛於乾隆、嘉慶年間。道光以後，則大致只剩山坡地及邊際土地可供開墾。清末割日前夕，拓墾已接近完成。其拓墾路線：除支流清水溪上游之拓墾，有少數墾民是由今雲林之古坑順流由南而北進入今竹山鎮之桶頭、內寮等地拓墾外；其他地區之拓墾，大抵都循濁水溪幹流及其支流溯溪而上，由西向東推進。濁水溪及其支流因河谷較寬廣，視野較開闊，成為漢人入墾的天然路徑；沿岸又有沖積平原和丘陵地及臺地，不但交通較方便，而且適合拓墾定居。就拓墾時間先後而言：先是竹山和名間最早，在明末清初開始被拓墾；其次是集集、鹿谷地區，在乾隆年間已被拓墾；最後是水里和日月潭地區，在嘉慶、道光年間以後逐漸被拓墾；至清末光緒年間，整個濁水溪中游地區已經被漢人拓墾殆盡。

漢人拓墾時取得土地之方式：或採違禁偷墾；或用武力強佔之手段；或透過通事、土目、社丁首等人之媒介，取得各族群土地。其拓墾方式以民招民墾之墾首制及自墾自耕制為主；少數為官莊及番屯制，此乃因此處山多平地少，可耕地零散分佈，適合小規模之拓墾，故大多由小墾首及自耕農拓墾。由於其拓墾較台灣西部平原稍晚，又因平地較少，土地所有權分化較不嚴重，故其土地所有型態以一田二主之墾首制為主；其次為官莊及自耕農所有；亦有少數屬於寺廟、留養局、義渡或各族群所有之土地，一田三主之情形甚少。當時之墾首大多為定居當地殷富之小地主為主。例如：社寮之張天球；集集

之王增榮、陳坑、石井；鹿谷之許萬青等人，均爲重要之拓墾者。

濁水溪中游地區水利之開發以竹山地區爲最早；埤圳之數量也以竹山爲最多。其次依序爲集集、鹿谷、水里、日月潭地區。此與各地開發之先後和地形有關。大抵開發越早、以及地勢平坦者，水利事業越發達。大致而言，竹山、鹿谷地區開發最早；地勢較平緩，可耕地較多；相反地，水里、日月潭地區，因爲開發較晚，地勢較陡峭，可耕地較少，埤圳的數量當然最少。至於水圳之開鑿以墾首與眾佃合築者爲最多，其次爲業主私人修築者；官方修築者極少。此外，濁水溪中游因缺乏廣闊之平原，故水利設施之規模都很小，規模最大之隆恩圳僅灌田四百餘甲，其餘各水圳灌田面積亦僅一、二百甲到數十甲之間。另就農田水利設施開鑿之年代而言，濁水溪中游水利設施之開鑿以乾隆、嘉慶、道光三朝爲最多，各時期均開鑿超過六條埤圳；其他時間開鑿者甚少。此乃因濁水溪中游之開發以乾隆、嘉慶及道光三朝時期爲最盛，故水利設施亦大多於此時開鑿。

其二、彰化及嘉義豪強與番社領袖扮演重要角色

濁水溪中游拓墾過程中，彰化及嘉義地區之豪強勢力介入甚深。或直接投資拓墾；或強佔他人產業並從事拓殖；甚至勾結社丁首及官府進行違法偷墾，例如：集集之拓墾過程中，彰化豪強楊振文利用其權勢將佃戶所開墾土地據爲己有，成爲集集地區之大租戶；彰化之施世榜家族則原來是今鹿谷地區之大墾首，後來將墾權轉賣給許萬青，可見彰化豪強對濁水溪中游之拓墾扮演相當重要之腳色。另外，郭百年事件中，社寮大墾戶張天球與彰化之郭百年及嘉義之陳大用及社丁首黃林旺、台灣府門丁黃里仁互相勾結，企圖偷墾今日月潭附近及埔里盆地，最後因爆發嚴重漢番衝突而未成功。但由此可見清代豪強在地方拓墾過程中所扮演之角色，以及清代官方與豪強勾結的情形；也反映出當時社會弱肉強食之一面。尤其是郭百年事件中，事件之主角人物之賄賂官府，最後均從輕發落，未受重罰，也反映出清代台灣吏治之敗壞。

濁水溪中游之拓墾過程中，清政府曾經四次劃界立碑禁止漢人進入番界拓墾，但漢人卻不斷偷墾界外之各族群土地，被官府查出後，官方卻因治安之考量，將其就地合法化，因此至嘉慶二十二年（1817）郭百年事件後，漢番界線已推進至集集與水里交界之處，由此可見漢番界線不斷地往濁水溪上游推進；也證明朝廷採取劃界、立石或以熟番制生番之隔離政策終究全告失

敗，漢人仍然不斷偷偷越界進入番地拓墾。故漢人在濁水溪流域之拓墾，是不斷地溯溪而上往山區推進；不斷地侵墾各族群土地。朝廷雖然一再畫定漢「番」界線，明令禁止漢人偷越開墾；但在漢人生活需求下，各族群因貪得漢人租穀或金錢，遂在頭目、通事、社丁首等人之操控引介下，將土地贌租或典賣給漢人。因此，各族群之土地乃逐漸地流失到漢人手中，漢人在濁水溪中游之拓墾路線乃循濁水及其支流不斷地往上游推進，各族群只好不斷地往山區退卻。官方雖明令禁止，但為了治安考量，只要不發生漢「番」嚴重衝突（例如郭百年事件），官方通常是採取姑息之態度，給予就地合法化，以免墾民流離失所，危及社會治安，無形中鼓勵漢人偷墾各族群土地；尤其是乾隆末年「番屯」之設立，本來是要以熟番制生番，隔離漢人與「生番」衝突，結果不但無效，反而造成漢、番衝突加劇。因為官府准許漢人贌租屯番之「屯田」及養贍埔地，也是政府政策鼓勵漢人拓墾各族群土地，形成漢人往濁水溪中游內山開墾之動力。結果，漢人在通事、社丁首之引介下，不斷地將各族群土地贌租給漢人墾耕，不但使各族群土地流失到漢人手中；也使漢人侵墾番地之情形日益嚴重，最後終於爆發了郭百年事件，引起清廷重視水沙連地區是否開發之問題。故濁水溪中游之拓墾過程中，漢人是侵略者，但為生計所迫；各族群雖為被侵略者，但其不夠勤奮及貪得漢人財貨，想不勞而獲、坐收地租，亦需自負土地流失之相當責任；至於官府及各族群之頭目、通事、社丁首等人，則扮演暗中協助之角色，例如歷任之水沙連通事及社丁首：陳媽生、黃漢、杜夫、黃林旺、毛天福、張有勳等人即是。故往昔將漢人侵墾各族群土地，全部歸罪於漢人，實有欠公允。

其三、漢番關係較烏溪流域和平

濁水溪中游主要為布農族、邵族及鄒族等族群之居處。雖然往昔彼等有出草殺人之俗；但其生性較溫和，又雍正年間清廷發動「水沙連之役」，將其征服後，各族群懼於清政府軍威，已甚少出草殺人，而被稱為「水沙連化番」。另外，在乾隆末年林爽文事件中曾出力協助清兵，追捕林爽文，事後部份被清廷招為「屯番」，撥給屯餉及養贍埔地，讓其招佃開墾，坐收租穀；又有通事、土目、社丁首等番社之領袖與漢人勾結。因此漢人在濁水溪中游之拓墾，受到各族群之干擾較少，也較順利，甚至發生漢人欺壓各族社民之「郭百年事件」；不像鄰近之烏溪流域，因泰雅族之頻繁出草騷擾而拓墾遲緩，兩者成強烈之對比。另外，濁水溪中游相較於烏溪流域；因河谷較寬廣，視野較

開闊，濁水溪沿岸又有沖積平原和丘陵地及臺地，不但交通較方便，而且適合拓墾定居，又位置偏南，移民較早又較易深入拓墾，故較其北方之烏溪流域拓墾為早。

其四、移民以漳州籍二次移民為主

濁水溪中游地區經過鄭氏及清代二百餘年之拓墾，在乾隆年間已經是一個漢人經濟與人口佔優勢之社會，各族群失去土地後，不斷地往山區退去。今日之竹山、鹿谷地區，在清末屬沙連堡和鯉魚頭堡，其中沙連堡共九十四莊、三千五百二十一戶，一萬七千一百八十三人；鯉魚頭堡二十一莊，五百二十九戶、二千五百十四人。合計此地已有一百一十五莊，四千零五十戶，人口近二萬人。再加上名間、集集、水里、日月潭等地之漢人村莊，其村莊總數達一百餘莊，人口總數約二～三萬人左右。其人口之組成以漳州籍為最多，佔居民 80%以上，其次則為泉州籍和客家籍。濁水溪中游因為處台灣中部內山地區，位置偏遠又不臨海，故由唐山來台之移民無法直接抵達，故移民大多為先定居台灣鄰近本區之台灣西部彰化、嘉義兩縣地區，然後再移入濁水溪中游拓墾之二次移民。移民之祖籍則以福建漳州籍為主，泉州及客家籍移民較少。

清代濁水溪中游之宗族組織主要分佈在竹山、名間地區。其主要是因上述二地開拓較早，不少入墾者由唐山福建漳州地區直接在此地定居拓墾，時日一久，子孫繁衍日眾，加上財富累積而成殷富之家，以及社會長期安定、文教發展、對祠堂之興建逐漸重視，為光宗耀祖、團結宗親而組織祭祀公業。除開發較早之竹山，宗族組織較盛外；集集、水里、鹿谷、日月潭等地，由於開拓較晚，至清末繁衍成大宗族者甚少。而且不少屬二次移民，追念祖籍之意識較為淡泊，故宗族組織不盛。另外，濁水溪中游地區雖有宗族組織，但卻未見異姓械鬥發生，乃因宗族領導者自製外，宗族規模較小，且大多同為漳州人，拓墾已感艱辛，又面臨高山族之威脅，漢人必須相依為命，因此無暇分類械鬥。

其五、自古以來國防、交通及經濟地位重要

清雍正年間以後，漢人始大批進入濁水溪中游拓墾，此地之交通乃漸發達，最遲至乾隆中期，由斗六進林內，越清水溪通往林圯埔然後東經江西林、社寮再越濁水溪抵達今名間鄉濁水村之道路已經築成，此路由西而東貫穿今

竹山，使竹山對外往來更爲方便。另乾隆末年，今竹山之社寮通往集集之道路亦已開通，成爲先民進入濁水溪上游之要路。嘉慶年間，由集集通往今水里地區之道路亦告暢通。道光末年，更可由集集通往五城堡及埔里，使濁水溪流域與烏溪流域之民眾有路可以互相往來。此外，由鹿港、彰化經今二水越濁水溪通往竹山之道路，最遲於道光年間亦已暢通。而林圯埔通往清水溪流域中、上游之過溪仔（今福興）、泉州寮、不知春（今百家春）、山坪頂、桶頭等地之道路，最遲於同治年間亦有道路可達。

清末由於政府居於國防考量及經濟因素，推動「開山撫番」以促進台灣內山及東部之開發，派總兵吳光亮開闢由竹山之埔心仔及社寮兩地分別開闢通往鹿谷大坪頂之道路，於大坪頂會合後，再經信義、八通關、翻越中央山脈抵東部璞石閣（花蓮縣玉里鎮），不但使鹿谷、水里、信義等地交通更爲便利，濁水溪中游成爲台灣前、後山交通之要衝，亦促進濁水溪中、上游地區與台灣東部之開發。

清代濁水溪中游地區之先民除利用清水溪及濁水溪放流竹排至下游地區販售，形成此地之特殊景觀外；亦常將各種山產如樟腦、砂糖、木材、茶葉、香菇、木耳等，利用竹排運至外地銷售。此外，清水溪流域通往勞水坑（今瑞竹）、桶頭之公路未闢以前，當地居民除將農產品利用竹排外運外，部份居民偶爾亦搭乘清水溪放流之竹排前往林圯埔街或濁水溪下游之北斗、西螺等地，內陸河運之發達成爲清代濁水溪中游之一大特色。大體而言，濁水溪中游地區之水陸交通至清末時已「四通八達」，交通極爲便利。

清代漢人在濁水溪中游之農作經營，除水田種植稻米外，茶樹及竹子的種植爲此地區（尤其是今竹山、鹿谷地區）極重要之農作物。桂竹、麻竹、貓茹竹（即孟宗竹）之種植，屢見於官方文獻及土地契約中。故自古迄今，竹及其副產品一直是此地農產大宗及特產，也形成此地竹排放流之特殊景觀，此實爲清代先民辛勤種植的結果。另外，此地產茶、製茶之歷史，可溯自清初康熙年間水沙連野生茶之採集與烘焙；清末烏龍茶之引進及種植，使茶葉成爲此地重要農產，造就今日凍頂烏龍茶名聞遐邇之美譽。

清末牡丹社事件以後，朝廷恐台灣爲外國所奪，基於國防考量，治台政策轉趨積極。一方面爲了宣示其主權及於台灣番地及後山地區；一方面鑑於山區茶葉及樟腦的龐大經濟利益，因此改採取積極開發山地之開山撫番政策。開山撫番政策之施行，使得漢人能合法地進入原屬禁區之番地拓墾，加速濁水溪中游之開發。尤其是台灣中路之開闢，使得漢人進入濁水溪中游開

發更爲便利外，也使濁水溪中游成爲台灣西部通往東部之交通門戶。開山撫番政策之施行，朝廷以兵勇駐防山區，一面撫番、一面開山，漢人得以進入山區拓墾及開採樟腦，濁水溪中游乃成爲台灣中部最重要之樟腦產地，集集亦成爲集散中心，也造就集集街之繁榮，爲清末濁水溪中游最熱鬧之街市。

　　清代之濁水溪中游地區，隨著土地之拓墾，人口的增加，街莊之形成與發展，官治組織之設立乃迎運而生，先是乾隆年間有水沙連保及鯉魚頭保之設立，清末又先後成立沙連下堡、集集堡、五城堡等行政組織。光緒初年實施「開山撫番」政策後，又有橫越台灣東西部之八通關道路開闢，使得濁水溪中游之交通地位更爲重要。光緒十四年（1888）又設雲林縣治於林圯埔，彰顯出其政治地位之重要性。此地亦爲古來兵家必爭之地，清代林爽文及戴潮春之役，均爲重要決戰之地。清末隨著土地之拓墾，人口之增加，再加上清光緒年間開山撫番之推展及臺灣中路之開闢，成爲臺灣西部通往內山及臺灣東部之要道，交通地位更爲重要，因此先後有林圯埔汛、社寮汛、觸口汛、集集汛及隘勇、屯番之設立，以維護地方治安，官制組織更爲強化，也可以看出朝廷對台灣治安及國防之重視。

　　總之，清廷治台初期採取消極之統治政策，一切以國防及治安爲考量，禁止人民往原屬生番地界之濁水溪中游地區拓墾；而且採取劃界、立石之隔離漢番政策；乾隆末年，更採取「以熟番制生番」之隔離漢番政策，設「番屯」以隔離漢番。不過此一隔離政策不但無效；而且加速各族群之土地流失。因爲漢人不斷地潛入番地拓墾，只要不發生嚴重之漢番衝突，危及國防與治安，影響政府統治，朝廷通常採姑息之默許態度；即使偷墾被查獲，往往因治安考量，大多採就地合法之政策。因此漢人有恃無恐，一再勾結通事、土目、社丁首或官府人員偷墾番地禁區。最後各族群不得不往內山退去，整個濁水溪中游地區逐漸成爲漢人之天下，因此整個濁水溪中游之拓墾，除清末光緒年間實施開山撫番以後屬合法拓墾外；其餘大多在違法偷墾下進行開發。

　　濁水溪中游地區經過明鄭及清代漢人二百餘年之拓墾，至清末臺灣改隸日本前夕，可耕地已被拓墾殆盡，人口亦達二～三萬人。不但街莊繁榮，交通四通八達，而且宗教蓬勃發展，寺廟如雨後春筍先後設立。書院、書房、社學及文社等紛紛出現，考中秀才、舉人者數十人，文風日益興盛，敬聖亭之興建相當普遍，顯示出讀書人受到社會之敬重，成爲社會領導階級（如林鳳池即爲其例）。整個社會型態已由早期之移墾豪強社會逐漸轉變成文治之士紳社會。

附　錄

附錄一

立杜賣契人王若楚，自己有承買官斷過熟耕園壹段，東至翁雄田岸爲界，西至坑墘爲界，南至坑墘爲界，北至坑墘爲界，四處明白，併無掛礙，並無掛當，今欲銀別創，自情願托中送賣翁雄出首承買，三面言定，時價番銀四十兩，即日憑中交訖，其園隨付買主耕作掌管，永爲己業。（中略）

其園清丈壹甲零四厘，現今業戶未定，後來如有追上年之租，與賣主無干，批明再炤。

　　即日收過契內銀四十兩，完足再炤。

　　此園坐落水沙連，土名三角潭。

爲中知見人　張　千

乾隆拾參年拾月　　日　　　　　　　　立杜賣契人　王若楚

附錄二

立杜賣契人陳華，有自墾山園壹所，坐落土名獅尾堀，東至曾宅園，西至羅宅園，南至曾宅園，北至崁，四至明白爲界，日因乏銀費用，情願將園先盡問房親叔姪等不願承受外，托中引就，與曾宅出頭承買，三面言議，出得時價劍銀肆拾大員正，其銀即日憑中交收足訖，其園隨即踏付銀主前去掌管耕作，永爲己業。此園係華自墾物業，與房親叔兄弟姪人等無干，亦無上手來歷掌管不明及重張典掛它人財務等情，如有此情，係賣主抵擋，不干買主之

－223－

事。一賣千休，日後不敢異言阻擋，及日收過契內劍銀肆拾大員完足再炤。

知見人　陳　　朝

爲中人　余　　祐

代書人　何　　進

乾隆拾參年拾月　　日　　　　　　　　　　杜賣契人　陳　　華

附錄三

立永杜賣根契人黃柵，因自己栽種有刺竹林，址在泉州寮後崁腳，東至崁、南至路，西至園，北至林家竹林，四至明白爲界，叢數不計，今因欠銀別置，先盡問叔兄弟侄人等，無力承買。外托中引就與林虎觀承買。當日三面言議，時價銀貳拾大員，其銀即日同中交收足訖。其刺竹林隨即踏明界址付銀主前去掌管，永遠爲業，任從砍伐變賣，不敢阻擋。一賣千休，日後子孫未敢言貼，亦不敢言贖保此業係柵自己栽種物業，與叔兄弟侄人等無幹，亦無重張典掛他人，及來路不明等情。如有此情，柵自抵擋，不甘銀主之事。此係二甘願，各無反悔，恐口無憑，立永杜賣盡根契一紙，付執爲炤。

爲中人　余　　曹

知見人　黃　　傳

知見人　黃楊氏

乾隆伍拾玖年十月　　日　　　　　　　立杜賣盡根契人　黃　　柵

代書人　黃　　耀

附錄四

立杜賣人江匡，有自開墾樹頭園壹坵，坐落後埔仔，東西南北四至明白，今因別創缺銀費用，先儘問房親等不願承受外，托中引就，送與曾宅出頭承受，三面議，時值價銀壹兩正，即日全中交訖，其園隨即踏付與銀主前去招佃耕作，不敢異言阻當，並無來歷不明等物，如有此等，賣主抵擋，不幹銀主之事。此係二比干願，各無抑勒反悔，恐口無憑，立杜壹紙，永爲執炤。

　　即日收過契內銀壹兩正完足再炤

　　　　　　　　　　　　　　　　　　爲中併代書人　羅　　立
乾隆拾柒年正月　　日　　　　　　　　立永杜賣契人　江　　匡
　　　　　　　　　　　　　　　　　　　知見人　陳　　敦

附錄五

給　　批

正堂張　爲頒發事照得水沙連充公官莊各佃田園被水衝崩以及缺荒租課無著
經本縣於三十六年到地查丈將溢抵缺分別撥補在案除現在核明甲數飭取各佃
認耕外合行給照爲此照給該佃賴參承耕官業遵照後田園甲數租額照官莊改則
例認納官租嗣後如有頂換隨時報明立換批倘敢故違一經查明定行究處並將所
耕田園□召佃耕　勿違
　　　今開
陳助　一段賴妙園並田東南至山西至山北至林三角潭莊頂田園
賴妙　一段陳助園陞田東至劉連珀田西至林南至山北至溝
　　　　　　　　田
　　原耕　　　甲　厘　毫　絲　忽　微
　　　　　　　　園
　　　　　　田　壹　貳　捌　玖　壹　貳
　　今丈　　　甲　分　厘　毫　絲　忽　　微
　　　　　　園　捌　肆　伍　貳　○　○　○
　　右照給賴參執照
乾隆參拾玖年拾壹月廿日　給
　　縣行　　　　　　　　　　　　　　　　　彰字壹百伍拾壹號

附錄六

立杜賣契葉富，有承買田園數段，並旱園數段，不論坵數，坐址水沙連後埔
仔莊，葉富田園受甲照官丈大租坐納。又大厝壹座，帶雙片戶龍，又帶牛稠
壹座，東至曾宅田西至水溝，男至山腳水溝片另園一坵、北至村宅土地公樹、
陳宅厝邊、四至經踏明白爲界。日因乏銀別置，先儘問房親人等不願承受外，
自情願托中引就，送賣與張宅出首承買，三面言議，時值價銀三百玖拾員正
即日憑中交收足訖，將田、大厝併園、牛稠一盡，交付銀主掌管耕作，永爲

己業，不敢異言生端。此田園厝併牛稠一賣千休，並無言找言贖，其田園厝牛稠係富承買之業，與房親人等無干，亦無重典它人財務為礙，來歷不明等情係賣主一力抵擋，不干銀主之事，此二比甘願，各無反悔，今欲有憑，親立杜賣契壹紙，付執為炤，併上手繳連壹紙付執為炤。

　　即日取過契內銀三百玖拾員正完足再炤。

代書人　劉　標
知見人　葉睿常

廖　弄
為中人　羅　立
賴　飽

立杜賣契人　葉　富

甲頭（戳記）

　（戳記）

乾隆二十一年拾壹月　日

附錄七

立杜賣契人賴旺，有自己開墾山埔一所，座落沙連保土名三塊厝崙仔頂，西至墩下林家田、南至林家田、北至林家山埔、四至明白為界。今因乏銀費用，先盡問房親人等不願承受外，托中引就，將山埔一所與宗兄參觀出頭承買，三面言議，著下時價銀捌大員正，其銀即日憑中交訖，將山埔一所踏付與銀主，永為掌業，任從開出風水吉地一穴，其餘墳外四至盡與銀主掌管，此係旺自己開墾，並無上下綴連，亦無重張典掛它人財物，如有此等情不明，旺自己抵擋，不干銀主之事，此係二比干願，各無反悔，今口恐無憑，立杜賣契壹紙，付執為炤。

　　即日收過契內銀八大員，付執存炤。

代書人　趙正春
為中並知見人　劉　請
立杜賣契人　賴　旺

乾隆二十八年十月　日

附錄八

立杜賣契人劉西，有承父前年開墾樹頭林地一所，坐落土名新莊仔前山面，

東至山，西至崁邊，南至賴宅竹林，北至坑，四至明白為界，遞年付媽祖宮抽的。今因缺銀費用，先盡問房親叔兄弟姪人等不欲承受外，托中引就，將樹頭園壹所，送賣與族叔公劉請前來承買，三面言議，時值價銀參員四錢正，其銀即日憑中交訖，其園隨即踏付與銀主前去掌管耕作，永為己業、保此園樹頭坑係承父開墾，與叔兄弟等無干，亦無重張典當他人財物不明，如有財物不明，係賣主一力抵擋，不甘銀主之事，此係二甘比願，日後子孫不敢異言生端反悔，口恐無憑，立杜賣契壹紙，付執為炤。

　　即日收過契內銀參員肆錢正，完足再炤

知見人　母親劉氏

知見人　同叔劉參

　為中人　劉　載

　代書人　劉　枝

乾隆參拾玖年玖月　　日　　　　　　立杜賣契人　劉　西

附錄九

立杜賣契人林水源、盛生、媽生、海波兄弟，有承父開鑿埤圳二處，坐址豬勝棕，上處埤水灌溉自給田業，下處埤水現□有餘。茲因賴參因缺水灌溉，向源等墾買，源念□將自給長流之坑潭埤圳水，上處堂叔傳宗田腳，下處賴參埤頭為界，託就賣與賴參堂叔傳宗，三面言議，時值銀伍拾大員。其銀即日全中交訖，其坑潭埤圳，隨踏付與銀主前去築埤蓄水，□□灌溉，後日不敢異言滋事保此坑潭埤圳委係源等承父自置產業事，與叔兄弟姪人等無干，亦無上手來歷不明等情，如有等情，係源兄弟一力擔當，不干銀主之事，此係二比甘願，各無反悔，今欲有憑，立永杜賣契一紙，付執為炤。

　　即日全中收過契內劍銀伍拾大員，完足再炤

代書人　吳德火

為中人　叔祖與

知見人　甲總（戳記）

知見人　母親陳氏

　　　　媽生

乾隆肆拾貳年月　　日　　　　　　立永杜賣契人　林水源

盛生

海波

附錄十

立贌墾山字阿里山社通事阿吧里，緣本社有荒山一段，坐落鯉魚頭保，土名竹頭崙坑大湖山，東至陳意石丁踏明麻竹為界，西至闕喜莿竹，南至崙，北至小坑，四至為界，茲佃人李智出首贌墾前來，三面言議收過墾銀拾大元，與為番食，將此荒山一段，照界踏向與佃人李興前去開墾，種植竹檻、雜木、永為己業，收成之日，歷年納番食銀壹中元，聽其掌管，保此荒山係里本社山業，與丈屯無關，別佃亦不得混爭，如有爭佔，里一力抵擋，不干銀主之事，今欲有憑，合立贌墾山字一紙付執為炤。

即日收過贌墾銀拾大元完足再炤

知見人（阿里山等社副通事鄭耀騰戳記）

立贌墾山字人（阿里山社總通事阿吧里戳記）

嘉慶參年四月　日

一、批明開墾契字係各房分拆、鬮書、物額共參紙，各房執掌，日後取出大契，不得行用。

附錄十一

全立招墾單字人阿里山正通事阿吧里、副通事金吳興，今因鯉魚頭保大壠棟一帶山場於前年地震崩陷，又被生番圍莊焚殺，眾佃驚散，以致拋荒多年，口糧虧缺。茲向陳從觀給出口糧銀貳拾大員，將此山踏明界址，東至番婆林枋寮山分水為界，西至流藤坪乾坑為界，南至大壠棟崙頂為界，北至流藤坪桂竹林坑口為界。內帶牛舌崙石壠、流藤坑大小坑溝不等，任付開墾田園栽種，永為己業，他人不得混爭。其界內或有別佃栽種物業，任付抽的，不得刁抗。即日收過字內銀完足。其山場即付銀主前去掌管開墾抽的以為利息。約日後開墾成業，每年照舊完納口糧租貳石，不許少欠，亦不得加減。今欲有憑，全立招墾單字一紙為炤。

一批收過字內銀貳十大員完足再炤

嘉慶十年十一月　日　　　　　　　　仝立招墾單字正通事　　印

附錄十二

立杜賣契人木瓜潭莊蔡彪同胞侄蔡榮、蔡幸等，有自墾中莉竹、麻竹、桂竹林一所，坐落阿拔泉，土名後溝坑樹林頭，東至樹林內角董辦莉竹，西至董伴莉竹，北至路，四至明白為界，今因乏銀使用，先盡房親伯叔兄弟姪人等，不能承受，外托中引就張日出首承買，當日三面言議，時值佛銀二十二元，其銀即日同中交收足訖……。立杜賣契一紙，付執為炤。

代書人　蘇德潤
為中人　陳　　宗
知見人　族兄虎
嘉慶二十一年　月　日　　　　　　　知見人　張　　氏
同立杜賣人　胞姪幸
榮

附錄十三

　　本戶承得業戶施國義奉
憲開墾水沙連保草地，招佃耕輪納課，疊蒙飭催報墾陞科。今於廣福莊踏地壹段，給與汪坤自備牛隻、農棋、種籽前去開闢耕作。約明首年、次年暫且依例賣壹九五抽的。三年以屆，既成田園，每甲水田酌納租穀捌石，每甲旱田酌納租穀肆石。聽本戶到處交明甲聲取具，各佃丁認耕寔額彙冊繳報，請領墾照，丈量陞科。其租穀屆季佃人自行車運赴倉交納領單執炤。倘有負約欠租，該田園仍歸業主收管，招佃別耕，不得藉端佔據。更奉憲清查奸匪，各佃丁如有窩藏遊棍，開設賭場，不遵約束者，一面稟明縣主究逐外，其田園悉聽本戶召佃別耕，不得異言。至於佃耕田園，如或轉手典賣，應赴館報明，轉售何人？將契賣驗蓋用業主戳記為憑，不得私相授受，違者呈官究治。今欲有憑付執為炤。

　　乾隆肆拾柒年正月　日
　　業主許 沙連保業戶許廷瑄戳記 （戳記）

附錄十四

仝立賣契人何子張、象，合置荒埔一所，址在水沙連土名清水溝乾坑口，東至乾坑，西至黃侃園，南至山，北至濁水溪。其四至界址明白，載在上手契書字內年納大租穀五石七斗二升，今因乏銀費用，先問房親人等不欲承受，托中引就，願將此荒埔出賣，招得廣盛莊陳盛觀出首承買，三面言議下，時值價銀壹百陸拾大員正。其銀即日憑中交訖，其埔地隨即踏明付與陳盛觀任從開墾掌管，永為己業，一賣千休，不得異言生端滋事，日後再不得言找言贖，其有上手來歷不明等情，係張、象協力抵當，不干憑買銀主之事，此係兩願，各無抑勒反悔，恐口無憑，仝立賣契一紙，並上手契書一紙，共二紙，付執為炤。

即日收過契內佛銀壹百陸拾大元正完足再炤

嘉慶十三年十一月　日　　　　　　　　為中併保認知見人　何　能

　　　　　　　　　　　　　　　　　　保認字人

　　　　　　　　　　　　　　　　　　代筆人　簡克已

　　　　　　　　　　　　　　　　　　立賣契人　子　張

　　　　　　　　　　　　　　　　　　　　　　　　　象

附錄十五

立給墾字水沙連社通事毛天福、土目簡萬壽等，本社內管下山畬壹所，坐落南仔坑，東至黃秀圳界，西至坑界，南至坑界，北至黃秀田頭坑為界。因漢人黃景托中社丁首黃林旺倏奉布疋折花紅銀貳員伍角，向福給出山畬荒埔壹所，三面議定，開墾以成田園之日，逐年配納本社番食銀肆錢，即日仝中交收墾銀足訖，任從墾首自備工本開鑿水圳耕種，永為己業，日後福等，以及承辦公務人等，不敢異言，藉端滋事，亦無重張給付他佃等情，如有此情，福一手抵擋，不干墾首之事，恐口無憑，立給墾字壹紙，付執為炤。

　　　　　　　　　　　　　　　　　　代筆人　陳元福

嘉慶貳拾壹年　日　　　　　　　　　　　　　　簡　萬

　　　　　　　　　　　　　　　　　　為中人　黃林旺

　　　　　　　　　　　　　　　　　　立墾字　通事毛天福

附錄十六

立給永耕佃批字毛天福、社丁首張有勳等，緣本社番丁前奉大憲撥充柴里屯
屯丁九十名，原配八娘坑田寮屯埔九十甲，係屯丁自耕養贍物業，祇以屯番
住居鷟遠，兼之未諳開闢，是以前社丁首黃漢招佃耕墾屯園，每石粟二八抽
的。茲勳等因念旱瘦田園，抽的過重，耕稼維艱，俾佃徒勞，難資工本，憲
蒙理番分憲薛抵臨清釐，爰是勳等當場指明佃戶莊魁觀，現墾田三分四厘，
坐落土名灣潭腳坑邊，東至坑，西至坑，南至崁，北至坑，每甲憲定逐年配
納勳屯丁穀六石，計共逐年續納屯租粟貳石零四升。……（下略）

通事（戳記）知見　莊邦基

嘉慶拾陸年參月　日

社丁首（戳記）代書　張盛德

附錄十七

立永耕字人督墾黃林秀、通事毛天福、社丁首黃林旺管下八娘坑內，有承叔
父用本招佃楊亨開墾旱田陸分、壹分，併帶竹仔腳莊地一所，本年二月間，
蒙理番憲薛經丈捌分。年配大租穀肆石捌斗滿。又帶田一所，經丈壹甲玖分，
年配大租穀參石捌斗滿。茲原佃楊亨前來給墾認耕依舊給付楊亨永遠管耕納
租。其大租穀分爲早晚兩季經風曬淨，挑運到館完納給單執炤，以便分給沙
連社轄下屯糧，不得拖欠短納，如有短欠，將業退還起耕，今欲有憑，立永
耕字壹紙，付執爲炤。

代書人　楊乃文

嘉慶拾陸年拾月　日

給永耕（通事毛天福戳記）
立出墾（督墾首黃林秀戳記）

附錄十八

立杜賣盡根契人蔡江懷，八娘坑有自置旱園七坵並荒埔，東至十二公面；西
至雞恒嶺；北至大坑，南至溪堘，四至明白，今因乏銀使用，自己先問盡房
親叔兄弟侄不受，引就托中選與出首黃鎮觀、莊招觀、楊亨觀，三面言議承
買，時值價佛面銀貳拾肆大元，即日同中交訖此園，並無典掛他人，其園付

與銀主起耕，招佃掌管，日後不敢找洗生端異言，永遠為業，此係二比甘願，各無反悔，如有不明，賣者抵擋，不干銀主之事，今欲有憑，立杜賣契人乙紙，付執為炤。

為中人　莊　魁

代書人　莊友梅

嘉慶十三年三月　日　　　　　　　立杜賣盡根契人　蔡江懷

附錄十九

立開墾契字人社丁首黃林旺，有峯（荒）埔坑溝，坐落土名糞箕湖口，東至黃家業，西至坑，南至黃家業，北至吳家業，四至界址踏明為界，陳媽墩願出佛銀肆大員正，其銀交收足訖，其此峯（荒）埔坑溝，任從交付媽墩耕作，還年配納番食租穀一斗，旺不得刁難，此係二甘比願，各無反悔，恐口無憑，今欲有憑，立出開墾契字一紙，付執為炤。

代筆人　莊福祥

嘉慶貳年拾伍年拾月　日　　　　　立開墾契字人社丁首　黃林旺

附錄二十

北投屯外委乃，有承管沙連龜仔頭一帶埔地，配納屯餉，嘉慶拾陸年奉憲清釐，拾柒年委員覆丈，歷來拋荒，屯餉無著，茲查乾坑口一處荒埔，東接龜仔頭山腳，西至乾坑，南至山崁，北連溪埔。今有佃人陳盛老托中前來認佃，情願自備工本開荒納租，即日眼全踏明四至界址，付與陳盛老前去自備工本竭力開墾成田園，照丈按甲配納屯租，但該處悉係荒山僻壤，樹木叢雜，工本浩大，墾成田園，宜付永耕，逐年遵向佃首按甲完納屯租，日後屯弁接管不得藉端起佃，合給佃批，付執為炤。

右給佃人陳盛老執炤

中保人：南投義首高錐生

嘉慶拾捌年正月　日給

附錄二十一

立備現硤底銀字人劉銓、劉捷、劉壘今典得大媽隣片社番婦阿馬合打斗八卡、番六第老隔管下有作塱開荒田一處。坐土石角□披頭下，四至界址明白，除二季水租外，遞年寔納租穀三石八斗正。茲因番□乏銀臨甫，邀全通土甲向劉銓等手內備出現租銀拾壹元正，又收無利硤底銀拾四元正六皮正足訖。即日經通土甲清寔作塱訂開限，仍有丙子至辛巳多止誇加典，自□午起至壬辰六月止，前後約共計耕收拾陸全年，本所收租穀以爲抵銷字內現租銀每利一足清起明白。年限滿日，其田租交還番主自收，銀主不敢加收等謂。此係番人各願，兩無反悔，今欲有憑，立條現租硤底銀字付執存照。

　　外批明即日寔輩出□內現租銀拾壹大元正，又收無利硤底銀拾肆元零陸
　　皮正是訖照。

　　又批明即日寔備出借銀母貳拾元正足訖，當社言定，照社規遞年每元銀
　　貼利□二斗正，典限至滿日，到社清算，母利轉約抵還照。

道光壬午貳年十一月□九日，番婦馬合打斗八士□□銀用□向原□□內，生
　　過銀母參元正，面言全年貼利□參斗正，俟□限之日到社清算□，即日
　　批明己□年正月生□穀□壹石伍斗正批炤。

道光戊戌年十二月立過新約，此約內銀元，俱算新約，日後不□□□。

場　　見
代　　筆

　　　　　　　　　　　　　　　　　　　　　　　　劉　　捷
嘉慶丙子貳拾壹年正月　　日　　　　立收現租硤底字人　劉　　銓
　　　　　　　　　　　　　　　　　　　　　　　　劉　　壘

附錄二十二

立典契人陳清德，有自己開墾旱田一所，坐落阿里山鯉魚頭保土名桶頭莊頂崁，東至田崁墘，西至田崁墘，南至陳生原桂竹林，北至田崁墘，逐年配納番食租一九租的。又有自己明買過張永瑞、壬癸、三軍三份厝地基，三段連，坐落桶頭莊，其東西南北四至俱載契內，明白爲界，又帶龍眼果子竹木等項在內，今因有事乏銀，情願將此物出典，先盡問叔兄弟姪房親等不欲承典，外托中引就李再興官出首承典，三面言議，定時值典價參拾大員正，其銀即日全中交收足訖，其田併厝地基果子竹木等項即全中踏明界址，交付與銀主

起耕，前去招佃耕作，收租抵利，掌管為業，不敢阻擋異言，生端滋事，保此業果係德自己明買開墾之業，與叔兄弟侄房親人等無干，亦無重張典界他人財物及來路不明等情，如有此情，係德全中無抑勒反悔，口恐無憑。立典契一紙，有代上手契參紙，共四紙，付執為炤。

　　即日中全中見收過典契內銀參拾大員正，完足再炤。

代書　張清雨

為中　張　安

知見人　妻石氏

立典契人　陳清德

道光十八年四月　日

附錄二十三

　　本戶承得業戶施國義奉

憲開墾水沙連保草地招耕書，納課疊蒙飭催，報墾陞科。今於東南勢土名崙仔尾踏出埔地，栽種桂竹麻竹貓茹竹，給與張春成、春風等自備工本前去栽種掌管。約明首年、次年暫且依例賣壹九五抽的。三年以屆，既成田園，每甲水田酌納租穀捌石，每甲旱田酌納租穀肆石。聽本戶到處交明甲聲取具，各佃丁認耕定額，彙冊繳報，請領墾照，丈量陞科，其租穀屆季佃人自行車運赴倉交納領單執炤。倘有負約欠租，該田園仍歸業主收管招佃別耕，不得藉端佔據。更奉憲清查奸匪，各佃丁如有窩藏遊棍，開設賭場，不遵約束者，一面稟明縣主究逐外，其田園悉聽本戶召佃別耕，不得異言。至於佃耕田園，如或轉手典賣，應赴館報明轉售何人，將契賣驗蓋用業主戳記為憑，不得私相授受，違者呈官究治。今欲有憑，付執為炤。

　　批明界址：東至黃家竹林，西至林煥貓茹竹林，南至林在天貓茹竹，北亦至貓茹竹，四至界址明白為界，批炤。

　　年配大租銀貳錢再炤

　　咸豐元年玖月　日　　　業主　許　　　沙連保業戶許廷瑄戳記

附錄二十四

　　立出墾字業主楊立本為給墾事，照得本業主承祖父墾管沙連保集集埔等處草地田園大租等款，配納糧課、屯租等項。茲有管下集集埔後懷角荒埔一所，東至薑仔寮坑口為界，西至陳蔭田為界，南至陳庵荒埔為界，北至陳郁

順田大溝爲界，四至界址明白，因佃人楊倫前來給墾開耕，自備工本，開築成田，年配大租壹石正，自願年清年款，不敢短欠，即收來墾字內佛銀貳員正，合給墾字壹紙，付執爲炤。

業主楊
道光貳年貳月　日給。

附錄二十五

立給墾字人業主楊，因廣盛莊轄內草地，前經柴橋頭莊楊倫管承給墾單，土名燥仔寮坑數處荒埔，未墾成業，拋荒數載。另招過後懷角莊陳茗盛併侄金蓮、文先出首，向倫承買，再墾成業，土名竹圍仔，東至燥仔寮坑口小坪陳庵牛路，西至坑仔墘，南至洞角舊路，北至小坪坑邊，四至界址明白，丈明壹分六厘伍糸，配納大租壹石正，併帶柑仔堀坑清水灌溉，時收過墾底銀肆大員正，將此草地在付盛等自備前去耕種，永爲己業，逐年租粟挑運完納清楚，不得少欠升合，其草地隨即踏明界址，而有別人掙執，業主一力底（抵）當，不幹佃人之事，此係業佃甘願各無反悔，恐口無憑，立給墾字壹紙，付執爲炤。一批明收過墾底銀肆大員正，完足再炤。

業主楊
道光二十九年九月　日給。

附錄二十六

立招墾契字人沙連保通事陳毛雨順，有承本保遺荒山林一段，坐落土名古重笨山，東至厝前大崙界，西至厝後虎仔坑山崙界，南至厝前雙坑嘴界，北至厝後大崙界，四至界址明白。憑水流內爲界，逐年配納大租粟二斗正。今因乏力耕開，托招古重笨莊族親媽印官前去開墾耕種，當日三面議定值出開墾銀二大元正。其銀即日同中收訖；其荒山隨即踏明界址，付與佃人媽印官前去耕開栽種，永爲己業。保此荒山係順承通事界內，與別保通事無干，亦無重張典他人及上手來歷交加不明等情；如有此情，順一力出首抵擋，不干佃人之事。此係二比甘願，各無抑勒反悔，口恐無憑，合立開墾契字一紙，付執爲炤，行。

即日同中實收過開墾契字內佛面銀二大元正完足，再炤，行。

咸豐十一年四月　日　　　　　　　　代書人族親　　正　官
　　　　　　　　　　　　　　　　　為中人族親　　興　官
　　　　　　　　　　　　　立招開墾契字人沙連保通事　陳毛雨順

附錄二十七

立招墾字人通事毛興安、社丁首金外和，蒙充沙連社額缺管收各坑門山畬租粟，今有轄內中車路荒埔壹所，分做兩處，南勢壹處，東至柑仔林坑，西至溝曹坎頭，南至□□腳石丁，北至龍眼腳對過北界，北勢壹處，東至小坑，西至溝曹坎頭，南至竹腳，北至兩坑合為界帶小坑水。四至明白俱載，併帶水分九份內應得三份，灌溉充滿，據本莊佃人陳銅官，向來給墾時，三面言議，貼出墾字佛銀貳大員，其銀即日收訖，其埔地即付佃人銅官前去僱牛工財本開墾，逐年配納租穀一九抽的，後日墾開成業，經丈按身納租，不得刁難滋事，此係二比甘願，各無反悔，口恐無憑，立給字壹紙付執為炤，即日收過墾字內佛銀貳大員完足再炤，

　　　　　　　　　　　　　　　　　　　　代筆人　　莊明德
　　　道光拾陸年拾月　日　　　　　　立給墾字人　毛興安
　　　　　　　　　　　　　　　　　　　　　　　　金外和

附錄二十八

欽命提督銜福建臺彭掛印總鎮振勇巴圖魯張
欽命布政使司銜福建分巡臺澎兵儲道兼提督學政夏

　　為出示曉諭事，照得臺地現在開闢後山舊例，應行弛禁，經欽差大臣沈奏奉

上諭：福建臺灣全島，自隸版圖以來，因後山各番習俗宜異，曾禁內地民人渡臺及私人番境，以杜滋生事端。現經規制，自宜因時變通，所有從前不准民人渡臺各例禁，著悉與開除。其販賣鐵竹兩項，並著一律弛禁，以廣招徠。該部知道，欽此，轉行到道，除移行欽道外，合行出示曉諭，為此示仰闔屬紳商士庶軍民等知悉。從前不准內地民人渡臺及私入番境各例禁，現已一律

開除，不復禁止。臺地所產大小竹竿，以及打造農具等項，生熟鐵斤，均聽民間販運。其內山所產藤條，並由本司道通行開禁，將藤行裁革，如所轄文武汛口員弁、兵役及通事匠首人等，仍有藉機扣留勒索情事，官則撤參，兵役、通事、匠首，即立提究辦，決不姑寬，各其凜遵，勿違，特示。

　　光緒元年拾壹月初八日給　　　　　　　　告示

附錄二十九

　　立墾契字人黃天肥，有管過荒埔三段：其第一段，東至黃接茅埔界，西至黃龍貴園界，北至黃桂併螺園界；坐落土名北吉莊外中灘。其第二段，東至山界，西至坑界，南至黃龍貴園，北至黃德祿園界，坐落土名九林腳。其第三段，東至山界，西至坑崁界、北至黃龍貴園界；坐落土名崧坑口。其四至界址，各段俱明白。今因佃人黃達理耕力有餘，是托中向墾，三面言議時備墾底銀二大員正，明約逐年應納口糧粟一石。其銀即日收過；其埔隨即踏明界址，交付理掌管開耕爲己業，日後不敢異言滋事。此係二比甘願，各無反悔，口恐無憑，今欲有憑，立墾契字一紙，付執爲照。

　　光緒五年十月　　日　　　　　　　　　　　代筆人　　劉楨祥
　　　　　　　　　　　　　　　　　　　　　　爲中人　　黃南斗
　　　　　　　　　　　　　　　　　　　　　　立墾契字　黃天肥

附錄三十

　　本戶承得業戶施國義奉

憲開墾水沙連保草地招耕書，納課疊蒙飭催，報墾陞科。今於南勢觀音樹湖踏出埔地壹所，給與陳全貴自備工本農棋種籽前去開闢耕作。約明首年、次年暫且依例賣壹九五抽的，三年以屆既成田園。每甲水田酌納租穀捌石，每甲旱田酌納租穀肆石。聽本戶到處交明甲聲取具，各佃丁認耕寔額，彙冊繳報，請領墾照，丈量陞科。其租穀屆季，佃人自行車運赴倉交納，領單執炤。倘有負約欠租，該田園仍歸業主收管招佃別耕，不得藉端佔據，更奉憲清查奸匪，各佃丁如有窩藏遊棍，開設賭場，不遵約束者。一面稟明縣主究逐外，其田園悉聽本戶召佃別耕不得異言。至於佃耕田園如或轉手典賣，應赴館報

明轉售何人？將契賣驗蓋用業主戳記爲憑，不得私相授受。違者呈官究治，今欲有憑負執爲炤。

　　批明界址：東至葉家蔴竹各栽各掌，西至猴力尾崙分水，南至軟鞍許財
　　芉仔園，北至許財芉仔寮，四至明白爲界，批炤。

　　年配納大租銀壹元，仍歸許結收入，再炤

　　光緒拾貳年七月　　日　　　　　業主許　　　沙連保業戶許廷瑄戳記

附錄三十一

　　立出青山墾字人吧農觀，承父遺下有山場一所，坐落土名蓮花池透至火焙坑、蛟龍坑等，東至三角崙大龍頂，透至槌仔寮大龍頂分水爲界，西至蛟龍坑大龍頂分水爲界，南至火焙坑、蛟龍坑山尾合水爲界，北至透過春粿坑猴洞石壁對面倒水爲界；四至界址面踏分明。觀自己無力耕作，向得邱新發出手承墾，觀實收到墾字銀一十大員正，即日清收足訖。發開墾爲業。戊子年冬起，至辛丑年終，計共一十年爲限。開出成田之日，墾內每年應納田租銀三員正，永不得伸，租銀照墾字所行。當日三面議定，亦無反悔，口恐無憑，今欲有憑，立出墾字一紙，銀、字兩相交訖，永遠掌管爲業，立批，執照。

　　即日批明：實收到墾字銀一十六員正，立批。

　　又批明：年限十一年，限滿之日，成田每年應納田租銀三員正，立批。

　　光緒十四年（戊子）冬月　　日

　　　　　　　　　　　　　　　　　　　代筆人　　徐福壽
　　　　　　　　　　　　　　　　　　　在場人　　黃兆祥
　　　　　　　　　　　　　　立出青山墾字人　　吧農觀

附錄三十二

　　立杜賣進根契沙連保三塊厝莊歐江，有自墾溪邊沙園一坵，坐落土名胡仔厝溪邊，東至賴家田，西至漢、南至賴家田，北至抄封田爲界，四至分明爲界。今因乏銀費用，願將自己開墾沙園出賣。先問盡房親叔兄弟侄人等，不欲承受。外托中送就與賴管仲官承買，當日三面議定，值得佛銀四元正。即日當全中交收契內銀完足，隨即將園踏付銀主掌管耕作，保此園係江自己

溪邊開墾之業，不干他人之事，以及來歷不明等情，如有此情，係江一力抵擋，不敢累及銀主，一賣千休，異日不敢改口生端，此係二甘此願，各無反悔，恐口無憑，立杜賣一紙付執，永遠存炤。

為中人　　林明官

代書人　　吳士歡

知見人　　林遭官

道光元年歲次辛己拾壹月　　日　　　　　　立杜人賣盡根契人　　歐　江

附錄三十三

　　立杜賣盡根契人莊魁，有自墾旱田園壹所，坐落田寮員潭仔，帶竹苞在內，經丈三分四厘，配納大租粟貳石零肆升。東至坑、南至楊亨園、北至坑，四至明白。今因乏銀費用，願將此物業變賣，先盡問房親人等不欲承受，外托中引就與楊列觀出首承買，時三面議值價銀五十大員正。其銀即日全中交足訖，其田帶竹苞隨踏與銀主前去掌管、起佃招耕、收租納稅，永為己業。日後子孫不敢言贖、生端滋事。保此係魁自墾物業，與房親及外人無干，亦無典掛他人財物，以及拖欠大租，來歷不明等弊。如有等情弊，魁一力抵擋，不干銀主之事。此係二比兩願，各無抑勒反悔，今欲有憑，立杜賣契一紙，並帶墾單一紙，付執為炤。

　　即日全中收過契面銀伍拾大員完足再炤

代書人　　曾異三

為中人　　陳　字

知見人　　男　成

嘉慶貳拾年捌月　　日　　　　　　　立杜賣盡根契人　　莊　魁

附錄三十四

具稟案下經書林家修，叩稟為虎佃抗納，飾詞越界，稟乞移請飭追事。竊照本邑留養局，自乾隆年間，胡前主勸諭官紳業戶捐充置產，收養鰥寡孤獨一百名，按月散給口糧，由來久矣。第查沙連保香員腳羌仔寮莊大租，係在昔業戶莊群等一十七人樂善捐充，歷收百餘歲，現有碑記可證。迨清丈奉改新章，案定大租戶實收六成，留四成貼小租戶承糧，憲示煌煌，該處佃戶計有三十多名，均屬碎戶，修遵照六成收繳。無如虎佃葉智仁，及現佃林安，計

欠大租銀三元六角；陳哮計欠大租銀一十元零；陳羌欠大租並前數尾共銀一十元零；陳慶煌計欠大租銀並前欠數尾共銀五元六角；陳王計欠大租銀二元一角。該佃因拖欠三年，心存取巧，藉詞越界，任意堅抗，希圖免納。但此款大租實係在昔業戶捐充，非因不堪配供，抽充局費；且該處佃戶所執上、下手契據，亦有載明年納留養局大租銀若干，檢閱自明。獨不思係孤貧計口授食，絲粒難容蒂欠，豈容虎佃飾詞抗納，虧修墊給，負累難堪。何亟瀝情稟明，伏乞大老爺電察，恩准如稟，移請飭追，奉公有賴，沾叩。

稟悉，後據情移復飭追。

附錄三十五

〈嚴禁勒索竹筏錢文示禁碑〉

特調福建台灣府彰化縣正堂、加六級、記大功二次，記錄十次李，出示立碑以垂久遠事。

本年三月二十日，據總理林永、林衛、匠首鄭永旺，庄耆張追、楊舉、王字、林洽、張香等僉呈：沙連保民附山居住，生產竹木縛結成排，由清濁兩溪載運出售。因東螺一帶溪邊，惟張姓之人居多，凡遇竹排由觸口溪洲經過，藉埠勒索錢文；排夫劉承行、莊先進、黃克明等被索不甘，紛紛呈稟，彼此挾有嫌隙。道光三年七月十七日，排夫劉承行僱請張受與等押運竹排出溪防不虞，時斗六陳守府疑係罪犯吳拏解案。茲永等妥為調處，傳同沙連保劉遠、東螺保張媽超等酌議：以清、濁二溪載竹從觸口溪洲經過，毋論大小首尾共四節為一排，定錢貳百文，聽該總董舉出公正之人鳩收，年充沙連保林圮埔天后宮及分配溪洲元帥廟為香燈諸費。二比均各聽從悅服取具，兩造依結，已從民便，恩准詳銷並懇出示立碑等情，合行出示勒石曉諭。

為此，示仰該處業戶居民人等知悉：自示之後，爾等務需遵照示諭，嗣後如有竹排由清、濁二溪經過，每一排只聽鳩錢貳百文，鳩舉公正之人收取，分配二處宮廟香燈之資；不許藉端多索，以杜滋事。倘敢不循舊章，再滋事端，即拏究辦，決不姑寬。各宜凜遵，毋違！特示。

道光肆年伍月　　日給勒石立碑

光緒十七年二月二十二日稟

參考書目

壹、漢文史料

一、檔案、地圖、碑記、文獻

1. 《清乾隆臺灣地圖》，（國立故宮博物院藏，台北，清乾隆年間繪）。
2. 《臺灣番界圖》，國立中央研究院傅斯年圖書館藏，台北，清乾隆年間繪）。
3. 臺灣銀行經濟研究室編，《臺案彙錄甲集》（台灣銀行經濟研究室，臺北，1959）。
4. 《欽定平定台灣紀略》，（台灣銀行經濟研究室，臺北，1961）。
5. 《世宗憲皇帝實錄》，（華聯出版社，臺北，1964）。
6. 《大清清高宗純皇帝實錄》，（華聯出版社，臺北，1964）。
7. 臺灣銀行經濟研究室編，《清會典台灣事例》，（台灣銀行，臺北，1966）。
8. 臺灣銀行經濟研究室編，《臺案彙錄壬集》，（臺灣銀行經濟研究室，臺北，1966）。
9. 《宮中檔雍正朝奏摺》，（故宮博物院，臺北，1968）。
10. 臺灣銀行經濟研究室編，《劉銘傳撫台前後檔案》，（台灣銀行，臺北，1969）。
11. 臺灣銀行經濟研究室編，《道咸同光四朝奏議》，（台灣銀行，臺北，1971）。
12. 中央研究院歷史與語言研究所編，《明清史料戊編》，（中央研究院歷史語言研究所，臺北，1972）。
13. 《宮中檔乾隆朝奏摺》，（故宮博物院，臺北，1982～1983）。
14. 臺灣省文獻會編，《南投縣鄉土史料》，（南投縣文獻會，南投，1986）。
15. 劉枝萬，《台灣中部碑文集成》，（台灣省文獻會，南投，1994）。

16. 臺灣銀行經濟研究室編，《臺灣私法物權編》，（台灣省文獻會，南投，1994）。
17. 臺灣銀行經濟研究室編，《清代台灣大租調查書》，（台灣省文獻會，南投，1994）。
18. 臺灣銀行經濟研究室編，《台灣府輿圖纂要》，（台灣省文獻會，南投，1996）。
19. 夏獻綸，《台灣輿圖》，（台灣省文獻會，南投，1996）。
20. 台灣總督府臨時土地調查局繪製，《台灣堡圖》，（遠流出版社，臺北，1996複製）。
21. 何培夫《台灣地區現存碑碣圖誌》，（國立中央圖書館台灣分館，臺北，1996）。
22. 許雪姬主編，《軍機處檔月摺包》，（台灣大學，臺北，1997）。
23. 劉澤民編，《台灣總督府檔案平埔族關係文獻選輯續編》，（台灣省文獻會，南投：2004）。
24. 臺灣史料集成編輯委員會編輯，《明清台灣檔案彙編》，第二輯，（遠流出版社，臺北，2006）。

二、方　志

1. 胡傳，《台東州采訪冊》，（台灣銀行經濟研究室，臺北，1959）。
2. 余文儀，《重修台灣府志》，（台灣銀行經濟研究室，臺北，1962）。
3. 范咸，《續修台灣府志》，（台灣銀行經濟研究室，臺北，1962）。
4. 劉良璧，《續修台灣府志》，（台灣省文獻會，南投，1977）。
5. 蔣毓英，《台灣府志》，（台灣省文獻會，南投，1993）。
6. 高拱乾，《台灣府志》，（台灣省文獻會，南投，1993）。
7. 周鍾瑄，《諸羅縣志》，（台灣省文獻會，南投，1993）。
8. 周璽，《彰化縣志》，（台灣省文獻會，南投，1993）。
9. 倪贊元，《雲林縣采訪冊》，（台灣省文獻會，南投，1993）。
10. 連橫，《台灣通史》，（眾文，臺北，1994）。
11. 蔣師轍，《台灣通志》，（宗青，臺北，1995）。
12. 唐贊袞，《臺陽見聞錄》，（南投：台灣省文獻會，1996）。

三、文集、雜記

1. 丁曰健，《治台必告錄》，（台灣省文獻會，南投，1997）。
2. 六十七，《番社采風圖考》，（台灣銀行經濟研究室，臺北，1956）。
3. 沈葆楨，《福建台灣奏摺》，（台灣銀行經濟研究室，臺北，1959）。
4. 吳贊誠，《吳光祿使閩奏稿選輯》，（台灣銀行經濟研究室，臺北，1966）。
5. 郁永河，《裨海紀遊》，（台灣銀行經濟研究室，臺北，1959）。

6. 姚瑩，《東槎紀略》，（台灣銀行經濟研究室，臺北，1957）。
7. 胡傳，《臺灣日記與稟啓》，（台灣省文獻會，南投，1997）。
8. 黃叔璥，《台海使槎錄》，（台灣省文獻會，南投，1996）。
9. 陳肇興，《陶村詩稿》，（台灣省文獻會，南投，1994）。
10. 雲南省文物普查辦公室編，曹士桂著，《宦海日記校注》，（雲南人民出版社，中國雲南，1988）。
11. 劉銘傳，《劉壯肅公奏議》，（台灣銀行經濟研究室，臺北，1958）。
12. 劉璈，《巡台退思錄》，（台灣省文獻會，南投，1997）。
13. 鄧傳安，《蠡測彙鈔》，（台灣銀行經濟研究室，臺北，1957）。
14. 藍鼎元，《平臺紀略》，（台灣銀行經濟研究室，臺北，1956）。
15. 藍鼎元，《東征集》，（台灣省文獻會，南投，1997）。
16. 羅大春，《台灣海防並開山日記》，（台灣銀行經濟研究室，臺北，1972）。

四、族譜、古文書

1. 台中市董俊寰藏永濟義渡古文書，（未出版，手抄本）。
2. 台灣省文獻會藏古文書，（未出版，手抄本）。
3. 竹山鎮李先生（隱名）藏古文書，（未出版，手抄本）。
4. 竹山鎮林藏（隱名）古文書，（未出版，手抄本）。
5. 竹山鎮茆庸正藏古文書（未出版，手抄本）。
6. 竹山鎮陳文學（陳上達家族）藏古文書，（未出版，手抄本）。
7. 竹山鎮張榮順藏古文書，（未出版，手抄本）。
8. 竹山鎮黃文賢藏古文書，（未出版，手抄本）。
9. 竹山鎮瑞竹林業生產合作社藏古文書，（未出版，手抄本）。
10. 沈氏族譜（集集鎮沈昭安藏），（未出版，手抄本）。
11. 吳氏族譜（集集鎮吳綿通藏），（未出版，手抄本）。
12. 和美鎮林文龍藏古文書，（未出版，手抄本）。
13. 南投縣縣史館所藏《家族譜資料調查（南投）》各姓族譜資料，（未出版，手抄本）。
14. 鹿谷鄉溪頭莊浚鑫藏古文書，（未出版，手抄本）。
15. 鹿谷鄉許家（許萬青後裔）藏古文書，（未出版，手抄本）。
16. 陳氏族譜（集集鎮陳嵩山藏），（未出版，手抄本）。
17. 陳氏族譜（集集鎮陳江龍藏），（未出版，手抄本）。
18. 集集鎮陳嵩山藏古文書，（未出版，手抄本）。

19. 蕭富隆主編,《南投縣永濟義渡古文契書選》,(南投縣立文化中心,南投,1996)。

20. 簡史朗,《水沙連埔社古文書選輯》,(國史館,臺北,2002)。

貳、漢文著作

一、專　書

1. 林火欽,《竹山鹿谷文物名人風情錄》,(台灣民聲日報社,台中,1954)。

2. 林朝榮,《南投縣地理志地形篇稿》,(南投縣文獻會,南投,1954)。

3. 林熊祥等著,《台灣文化論集(一)》,(台灣中華文化出版事業委員會,臺北,1954再版)。

4. 林朝榮,《臺灣省通志稿》卷一,〈土地志、地理篇〉,第一冊地形,(台灣省文獻會,台中,1957)。

5. 劉枝萬,《南投縣沿革志開發篇稿》,(南投縣文獻委員會,南投,1958)。

6. 劉枝萬,《南投縣風俗志宗教篇稿》,(南投縣文獻會,南投,1961)。

7. 南投縣文獻會編,《日月潭邵族》,南投文獻叢輯(十八),(台灣省文獻會,南投,1965)。

8. 衛惠林、丘其謙,《南投縣土著族》,(南投縣文獻會,南投,1968)。

9. 賴永祥,《台灣史研究——初集》,(三民書局,臺北,1970)。

10. 李汝和,《清代駐台班兵考》,(台灣省文獻會,台中,1971)。

11. 陳哲三,《竹山鹿谷發達史》,(啓華社,台中,1972)。

12. 林朝榮、周瑞墩編,《台灣地質》,(台灣省文獻會,台中,1974)。

13. 張光直,《臺灣省濁水溪與大肚溪流域考古報告》,(中央研究院歷史與語言研究所,臺北,1977)。

14. 莊英章,《林圯埔:一個臺灣市鎮的社會經濟發展史》,(中央研究院民族研究所,臺北,1977)。

15. 陳紹馨,《台灣的人口變遷與社會變遷》,(聯經出版事業公司,臺北,1979)。

16. 盛清沂、王詩琅、高樹藩,《台灣史》,(台灣省文獻會,台中,1979二版)。

17. 楊緒賢,《台灣區姓氏堂號考》,(台灣省文獻會,台中,1979)。

18. 戴炎輝,《清代台灣之鄉治》,(聯經出版事業公司,臺北,1979)。

19. 周憲文編,《台灣經濟史》,(台灣開明書店,臺北,1980)。

20. 黃富三、曹永和編,《台灣史論叢第一輯》,(眾文圖書股份有限公司,臺北,1980)。

21. 蔡志展,《清代台灣水利開發研究》,(昇朝出版社,台中,1980)。

22. 曹永和，《台灣早期歷史研究》，（聯經出版事業公司，臺北，1981 二版）。

23. 張勝彥，《南投開拓史》，（南投縣政府，南投，1984）。

24. 臺灣省政府農林廳山地農牧局，《山坡地土壤調查報告——南投縣、彰化縣》，（台灣省政府農林廳山地農牧局，南投，1984）。

25. 林文龍，《台灣史蹟論叢》，（國彰出版社，台中，1987）。

26. 洪慶峰總編纂，《台中縣大甲溪流域開發史》，（台中縣立文化中心，台中縣豐原市，1989）。

27. 張勝彥總編纂，《台中縣志》，（台中縣政府，台中縣，1989）。

28. 宋文薰等編，《台灣地區重要考古遺址初步評估第一階段研究報告》，（中國民族學會臺北，1992）。

29. 黃應貴，《東埔社布農族人的社會生活》，（中央研究院民族學研究所，臺北，1992）。

30. 鍾義明著，《台灣的文采與泥香》，（武陵出版社，臺北，1992）。

31. 南投縣文獻會編，《南投縣考古誌要》，南投文獻叢輯（四），（台灣省文獻會，南投，1993）。

32. 蒲忠成（巴蘇亞·博伊哲努），《台灣鄒族的風土與神話》，（台原出版社，臺北，1993）。

33. 王世慶，《清代台灣社會經濟》，（聯經出版事業公司，臺北，1994）。

34. 南投縣政府教育局編，《南投鄉土大系》，〈地理篇〉，（南投縣政府，南投，1994）。

35. 南投縣政府教育局編，《南投縣鄉土大系——南投住民》，（南投縣政府，南投，1994）。

36. 陳秋坤，《清代台灣土著地權》，（中央研究院近代史研究所，臺北，1994）。

37. 林瑞棋著，《悲情前山第一城……林圯埔》，（自印本，竹山，1995）。

38. 黃秀政，《台灣史研究》，（台灣學生書局，台北，1995）。

39. 臺灣省特有生物保育中心，《南投縣生物資源調查成果彙編》，（集集：台灣省特有生物保育中心，1995）。

40. 南投農田水利會編輯委員會，《南投農田水利會會誌》，（南投農田水利會，南投，1996）。

41. 陳哲三編總纂，《集集鎮志》，（集集鎮公所，集集，1996）。

42. 陳建昌等著《南投縣竹山鎮社寮地區社區文化資源調查期末報告》，（南投縣立文化中心，南投，1997）。

43. 塗有忠，《下崁采風錄》，（中和國民小學，竹山，1997）。

44. 林文龍，《社寮三百年開發史》，（社寮文教基金會，竹山，1998）。

45. 林文龍,《台灣中部的開發》,(常民文化,臺北,1998)。

46. 林文龍,《台灣中部的人文》,(常民文化,臺北,1998)。

47. 新社鄉公所編,《新社鄉誌》,(新社鄉公所,新社,1998)。

48. 洪英聖,《畫說乾隆輿圖》,(行政院文化建設委員會中部辦公室,南投,1999)。

49. 黃秀政,《台灣史志論叢》,(五南出版社,台北,1999)。

50. 羅啓宏,周國屏,黃炫興,《南投縣志》,〈卷二住民志各族群篇〉,(南投縣政府,南投,1999)。

51. 石萬壽,《台灣的媽祖信仰》,(台原出版社,臺北,2000)。

52. 林漢良編,《竹山林業史志》,(竹山頂林林葉生產合作社,竹山,2000)。

53. 吳建民總纂,《台灣地區水資源史》,(台灣省文獻會,南投,2000)。

54. 蘇清景主編,《博古通今講故事……社寮好地方》,(社寮文教基金會,竹山,2000)。

55. 劉耀南主編,《竹山鎮福興社區鄉土誌》,(福興社區發展協會,竹山,2000)。

56. 柯志明,《番頭家——清代台灣族群政治與熟番地權》,(中央研究院社會學研究所,臺北,2001)。

57. 張勝彥、黃秀政、吳文星,《台灣史》,(五南出版社,台北,2002)。

58. 陳哲三編總纂,《竹山鎮志》,(竹山鎮公所,竹山,2002)。

59. 黃耀能總纂,《南投縣志》,卷四〈經濟志:水利篇、農業篇〉,(南投縣政府,南投,2002)。

60. 劉耀南主編,《竹山風情錄》,(竹山鎮公所,竹山,2003)。

61. 黃秀政,《九二一震災災後重建紀錄》,(行政院九二一清理小組、台灣省政府,南投,2006 年 12 月)。

62. 黃富三,《台灣水田化先驅——施世榜家族史》,(國史館台灣文獻館,南投,2006)。

63. 經濟部水資源統一規劃委員會,《濁水溪流域開發初步規劃報告》,(經濟部水資源統一規劃委員會,臺北,未出版)。

二、相關論文

(一)期刊與研討會論文

1. 王世慶,〈民間信仰在不同祖籍移民的鄉村之歷史〉,《台灣文獻》,23:3,頁,1972 年 9 月。

2. 陳漢光,〈日治時期台灣漢族祖籍調查〉,載於《台灣文獻》,第 23 卷 1 期,頁 87～104,1972 年月。

3. 王崧興,〈濁大計畫的民族學研究〉,《中央研究院民族研究所所集刊》,第

36 期，頁，1973 年月。

4. 林文龍，〈明清山谷史紀事編年（上篇）〉，《台灣文獻》，第 27 卷 3 期，頁，1976 年 9 月。

5. 林文龍，〈明清山谷史紀事編年（下篇）〉，《台灣文獻》，第 27 卷 3 期、4 期，頁，1976 年 9 月、12 月。

6. 李國祁，〈清代台灣社會的轉型〉，《中華學報》，5 卷 2 期，頁，1978 年月。

7. 莊英章，〈台灣漢人宗族發展的研究評述〉，《中華文化復興月刊》，2 卷 6 期，頁，1978 年月。

8. 許嘉明，〈祭祀圈之於居台漢人社會的獨特性〉，《中華文化復興月刊》，第 2 卷 6 期，頁，1978 年月。

9. 陳其南，〈清代台灣漢人社會的開墾組織與土地制度之形成〉，《食貨月刊》，復刊第 9 卷 10 期，頁，1980 年月。

10. 黃富三，〈清代台灣漢人之耕地取得問題〉，收錄於《台灣史論叢》，第一輯，頁，1980 年月。

11. 莊吉發，〈清初閩粵人口壓迫與偷渡台灣〉，《大陸雜誌》，第 60 卷第 1 期，頁，1980 年月。

12. 陳其南，〈清代台灣漢人移民社會的歷史與政治背景〉，《食貨月刊》，復刊第 10 卷 7 期，頁，1980 年月。

13. 張世賢，〈清代治台政策的發展〉，《台灣史論叢》，第一輯，1980。

14. 張勝彥，〈清代台灣漢人土地所有型態之研究〉，《東海大學歷史學報》，第 4 期，頁，1981 年月。

15. 石萬壽，〈二層行溪下游溪道的變遷〉，載《史聯雜誌》，第 7 期，頁 47～54，1985 年 12 月。

16. 石萬壽，〈乾隆以前臺灣南部客家人的墾殖〉，載《台灣文獻》，第 37 卷 4 期，頁，1986 年 12 月。

17. 石萬壽，〈二層行溪流域的軍防〉，近代中國區域史研討會論文，收錄於《中央研究院近代史研究所近代中國區域史研討會論文集》，頁 231～271，1986 年 8 月。

18. 石萬壽，〈二層行溪上游的開發與族譜〉，第三屆亞洲族譜學會會議論文，收錄於《聯合報國學文獻館第三屆亞洲族譜學會會議紀錄》，頁 509～542，1987 年 6 月。

19. 石萬壽，〈二層行溪域的先住民〉，載《台灣風物》，第 37 卷 2 期，頁 1～38，1987 年 6 月。

20. 林文龍，〈凍頂茶叢談〉，收錄於《台灣史蹟論叢》，（台中：國彰出版社，1987）下冊風土篇，頁 95～110。

21. 石萬壽，〈明清台灣中路交通的變遷〉，載《東海大學歷史學報》，第 9 期，頁 41～54，1988 年 6 月。

22. 石萬壽，〈二層行溪流域行政區劃的變遷〉，載《台灣文獻》，第 39 卷 1 期，頁 19～46，1988 年 3 月。

23. 石萬壽，〈明鄭以前二層行溪流域中下游的漢移民與系譜〉，第五屆亞洲族譜學會會議論文，收錄於《聯合報國學文獻館第五屆亞洲族譜學會會議紀錄》，頁 156～542，1991 年 9 月。

24. 陳哲三，〈水沙連及其相關問題之研究〉，《台灣文獻》，第 49 卷第 2 期，1988，6 月。

25. 陳鴻圖，〈清代曾文溪流域水利開發的探討〉，載於《台灣文獻》，49 卷 3 期，頁 123～136，1998。

26. 陳哲三，〈古文書在台灣史研究的重要性——以「竹腳寮」、「阿拔泉」地望的研究為例〉，《逢甲人文社會學報》，第 1 期，頁，2000 年 11 月。

27. 陳哲三，〈林圮埔「竹山」在清代台灣開發史上的地位〉，《逢甲人文社會學報》，第 4 期，頁，2002 年 5 月。

28. 陳哲三，〈竹山媽祖宮歷史的研究——以僧人住持與地方官對地方公廟的貢獻為中心〉，《逢甲人文社會學報》，第 6 期，頁，2003 年 5 月。

29. 張永楨，〈集集鎮現存墓碑之調查研究〉，《義守大學人文與社會學報》，第 2 期，頁 125～145，2003 年月。

30. 趙文榮，〈清代急水溪流域之拓墾略探（1683～1760）〉，載於《南瀛文獻》，第 2 期，頁 90～104，2003 年月。

31. 吳進功，〈荷蘭時期二層行溪流域的漢人移民〉，《嘉南學報：人文類》，第 30 期 10，頁 297～306，2004 年 12 月。

32. 吳進功，〈明鄭時期二層行溪流域漢人之拓墾〉，《嘉南學報：人文類》，第 31 卷 10，頁 665～680，2005 年 12 月。

33. 黃素真，〈業戶許廷瑄與林圮埔大坪頂的拓墾發展〉，載於《台灣文獻》，56 卷 4 期，頁 23～90，2005 年 12 月。

（二）學位論文

1. 陳其南，〈清代台灣漢人社會的建立及其結構〉，台灣大學考古人類研究所碩士論文，1975。

2. 陳秋坤，〈十八世紀上半葉台灣地區的開發〉，台灣大學歷史研究所碩士論文，1975。

3. 洪麗完，〈清代台灣中部的開發（1683～1874）〉，東海大學歷史研究所碩士論文，1985。

4. 張永楨，〈清代台灣後山開發之研究〉，東海大學歷史研究所碩士論文，

1986。

5. 吳淑慈,〈清代臺灣的義渡⋯⋯以永濟義渡為例〉,台灣大學歷史研究所碩士論文,1997。

6. 黃素真,〈沿山鄉街的「存在空間」⋯⋯以林杞埔街為例〉,台灣大學地理學研究所碩士論文,1997。

7. 楊護源,〈清代台中地區的聚落拓殖〉,中正大學歷史研究所博士論文,2005年12月。

參、日文著作

一、專 書（含漢文翻譯）

1. 田代安定,《台東殖民地豫察報文》,（台灣總督府,臺北,1897）。

2. 伊能嘉矩,《台灣蕃人事情》,（台灣總督府民政部文書課,臺北,1900）。

3. 台灣總督府編,《台灣現住人口統計》,（台灣總督府,臺北,1905）。

4. 臨時台灣土地調查局編,《台灣土地慣行一斑》,（臨時台灣土地調查局,臺北,1905）。

5. 伊能嘉矩,《大日本地名辭書續編》,（富山房,日本東京,1909）。

6. 臨時台灣舊慣調查會,《台灣私法附錄參考書》,（小寺活版所,日本神戶,1910）。

7. 不著撰人,《集集古誌》,日文手抄本,未出版,日治中期成書。

8. 台灣總督官房調查課,《台灣在籍民族鄉貫別調查》,（小塚本店印刷二場,臺北,1928）。

9. 陳鳳儀,《竹山郡管內概況》,（日文抄本,未刊,竹山,1932年撰成）。

10. 台灣鄉土地理研究會編,《台灣地誌》,（盛文社,臺北,1934）。

11. 安倍明義,《台灣地名研究》,（松田書店,臺北,1938）。

12. 東嘉生,《台灣經濟史研究》,（東都書籍株式會社臺北支店,臺北,1944）。

13. 伊能嘉矩,《台灣蕃政志》,溫吉譯,《台灣番政志》,（台灣省文獻會,台中,1957）。

14. 伊能嘉矩,《台灣文化志》,（刀江書院,日本東京,1965）。

15. 森田明,《清代水利史研究》,（亞紀書房,日本東京,1974）。

16. 鹿野忠雄著、宋文薰譯,《台灣考古學民族學概觀》,（台灣省文獻會,台中,1984年再版）。

17. 不著撰人,《集集堡紀略》,（成文,臺北,1985年抄本影印）。

18. 臨時台灣土地調查局,《清代台灣大租調查書》,（台灣省文獻會,南投,1994年影印重刊本）。

二、相關論文

1. 尾崎秀真,〈新高山紀行〉,(載台灣日日新報,1905.11.)。
2. 甲野勇,〈台灣台中州新高郡發現之打製石斧〉,(載史前雜誌第 1 卷第 1 號,1929)。
3. 中村孝志,〈荷蘭時代的蕃社戶口表〉,《南方土俗》1 卷 1 期,(臺北:南方土俗學會,1936)。
4. 東嘉生,〈清代台灣之土地所有型態〉,《台灣經濟史初集》,(臺北:台灣銀行經濟研究室,1970。)
5. 鹿野忠雄著:宋文薰譯,〈台灣先史時代的文化層〉,《台灣史論叢》,第一輯,1980。

肆、英文著作

一、專 書(含漢文翻譯)

1. Corner Arthur, *A tour through Formosa from South to North*, Proceeding of the Royal Geographical Society, 1878, vol, XXII。
2. 白尚德(Chantal ZHENG)著、鄭順德(Shun de ZHENG)譯,《十九世紀歐洲人在台灣》,(臺北:南天,1999)。

二、相關論文

1. *Traval among the aborigines of Formosa*, Journal of the American Geographical Society of New York, 6, 1987。